श्री विष्णु महापुराण

सनातन संस्कृति की धरोहर-महापुराण

अनुवाद और प्रस्तुति

गोपाल शर्मा, शशि बाला

डायमंड बुक्स

www.diamondbooks.in

प्रकाशक:डायमंड पॉकेट बुक्स (प्रा.) लि.
X-30 ओखला इंडस्ट्रियल एरिया, फेस -II
नई दिल्ली- 110020
फोन : 011-40712200
ई-मेल : wecare@diamondbooks.in
वेबसाइट : www.diamondbooks.in
संस्करण:2025
मुद्रक : रेप्रो (इंडिया)

Shri Vishnu MahaPuran

by *Gopal Sharma & Shashi Bala*

प्रकाशकीय

हमें अत्यंत हर्ष है कि सनातन धर्म के अठारह महापुराणों में से एक, 'श्री विष्णु महापुराण' का यह अनुपम संस्करण पाठकों के समक्ष प्रस्तुत किया जा रहा है। महर्षि वशिष्ठ के पौत्र श्री पराशर ऋषि द्वारा प्रणीत यह पुराण, भगवान विष्णु को समर्पित है, जो सृष्टि के आदिकारण, नित्य और अक्षय हैं।

यह ग्रंथ केवल पौराणिक आख्यानों का संग्रह नहीं है, बल्कि भारतीय दर्शन, कर्मकाण्ड, भूगोल, ज्योतिष, और राजवंशों के इतिहास का एक विस्तृत एवं प्रामाणिक कोष है। यह हमें सृष्टि की उत्पत्ति (सर्ग), प्रलय (प्रतिसर्ग), विभिन्न मन्वंतरों और सूर्य तथा चंद्र वंशों के चरित्रों का बोध कराता है।

यह पुराण वैष्णव परंपरा का मूल आधार माना जाता है और इसमें निहित भक्ति, धर्म, कर्म और मोक्ष के सारगर्भित उपदेश व्यक्ति को जीवन की सही दिशा दिखाते हैं। इसमें भगवान विष्णु के अवतारों, विशेषकर श्रीकृष्ण चरित्र का बड़ा ही मनोहारी और विशद वर्णन है। यह ग्रंथ सरल और सुबोध शैली में धार्मिक तत्वों का विवेचन करता है, जिससे सामान्य पाठक भी गहन ज्ञान को आसानी से ग्रहण कर सकते हैं।

हमारा विश्वास है कि इस आध्यात्मिक रत्न का अध्ययन पाठकों के जीवन में ज्ञान, शांति और भक्ति की ज्योति प्रज्वलित करेगा।

नरेन्द्र कुमार वर्मा
nk@dpb.in

विषय सूची

खंड-1

खंड-2

खंड-1

01

पुराण क्या हैं?

एक विशाल ब्रह्मांडीय पुस्तकालय की कल्पना कीजिए जहाँ हर पुस्तक में न केवल कहानियाँ, बल्कि रहस्य भी छिपे हों—रहस्य कि ब्रह्मांड का जन्म कैसे हुआ, उसका अंत कैसे हुआ, राजवंश कैसे उठे और कैसे नष्ट हुए, देवता समय के साथ कैसे नृत्य करते रहे, और आत्मा कैसे दिव्यता की ओर वापस लौटती है। यह केवल मिथकों का पुस्तकालय नहीं है—यह पुराण हैं, भारत की आध्यात्मिक और सांस्कृतिक स्मृति का शाश्वत खजाना।

पुराण: मिथक से कहीं अधिक

कई लोग सोचते हैं कि पुराण केवल अतीत की कहानियों की पुस्तकें हैं, लेकिन वे प्राचीन ज्ञान के विश्वकोश की तरह हैं। प्रारंभिक विद्वानों ने यह परिभाषित करने का प्रयास किया कि एक पुराण क्या होता है—पाँच या दस मुख्य विषयों की एक सूची शामिल की गई थी, लेकिन जैसे-जैसे सदियों में पुराण विकसित हुए, वे परिभाषाएँ अक्सर बहुत संकीर्ण साबित हुईं।

सच में, प्रत्येक पुराण एक जीवंत नदी की तरह है—पीढ़ियों को आत्मसात करता, अनुकूलित करता और प्रवाहित करता हुआ। वे न केवल दैवीय सत्यों को दर्शाते थे, बल्कि उन समाजों की बदलती वास्तविकताओं को भी दर्शाते थे जिनसे वे गुज़रे थे।

"पुराण" शब्द का अर्थ प्राचीन या पुराना है। पुराण प्राचीन भारतीय ग्रंथ हैं जो सृष्टि की रचना, प्रसिद्ध राजाओं, देवताओं और ऋषियों की कहानियाँ बताते हैं। इनका उल्लेख अक्सर हमारे दो महान महाकाव्यों, रामायण और महाभारत के साथ किया जाता है, और प्राचीन काल में इन्हें उतना ही महत्वपूर्ण माना जाता था।

बहुत पहले, महान ऋषि वेदव्यास (जिन्हें कृष्ण द्वैपायन के नाम से भी जाना जाता है) ने एक वेद को चार भागों-चार वेदों-में विभाजित किया और उन्हें अपने शिष्यों को दिया। उन्होंने पुरानी किंवदंतियों, गीतों और परंपराओं को भी एकत्रित किया और उन्हें एक पुराण

में संकलित किया, जिसे उन्होंने अपने शिष्य रोमहर्षण को पढ़ाया। ये कहानियाँ लिखित रूप में आने से पहले कई वर्षों तक मौखिक रूप से प्रसारित होती रहीं।

पुराण कहलाने के लिए, एक पुस्तक में पाँच मुख्य विषयों (जिन्हें पंच लक्षण कहा जाता है) का उल्लेख होना चाहिए:

सर्गश्च प्रतिसर्गश्च वंशो मन्वन्तराणि च।
वंशानुचरितं चेति पुराणं पञ्चलक्षणम्।।

'पंचलक्षण' का पुराणों से इतना घनिष्ठ संबंध है कि अमरकोश में इस शब्द का प्रयोग बिना किसी व्याख्या के हुआ है। पुराण की सर्वमान्य परंपरा के अनुसार, ये पाँच हैं: सर्ग, प्रतिसर्ग, वंश, मन्वन्तर और वंशानुचरित। ये विषय वर्णनात्मक माने गए हैं, किन्तु इस दृष्टि से ऐसा प्रतीत होता है कि 'सृष्टि विद्या' ही पुराण का मुख्य विषय है, शेष चार इसके 'प्रारूप' हैं।

1. सर्ग-ब्रह्मांड की रचना
2. प्रतिसर्ग-विनाश के बाद पुनर्निर्माण
3. वंश-देवताओं और ऋषियों की वंशावली
4. मन्वन्तर-विभिन्न मनुओं द्वारा शासित कालखंड
5. वंशानुचरित-राजाओं और राजवंशों की कथाएँ

विष्णु पुराण, शिव पुराण, भागवत पुराण आदि जैसे 18 प्रमुख पुराण (जिन्हें महापुराण कहा जाता है) हैं। प्रत्येक पुराण में हज़ारों संस्कृत श्लोक हैं और भूगोल, इतिहास, दर्शन और अनुष्ठानों सहित कई विषयों को शामिल किया गया है।

पुराण केवल कहानियों की पुस्तकें नहीं हैं। ये हमें धर्म (कर्तव्य) का पालन करके, मोक्ष (मुक्ति) की खोज करके, और जीवन के विभिन्न चरणों (आश्रमों) और सामाजिक वर्गों (वर्णों) की भूमिकाओं को समझकर एक अच्छा जीवन जीने का तरीका भी सिखाते हैं। इन ग्रंथों ने भारतीय संस्कृति, कानून, कला और परंपराओं को बहुत प्रभावित किया है।

कुछ पुराण कुछ खास देवताओं पर ज़्यादा ध्यान केंद्रित करते हैं—जैसे विष्णु, शिव, या ब्रह्मा—लेकिन हर पुराण में तीनों का सम्मान किया जाता है। विद्वान पुराणों को सत्व (पवित्रता), रजस (सक्रियता) और तम (अंधकार) जैसे गुणों के आधार पर भी वर्गीकृत करते हैं।

पुराण कैसे कहे गए: एक सरल व्याख्या

पुराण प्राचीन हिंदू ग्रंथ हैं जो वार्तालाप के रूप में लिखे गए हैं। आमतौर पर, एक

व्यक्ति प्रश्न पूछता है और दूसरा व्यक्ति कहानी सुनाकर या जानकारी देकर उत्तर देता है। कभी-कभी, उस कहानी के भीतर, दो अन्य लोगों के बीच एक और वार्तालाप शामिल होता है, जिन्होंने अतीत में इसी तरह की चर्चा की थी।

अधिकांशतः, पुराणों में मुख्य कथावाचक लोमहर्षण (जिन्हें रोमहर्षण भी कहा जाता है) नामक व्यक्ति होते हैं। वे महान ऋषि व्यास के शिष्य थे। व्यास के नाम का अर्थ है "व्यवस्थापक" या "संकलक", और ऐसा माना जाता है कि उन्होंने पुराणों सहित हिंदू धर्म के पवित्र ग्रंथों को व्यवस्थित किया था। हमारे युग के व्यास को पराशर के पुत्र कृष्ण द्वैपायन के रूप में जाना जाता है। उन्होंने अकेले काम नहीं किया—उनके पास विद्वान सहायकों का एक समूह था जिन्होंने इन ग्रंथों के स्वरूप को आकार देने में मदद की।

लोमहर्षण, यद्यपि व्यास के "शिष्य" कहे जाते थे, एक सह-विद्वान या सहायक की तरह थे। वे सूत नामक लोगों के समूह से संबंधित थे, जो भाट या कथावाचक थे। इन सूतों का कार्य राजाओं और महत्वपूर्ण घटनाओं के बारे में कहानियाँ याद रखना और सुनाना था। कुछ पुराणों में, ऐसा कहा गया है कि सूतों को इन ग्रंथों को सुनाने का विशेष अधिकार था, ब्राह्मणों से भी अधिक।

इसलिए, जब हम पढ़ते हैं कि लोमहर्षण व्यास के शिष्य थे, तो इसका अर्थ संभवतः यह है कि व्यास ने इन कथावाचकों के साथ मिलकर उन पुरानी कहानियों और पारिवारिक इतिहासों को एकत्रित और व्यवस्थित किया जो उन्हें याद थे। इसीलिए कई पुराण राजसी वंशवृक्षों और ब्रह्मांड के वर्णनों पर केंद्रित हैं— वे इन पारंपरिक कथावाचकों के ज्ञान से लिए गए थे।

शिव पुराण का वर्णन सनत्कुमार ने व्यास और अन्य ऋषियों को नैमिषारण्य के पवित्र वन में सुनाया था। इस ग्रंथ को ऋषियों द्वारा पूछे गए प्रश्नों से समझा जा सकता है। उन्होंने कहा, "हमें शिवलिंग की पूजा करना सिखाएँ, उस परमपिता परमेश्वर की, जिनकी उस रूप में पूजा की जाती है; हमें उनके विभिन्न स्वरूपों, उनके द्वारा पवित्र किए गए स्थानों और उनकी पूजा की जाने वाली प्रार्थनाओं के बारे में बताएँ।"

उत्तर में, सनत्कुमार ने शिवपूजन नामक भाग का पाठ किया, जिसमें ब्रह्मा और विष्णु के जन्म, ब्रह्मांड की रचना और विभाजन, और शिवलिंग से सभी वस्तुओं की उत्पत्ति की कथा शामिल है। यह शिव और लिंग की पूजा के नियमों और विधियों, उनको समर्पित समय, स्थान और वस्तुओं की पवित्रता, और उस प्रसंग की व्याख्या करता है जिसमें ब्रह्मा और विष्णु अनंत लिंग के सामने झुके थे। इसमें लिंग पर पुष्प आदि साधारण अर्पण के गुण, महादेव के सम्मान में अनुष्ठान और व्रत, योगाभ्यास, वाराणसी और अन्य शैव

तीर्थ स्थलों (तीर्थों) की महिमा, और महेश्वर (शिव) से मिलन द्वारा प्राप्त जीवन के परम उद्देश्य का भी वर्णन है। ग्रन्थ के पहले भाग में बहुत कम कहानियाँ हैं और यह निर्देश और दर्शन पर अधिक केंद्रित है। हालाँकि, दूसरा भाग शैव कथाओं से भरा है, जैसे कि राक्षस त्रिपुरासुर की पराजय, दक्ष का बलिदान, कार्तिकेय और गणेश (शिव के पुत्र) और नंदी और भृंगारिति (उनके सेवक) का जन्म, साथ ही वाराणसी और अन्य पवित्र स्थानों का विशद वर्णन। इसमें महाशिवरात्रि जैसे त्योहारों के पालन के नियम भी शामिल हैं। इस प्रकार, शिव पुराण केवल पूजा की एक नियमावली नहीं है-यह भक्ति, पौराणिक कथाओं, पवित्र भूगोल और आध्यात्मिक मार्गदर्शन का एक समृद्ध मिश्रण है जो भक्त को भगवान शिव की दिव्य उपस्थिति के करीब ले जाता है।

वे एफ. ई. पार्जिटर ही थे, जिन्होंने भारतीय इतिहासलेखन में समकालिकता की अवधारणा प्रस्तुत की। यह यूरोपीय भाषा में प्रकाशित होने वाली पहली कृतियों में से एक थी, जिसने पौराणिक ग्रंथों को विश्वसनीयता प्रदान की। वे पहले व्यक्ति थे जिन्होंने उनका विस्तार से विश्लेषण किया और अपने निष्कर्षों को "द पुराण टेक्स्ट ऑफ़ द डायनेस्टीज़ ऑफ़ द कलियुग" (1918) नामक हम्फ्री मिलफोर्ड, लंदन द्वारा प्रकाशित पुस्तक में प्रकाशित किया। वे लिखते हैं, "वायु और पद्म पुराण हमें बताते हैं कि प्राचीन वंशावली, कथाएँ और गाथाएँ, अर्थात् सूतों द्वारा, कैसे संरक्षित की जाती थीं, 4 और वे सूतों के कर्तव्य का वर्णन करते हैं... वायु, ब्रह्मांड और विष्णु इस बात का विवरण देते हैं कि मूल पुराण कैसे अस्तित्व में आया...उन तीन पुराणों में कहा गया है—कृष्ण द्वैपायन ने एकल वेद को चार भागों में विभाजित किया और उन्हें व्यवस्थित किया, और इसलिए उन्हें व्यास कहा गया। उन्होंने इन्हें अपने चार शिष्यों को सौंप दिया, एक-एक प्रत्येक को, अर्थात् पैल, वैशम्पायन, जैमिनी और सुमन्तु। फिर उन्होंने युगों से चली आ रही कहानियों, उपाख्यानों, गीतों और लोककथाओं के साथ एक पुराण संकलित किया, और उसे और इतिहास को अपने पाँचवें शिष्य, सूत रोमहर्षण या लोमहर्षण को पढ़ाया... उसके बाद उन्होंने महाभारत की रचना की। महाकाव्य से ही यह संकेत मिलता है कि पुराण उससे पहले का है... जैसा कि ऊपर बताया गया है, सूतों ने प्राचीन काल से ही देवताओं, ऋषियों और राजाओं की वंशावलियों, और प्रसिद्ध पुरुषों के बारे में परंपराओं और गाथाओं को संरक्षित किया था, अर्थात, ठीक वही सामग्री—कथाएँ, गीत और प्राचीन लोककथाएँ—जिनसे पुराण की रचना हुई। व्यास ने मूल पुराण की रचना की या नहीं या इसके संकलन का पर्यवेक्षण किया, वर्तमान उद्देश्य के लिए यह बात अप्रासंगिक है... मूल पुराण की रचना के बाद, जैसा कि कहा जाता है, व्यास द्वारा उनके शिष्य रोमहर्षण ने इसे अपने पुत्र उग्रश्रवा को पढ़ाया,

और उग्रश्रवा (सौत्री) कुछ वर्तमान पुराणों में वाचक के रूप में प्रकट होते हैं; और सूतों ने अभी भी अपनी आजीविका के लिए इसे सुनाने का अधिकार बरकरार रखा। लेकिन, जैसा कि ऊपर कहा गया है, रोमहर्षण ने इसे अपने छह शिष्यों को पढ़ाया, जिनमें से कम से कम पाँच ब्राह्मण थे। इस प्रकार यह ब्राह्मणों के हाथों में चला गया, और समय के साथ इसका उनका विनियोग और विकास बढ़ता गया, जैसे-जैसे पुराण कई पुराणों में विकसित हुआ, संस्कृत शिक्षा विशेष रूप से ब्राह्मणों का क्षेत्र बन गई, और नए और स्पष्ट रूप से सांप्रदायिक पुराणों की रचना हुई।

भारत के पवित्र पुराण प्राचीन ज्ञान के विशाल भंडार हैं, जो किसी एक ग्रंथ से कहीं अधिक विविध हैं। स्थानीयकृत स्थल पुराण, जो विशिष्ट पवित्र स्थानों का वर्णन करते हैं, और कम प्रसिद्ध उप-पुराण (जिनमें से लगभग अठारह सामान्यतः स्वीकृत हैं, हालाँकि सूची क्षेत्र के अनुसार भिन्न होती है) के अलावा, महा-पुराण भी हैं। जब हम "पुराणों" की बात करते हैं, तो हमारा तात्पर्य इन अठारह महान ग्रंथों से होता है, जिनकी संख्या पर व्यापक रूप से सहमति है, हालाँकि उनका सटीक संकलन और क्रम समय के साथ विकसित हुआ है।

अठारह महान पुराण

ये अठारह मूल पुराण, जिनके नाम उनके अपने श्लोकों में प्रतिध्वनित होते हैं, हिंदू विद्या का एक विशाल संग्रह हैं। प्रत्येक पारंपरिक रूप से श्लोक, या काव्य छंदों की एक विलक्षण संख्या से जुड़ा हुआ है, जो उनके विशाल दायरे की ओर इशारा करता है:

1. अग्नि (15,400)
2. भागवत (18,000)
3. ब्रह्म (10,000)
4. ब्रह्माण्ड (12,000)
5. ब्रह्मवैवर्त (18,000)
6. गरुड़ (19,000)
7. कूर्म (17,000)
8. लिंग (11,000)
9. मार्कण्डेय (9,000)
10. मत्स्य (14,000)
11. नारद (25,000)

12. पद्म (55,000)
13. शिव (24,000)
14. स्कंद (81,100)
15. वामन (10,000)
16. वराह (24,000)
17. वायु (24,000)
18. विष्णु (23,000)

इसका विशाल संग्रह अद्भुत है: 9,000 श्लोकों वाले संक्षिप्त मार्कण्डेय पुराण से लेकर 81,100 श्लोकों वाले विशाल स्कंद पुराण तक। ये सब मिलकर एक विशाल ग्रंथ बनाते हैं, जिसमें लगभग 410,000 श्लोक होने का अनुमान है। इसे परिप्रेक्ष्य में रखने के लिए, यदि एक श्लोक लगभग बीस शब्दों के बराबर है, तो पुराणों में कुल मिलाकर लगभग 80 लाख शब्द हैं—महाभारत की लंबाई का चार गुना!

पौराणिक परंपरा की बारीकियाँ

यह ध्यान देने योग्य है कि पौराणिक ग्रंथ अपनी जटिलताओं से रहित नहीं हैं। हरिवंश, जिसे अक्सर पुराण के समान माना जाता है, अधिक सटीक रूप से महाभारत का एक परिशिष्ट है। कुछ ग्रंथों को शामिल करने के बारे में बहस जारी है, जैसे भविष्य पुराण, जो कभी-कभी वायु पुराण का स्थान ले लेता है, जबकि वायु पुराण में आमतौर पर अधिक विशिष्ट पौराणिक विशेषताएँ दिखाई देती हैं। इन सूचियों में विविधताएँ प्रचुर मात्रा में हैं, विभिन्न पुराण कभी-कभी विशिष्ट ग्रंथों को छोड़ देते हैं या शामिल कर लेते हैं, जो एक कठोर रूप से स्थिर परंपरा के बजाय एक परिवर्तनशील परंपरा का संकेत देता है। इन ग्रंथों का क्रम, जब सूचीबद्ध किया जाता है, तो अक्सर उनके कथित महत्व का संकेत देता है, एक पदानुक्रम जो विभिन्न पुराणों में भिन्न होता है। इसके अलावा, "भागवत" शब्द स्वयं या तो भागवत पुराण या देवी भागवत पुराण को संदर्भित कर सकता है, जो सावधानीपूर्वक विवेक की आवश्यकता को रेखांकित करता है।

कोष्ठक में दर्शाई गई अनुमानित श्लोक संख्या पारंपरिक मान्यता पर आधारित है। हालाँकि, ये आँकड़े अक्सर आधुनिक मुद्रित संस्करणों में पाई जाने वाली वास्तविक सामग्री से अधिक होते हैं। यह विसंगति पुराणों के प्राचीन मूल के मौखिक संचरण से उत्पन्न होती है, एक ऐसी प्रक्रिया जिसके माध्यम से ग्रंथ खो सकते थे, अपूर्ण रूप से संरक्षित हो सकते थे, या बाद में पुनर्गठित हो सकते थे-इतिहास (महाकाव्य) और पुराणों

सहित कई प्राचीन भारतीय ग्रंथों का एक सामान्य भाग्य। महाभारत के विपरीत, जिसके प्रारंभिक रूप के पुनर्निर्माण के लिए आलोचनात्मक संस्करण आए हैं, पुराणों में ऐसे मानकीकृत विद्वानों के संस्करणों का अभाव है, जिससे सटीक श्लोक संख्या प्राप्त करना कठिन हो जाता है।

पुराणों का शाश्वत ज्ञान

पुराणों की गहराई को सही मायने में समझने के लिए, वाल्मीकि रामायण और विशेष रूप से महाभारत से बुनियादी परिचय अमूल्य है, क्योंकि वे आवश्यक संदर्भ प्रदान करते हैं। भगवद् गीता से भी, जो तकनीकी रूप से महाभारत का ही एक भाग है, थोड़ा-बहुत परिचय व्यक्ति की समझ को काफ़ी समृद्ध कर देता है।

अपने पारंपरिक पाँच मुख्य विषयों के अलावा, पुराण प्रकृति में विश्वकोश जैसे हैं, जो भूगोल, भूवैज्ञानिक परिवर्तनों (जैसे नदियों के मार्ग में परिवर्तन) और खगोल विज्ञान पर प्रचुर जानकारी प्रदान करते हैं। ये केवल आख्यान ही नहीं, बल्कि जीवन के व्यापक मार्गदर्शक हैं, जो धर्म (धार्मिक आचरण), अर्थ (भौतिक समृद्धि), काम (इच्छा) और मोक्ष (मुक्ति)—मानव अस्तित्व के चार लक्ष्यों—की व्याख्या करते हैं। वे वर्णों (सामाजिक वर्गों) और आश्रमों (जीवन के चरणों) का गहन अध्ययन करते हैं, और संस्कृति, कानून, अनुष्ठान, वास्तुकला और प्रतिमा विज्ञान पर उनका प्रभाव गहरा है, जो सामान्य समझ और व्यवहार को आकार देने में अक्सर वेदों से भी आगे निकल जाता है। कई पुराणों में उत्कृष्ट काव्यात्मक अंश भी हैं।

पुराणों का वर्गीकरण: अर्थ के सूत्र

दो प्राथमिक वर्गीकरण इन अठारह पुराणों को वर्गीकृत करने का प्रयास करते हैं, हालाँकि दोनों की अपनी सीमाएँ हैं। एक प्रणाली उन्हें हिंदू त्रिदेवों के साथ जोड़ती है:

ब्रह्म पुराण (सृष्टि पर केंद्रित): ब्रह्मा, ब्रह्मांड, ब्रह्मवैवर्त, मार्कण्डेय।

वैष्णव पुराण (विष्णु पर प्रकाश डालते हुए): भागवत, गरुड़, कूर्म, मत्स्य, नारद, पद्म, वामन, वराह, विष्णु।

शैव पुराण (शिव पर ज़ोर देते हुए): अग्नि, लिंग, शिव, स्कंद, वायु।

यद्यपि ये विभाजन प्रमुख विषयों की एक झलक प्रदान करते हैं, यह याद रखना महत्वपूर्ण है कि ब्रह्मा, विष्णु और शिव अभिन्न हैं।

प्रत्येक पुराण में प्रत्येक देवता का उल्लेख प्रमुखता से मिलता है। इस प्रकार, यह

वर्गीकरण एक कठोर वर्गीकरण से कहीं अधिक एक सामान्य मार्गदर्शक के रूप में कार्य करता है।

एक दूसरा, अधिक सूक्ष्म वर्गीकरण तीन गुणों, सत्व (पवित्रता), रजस (कामना) और तमस् (अज्ञान) पर आधारित है। पद्म पुराण के उत्तर खंड में शिव द्वारा पार्वती को सुनाई गई उक्ति के अनुसार, यह प्रणाली निम्नलिखित को वर्गीकृत करती है:

सात्विक पुराणः भागवत, गरुड़, नारद, पद्म, वराह, विष्णु।
राजसिक पुराणः भविष्य, ब्रह्म, ब्रह्मांड, ब्रह्मवैवर्त, मार्कण्डेय, वामन।
तामसिक पुराणः अग्नि, कूर्म, लिंग, मत्स्य, स्कंद, शिव।

हालाँकि, त्रिदेवों के वर्गीकरण की तरह, यह भी एक निश्चित, सर्वमान्य विभाजन के बजाय एक सूक्ष्म दृष्टिकोण प्रस्तुत करता है।

पुराणों की गूढ़ तिथियाँ

पुराणों का सटीक काल निर्धारण एक जटिल कार्य है, क्योंकि उनमें अक्सर पुरानी और नई सामग्री की परतें होती हैं। विद्वान आमतौर पर इनकी रचना के लिए व्यापक समय-सीमाएँ निर्धारित करते हैं, यह समझते हुए कि ये अत्यधिक काल्पनिक हैं:

अग्नि	:	**800 - 1100 ई.**
भागवत	:	**500 - 1000 ई.**
ब्रह्मा	:	**700 - 1500 ई.**
ब्रह्माण्ड	:	**400 - 600 ई.**
गरुड़	:	**800 - 1100 ई.**
कूर्म	:	**600 - 900 ई.**
लिंग	:	**500 - 1000 ई.**
मार्कण्डेय	:	**250 - 700 ई.**
मत्स्य	:	**200 - 500 ई.**
नारद	:	**900 - 1600 ई.**
पद्म	:	**400 - 1600 ई.**
शिव	:	**1000 - 1400 ई.**

स्कंद	**:**	**600**	**-**	**1200 ई.**
वामन	**:**	**450**	**-**	**900 ई.**
वराह	**:**	**1000**	**-**	**1200 ई.**
वायु	**:**	**350**	**-**	**550 ई.**
विष्णु	**:**	**300**	**-**	**450 ई.**
भविष्य	**:**	**500**	**-**	**1900 ई.**

इस अनुमान के अनुसार, विष्णु पुराण सबसे प्राचीन पुराणों में से एक है, जबकि भविष्य पुराण के कुछ भाग 19 वीं शताब्दी के भी हो सकते हैं। हालाँकि, ये सीमाएँ निर्णायक न होकर सांकेतिक हैं, और सदियों से चली आ रही मौखिक और लिखित परंपरा के माध्यम से इन पूजनीय ग्रंथों के निरंतर विकास को दर्शाती हैं।

❐

02

विष्णु पुराण: एक परिचय

पुराण हिंदू साहित्य की एक महत्वपूर्ण विधा हैं। ये सभी मिलकर हिंदू परंपराओं के लिए एक प्रामाणिक संग्रह—ब्रह्माण्ड विज्ञान, धर्मशास्त्र और पौराणिक कथाओं के साथ-साथ रूढ़िवादिता का निर्माण करते हैं। विष्णु-कृष्ण, शिव और देवी माता से संबंधित कई महत्वपूर्ण आख्यान अपने सबसे प्रामाणिक रूप में पौराणिक ग्रंथों में पाए जाते हैं। ये आख्यान महाभारत और रामायण दो महाकाव्यों के साथ हमारी पहचान और कल्पना का हृदयस्पर्शी आधार हैं। हिंदू होने का अर्थ है इस पौराणिक विचार-जगत को आत्मसात कर लेना।

पुराण कैसे कहे गए

पुराणों की रचना संवाद के रूप में की गई है। इसका मतलब है कि एक व्यक्ति प्रश्न करता है और दूसरा व्यक्ति उत्तर में कथाएँ या ज्ञान सुनाता है। कई बार उस उत्तर के भीतर और भी पुराने संवाद जुड़े होते हैं, जो अन्य लोगों के बीच हुए थे और जिनमें भी इसी तरह के प्रश्न पूछे गए थे। पुराणों के मुख्य वक्ता अक्सर लोमहर्षण (या रोमहर्षण) होते हैं, जो व्यास के शिष्य माने जाते हैं। व्यास का अर्थ होता है–"संगठित करने वाला" या "संयोजक।" इस युग में व्यास का नाम है कृष्ण द्वैपायन, जो पराशर ऋषि के पुत्र थे। माना जाता है कि उन्होंने वेदों और पुराणों का ज्ञान अपने कई शिष्यों को दिया था। लेकिन ये "शिष्य" वास्तव में उनके सहयोगी थे, क्योंकि वे पहले से ही इन विषयों में पारंगत थे। लोमहर्षण उन सूत नामक वर्ग से थे, जिन्हें राजा-महाराजाओं की वीरगाथाएँ और इतिहास सुनाने का कार्य सौंपा गया था। सूत कोई नाम नहीं, बल्कि एक पदवी है। वैदिक परंपरा में कहा गया है कि सूत वर्ग के लोगों को ब्राह्मणों से भी अधिक अधिकार था पुराणों की कथा कहने का।इसलिए जब हम पढ़ते हैं कि लोमहर्षण व्यास के शिष्य थे, तो इसका मतलब यह समझा जा सकता है कि व्यास ने इन इतिहासकारों और चारणों से पुराने बिखरे हुए लोक-स्मृतियों को इकट्ठा करने का एक प्रयास किया था। यही कारण है कि पुराणों में

राजवंशों की वंशावलियाँ और ब्रह्मांड की विस्तृत व्याख्याएँ प्रमुख रूप से मिलती हैं—क्योंकि ये उन्हीं परंपराओं से ली गई थीं जिन्हें सूतों ने पीढ़ियों तक याद रखा और सुनाया।

परंपरागत रूप से, अठारह महा पुराण और उतनी ही संख्या में छोटे पुराण माने जाते हैं, हालाँकि प्रत्येक श्रेणी की सदस्यता एक स्रोत से दूसरे स्रोत में भिन्न होती है। इसके अलावा, संभवतः हजारों स्थानीय पुराण संस्कृत और स्थानीय भाषाओं में उपलब्ध हैं। ये विशिष्ट पवित्र स्थलों, समुदायों और धार्मिक प्रथाओं का विवरण प्रस्तुत करते हैं।

प्राचीन भारत में विद्वानों और पुरोहितों के संवाद की विशिष्ट भाषा संस्कृत में ये महा पुराण रचित हैं। इन आख्यानों के सबसे प्रामाणिक रूप बहुसंख्यक धार्मिक समुदाय की पहुँच से बाहर की भाषा संस्कृत में संरक्षित हैं। यद्यपि संस्कृत में ये पौराणिक आख्यान संरक्षित हैं, फिर भी लोकप्रिय स्थानीय भाषाओं में व्यापक रूप से आजकल पेश किए जाते हैं। दृश्य कला, नाटक, फिल्म और टेलीविजन की तो बात ही क्या है अब तो ये अन्य सभी चीजों की तरह, ऑनलाइन और मोबाइल ऐप्स के माध्यम से भी मिल रहे हैं। विष्णु पुराण पर आधारित धारावाहिक बहुत लोकप्रिय हुआ था।

ऐसा माना जाता है कि अधिकांश महा पुराण 400 और1500 ईस्वी के बीच या उसके बाद अपनी वर्तमान अवस्था में पहुँचे। अधिकांश पुराण साहित्य के विशाल संग्रह हैं, जिनमें 10,000 से 20,000 श्लोकों तक का विस्तार है। 80,000 से भी अधिक श्लोकों वाला विशाल, विस्तृत स्कंद पुराण अपवादस्वरूप है। विष्णु पुराण, जिसमें लगभग 15,000 पंक्तियाँ हैं, इस शैली के अपेक्षाकृत छोटे सदस्यों में से एक है और हैरी पॉटर के एक सामान्य उपन्यास के जैसा और लगभग उतना ही लंबा है। विष्णु पुराण कहीं बहुत अधिक बड़ा न हो, यह चिंता आपको नहीं होनी चाहिए। मुझे यकीन है कि आप नहीं जानते होंगे कि विष्णु पुराण में तेईस हज़ार श्लोक हैं। क्या यह ज़्यादा हैं या कम? पुराणों के अनुसार, यह संख्या कम ही है। स्कंद पुराण में इक्यासी हज़ार श्लोक हैं और मार्कण्डेय पुराण में केवल नौ हज़ार।

सर्गश्च प्रतिसर्गश्च वंशो मन्वन्तराणि च।
वंश्यानुचरितं चेति पुराणं पञ्चलक्षणम्।।

पुराण के साथ 'पञ्चलक्षण' का इतना घनिष्ठ सम्बन्ध है कि यह शब्द अमरकोश में बिना किसी व्याख्या के प्रयुक्त हुआ है। पुराण की सर्वत्र मान्य परम्परा के अनुसार सर्ग, प्रतिसर्ग, वंश, मन्वन्तर तथा वंशानुचरित ये ही पाँच विषय वर्णनीय माने गये हैं, किन्तु विचार दृष्टि से प्रतीत होगा कि 'सृष्टिविद्या' ही पुराण का मुख्य विषय है, शेष चार उसके 'उपोद्धात' है।

विष्णु पुराण में भी शून्य से ब्रह्मांड की प्रारंभिक रचना (सर्ग), प्रत्येक चक्रीय विनाश के बाद उसकी पुनः रचना (प्रतिसर्ग), देवताओं और कुलपिताओं की वंशावलियाँ (वंश), मनुओं (मन्वन्तर) के रूप में ज्ञात चौदह पौराणिक पूर्वजों का शासनकाल और दो राजवंशों, सौर और चंद्र (वंश-अनुचरित) का इतिहास आदि हैं।

इस योजना का पालन किस हद तक अलग-अलग पुराण करते हैं, इसमें बहुत भिन्नता है। इस क्रम के एक छोर पर अग्नि पुराण है—सांस्कृतिक, वैज्ञानिक और साहित्यिक अंशों का एक व्यापक विश्वकोश—जो कुछ पृष्ठों में पंच-लक्षण का वर्णन करता है। विष्णु पुराण इस क्रम के दूसरे छोर पर है और सभी प्रमुख पुराणों में, इसकी संरचना इसी योजना के अनुसार सबसे अधिक निकटता से की गई है।

ये पाँच विषय विष्णु पुराण की विषयवस्तु का मुख्य भाग हैं और इसके छह अध्यायों में कमोबेश व्यवस्थित रूप से समाहित हैं, लेकिन दैनिक जीवन के लिए भक्ति और अन्य व्यावहारिक मार्गदर्शन भी यहाँ-वहाँ शामिल हैं। चंद्रवंश का वर्णन चौथे और पाँचवें अध्याय में विस्तृत है, क्योंकि इनमें कृष्ण के पूर्वजों और स्वयं भगवान के क्रियाकलाप का वर्णन है। अंतिम अध्याय प्रलय के विभिन्न रूपों से संबंधित है। यह सही मायने में दूसरे लक्षण से संबंधित है, जिसमें ब्रह्मांड की रचना और विनाश दोनों शामिल हैं, लेकिन इस अध्याय का अंत शायद सृष्टि के अंत का वर्णन करने के लिए अधिक उपयुक्त स्थान है। यह व्यवस्था विष्णु पुराण की समग्र कालानुक्रमिक संरचना को भी पुष्ट करती है।

❐

03

विष्णु पुराण की समग्र रूपरेखा

विष्णु पुराण को दो महान ऋषियों, पराशर और उनके शिष्य मैत्रेय के बीच एक संवाद के रूप में प्रस्तुत किया गया है। यही बात विष्णु पुराण को अन्य अधिकांश पुराणों और महाकाव्यों से अलग करती है, जिनकी रूपरेखा कहीं अधिक जटिल है। आमतौर पर, मुख्य कथावाचक एक भ्रमणशील ऋषि होते हैं, जैसे लोमहर्षण या उग्रश्रवा, जो नैमिष वन में पहुँचते हैं, जहाँ वे शौनक के नेतृत्व में एकत्रित ऋषियों को कथा सुनाते हैं। कथावाचक की कथा प्रत्यक्ष वृत्तांत हो सकती है, लेकिन अधिकतर यह किसी तीसरे या चौथे व्यक्ति द्वारा सुनाई गई किसी अन्य कथा की पुनरावृत्ति होती है।

पराशर मैत्रेय को समझाते हैं कि विष्णु पुराण का वर्णन सर्वप्रथम मूल सृष्टिकर्ता विश्व पितामह ब्रह्मा ने किया था। यह कथा मौखिक रूप से ब्रह्मा से एक श्रोता से दूसरे श्रोता तक पहुँचती रही। विष्णु पुराण में वर्णित वंशक्रम लगभग बीस पात्रों का है, जिसमें दिव्य ऋषि, विभिन्न अर्ध-दिव्य नाग, एक नदी देवी और पाताल लोक के कुछ निवासी शामिल हैं, और अंततः यह पराशर तक पहुँचता है, जो अपने जिज्ञासु शिष्य को पूरा पाठ सुनाते हैं।

पराशर और मैत्रेय दोनों ही संस्कृत साहित्य में प्रमुख व्यक्तित्व हैं। पराशर, वशिष्ठ के पौत्र थे, जो प्रत्येक युग के आरंभ में उपस्थित मूल सप्तर्षियों में से एक थे, और राम एवं सूर्यवंश के कुलगुरु थे। पराशर को महान विधिवेत्ता याज्ञवल्क्य का शिष्य कहा जाता है, और वे पूर्व युग में वेद-व्यास, या 'वेदों के व्यवस्थाकार' थे। पराशर के पुत्र व्यास, जिन्होंने 'वर्तमान' युग में वेदों की व्यवस्था की, महाभारत और कई पुराणों सहित कई मौलिक ग्रंथों के रचयिता और प्रसारक भी थे। पराशर स्वयं महाभारत में एक पात्र के रूप में कौरवों और पांडवों, दोनों के परदादा के रूप में प्रकट होते हैं। वे चचेरे भाई-बहनों के दो युद्धरत परिवार थे। इनका संघर्ष इस महाकाव्य के केंद्र में है। पराशर के एक और पौत्र नग्न ऋषि शुक थे, जिन्होंने परवर्ती वैष्णव ग्रंथ, भागवत पुराण का पाठ किया। इस प्रकार, पराशर और उनका

वंश संस्कृत साहित्य की तीन सबसे महत्वपूर्ण विधाओं: वेद, पुराण और महाकाव्यों से जुड़ा है।

विष्णु पुराण के छह अध्याय या अंश और कई मध्यवर्ती अंश मैत्रेय के प्रश्नों से शुरू होते हैं: संसार का स्वरूप क्या है? देवताओं और अन्य प्राणियों की उत्पत्ति कैसे हुई? मनु कौन हैं? इत्यादि। जब उनके गुरु पूरा उत्तर दे देते हैं, तो मैत्रेय आमतौर पर उत्तर देते हैं, 'आपने मुझे वह सब कुछ बता दिया है जिसके बारे में मैंने पूछा था, अब मुझे इसके बारे में बताइए,' और एक नया विषय शुरू करते हैं। यह संवादात्मक संरचना कथा के लिए एक स्पष्ट रूपरेखा प्रदान करती है। यह प्रवाह को प्रबंधनीय इकाइयों में विभाजित करती है और श्रोताओं का ध्यान विषय पर केंद्रित करने का काम करती है। यह कुछ कथात्मक तनाव भी प्रदान करती है जो वृत्तांत को आगे बढ़ाती है।

पाराशर ने मैत्रेय के प्रश्नों के उत्तर में कई उप-कथाएँ शामिल की हैं। उदाहरण के लिए, पहली पुस्तक के दूसरे अध्याय में ही वह एक कहानी सुनाते हैं जो उनके दादा वशिष्ठ ने उन्हें एक बार सुनाई थी। विष्णु पुराण उन जटिल, बहु अंतर्निहित कथाओं से मुक्त है जो अन्य पुराणों और अन्य विधाओं में आम हैं। विष्णु पुराण की समग्र संरचना अपेक्षाकृत सरल है, जो कथा की अधिकतम तीन परतों तक पहुँचती है। अपने सबसे जटिल रूप में, पराशर मैत्रेय को जड़ भरत की कहानी सुनाते हैं, जिसमें भरत ऋषि द्वारा निदाघ को सर्वोच्च सत्य के विषय पर व्याख्यान देने का उद्धरण देते हैं। कुल मिलाकर, विष्णु पुराण की संवादात्मक संरचना अपेक्षाकृत सरल बनी हुई है।

विष्णु पुराण का लगभग 80 प्रतिशत भाग पद्य में लिखा गया है, और इसका अधिकांश भाग अनुष्टुभ नामक छंद में है, जिसमें आठ-आठ अक्षरों वाली चार अर्ध-पंक्तियाँ हैं। प्रत्येक अर्ध-पंक्ति में, लघु और दीर्घ अक्षरों की लय सामान्यतः बनी रहती है। अनुष्टुभ संस्कृत आख्यान, महाकाव्य और पौराणिक साहित्य का 'मूल' मानक है। विष्णु पुराण का शेष 20 प्रतिशत भाग—लगभग पूरा चौथा भाग—गद्य में लिखा गया है। ऐसा इसलिए है क्योंकि यह पुस्तक पौराणिक सूर्य और चंद्र राजवंशों की वंशावली और कार्यों का वर्णन भी करती है, कई वंशावली सूचियाँ प्रदान करती है।

आपको एक बात बताता चलूँ। नारायण ही विष्णु हैं। विष्णु पुराण पढ़कर इतना भी न जाना तो क्या जाना? नर का अर्थ है जल और अयन का अर्थ है विश्राम-स्थल। जब पूर्व सृष्टि का विनाश हुआ, तो संसार जल से भर गया और विष्णु जल पर सो गए। यही कारण है कि उन्हें नारायण कहा जाता है। नारायण ने जब देखा कि चारों ओर जल है तो उन्होंने संसार की रचना करने की इच्छा की। इसलिए उन्होंने वराह का रूप धारण किया और

पाताल लोक में चले गए। वहाँ पृथ्वी ने उन्हें प्रणाम किया और पाताल लोक से उन्हें बचाने के लिए कहा। पृथ्वी की प्रार्थना सुनकर, वराह रूप में विष्णु ने गर्जना शुरू कर दी। उन्होंने अपने दाँतों से पृथ्वी को पाताल लोक से ऊपर उठा लिया। फिर उन्होंने सावधानीपूर्वक पृथ्वी को जल पर रख दिया। पृथ्वी एक विशाल नाव की तरह समुद्र पर तैरने लगी। विष्णु ने पृथ्वी को समतल किया और पर्वतों को उनके उचित स्थानों पर स्थापित किया। पृथ्वी सात क्षेत्रों या द्वीपों में विभाजित हो गई। इस तरह की कहानियों से पुराण भरे पड़े हैं। इन कहानियों के निहितार्थ हैं। इन्हें कोई भी पंडित आपको बता सकता है।

विष्णु पुराण का एकमात्र उद्देश्य या लक्ष्य भगवान विष्णु के विविध रूपों के प्रति भक्त और पाठक के मन में भक्ति की भावना को जगाना और उसे बढ़ाना है। जैसा कि ग्रंथ स्वयं कहता है: 'भगवान विष्णु का उल्लेख सृष्टि, पुनर्सृष्टि, वंशावलियों, मन्वन्तरों और शेष सभी में, बिना किसी अपवाद के, श्रेष्ठ ब्राह्मणों सहित, प्रत्येक चरण में किया गया है' (3.6.26)। सृष्टि, प्रलय और पालन के लिए उत्तरदायी भगवान विष्णु ही हैं। यह सभी 18 पुराणों में वर्णित है। श्री पराशर यहाँ बहुत स्पष्ट रूप से घोषणा करते हैं।

सर्गे च प्रतिसर्गे च वंश मन्वन्तरा दिषु।
कथ्यते भगवान विष्णुः अशेषु एव सत्तम।।

ये कथन विष्णु भगवान के सर्वव्यापी और सार्वभौमिक स्वरूप पर निरंतर जोर देकर उनके प्रति भक्ति को प्रेरित करने के प्रयास करते हैं और यह प्रदर्शित करता है कि भक्ति के साथ देवता की स्तुति गाने से, देवता, नश्वर मनुष्य और यहां तक कि राक्षस भी वह प्राप्त कर लेते हैं जो वे चाहते हैं। सांसारिक सफलता और दिव्य मुक्ति साधक से दूर नहीं रहती। ❐

04

विष्णु पुराण के छह अंश

प्रथम अंश: सृष्टि

विष्णु पुराण की शुरुआत ऋषि मैत्रेय और उनके गुरु पराशर के बीच बातचीत से होती है, जिसमें ऋषि पूछते हैं, "इस ब्रह्मांड और इसमें मौजूद हर चीज़ की प्रकृति क्या है? सृष्टि की रचना और उसके निवासियों का वर्णन करता है। पराशर सबसे पहले मैत्रेय को बताते हैं कि उनके अपने पिता को एक राक्षस ने खा लिया था और बाद में उन्हें इस पुराण का ज्ञान कैसे प्राप्त हुआ। वे वर्णन करते हैं कि कैसे विष्णु ने आत्मा और पदार्थ को उत्तेजित करके शून्यता से संसार की रचना की, और कैसे तत्व और इंद्रियाँ मिलकर उस ब्रह्मांडीय अंड का निर्माण करते हैं जिसमें संपूर्ण ब्रह्मांड समाहित है। दूसरे अध्याय में दृश्य (व्यक्त) और अदृश्य (अव्यक्त), व्यक्तित्व (अहंकार) और महत् नामक ब्रह्मांडीय गुणों की परस्पर क्रिया पर एक कठिन सारगर्भित अंश शामिल है। पराशर सृष्टि के अपने वृत्तांत को बीच में रोककर समय की इकाइयों का वर्णन करते हैं, जो एक निमेष या पलक झपकने से लेकर एक परा, अर्थात ब्रह्मा के जीवनकाल तक होती हैं। एक सूअर का रूप धारण करके, विष्णु पृथ्वी को अपने दाँत की नोक पर पकड़ते हैं और उसे ब्रह्मांडीय महासागर की तलहटी से ऊपर उठाते हैं, जिससे देखने वाले ऋषि प्रसन्न होते हैं।

फिर पृथ्वी सात महाद्वीपों में विभाजित हो जाती है और चार समुदायों में पौधों, जानवरों और मानव जाति से भर जाती है। लोग घर बनाते हैं और फसलें उगाते हैं, और मनु नामक एक पौराणिक शासक पृथ्वी पर आबाद होते हैं। क्रोधी ऋषि दुर्वासा देवताओं को श्राप देते हैं, जो तब अमरता का अमृत प्राप्त करने के लिए क्षीरसागर का मंथन करते हैं। राजकुमार ध्रुव विष्णु की भक्ति के कारण ध्रुव तारा बन जाते हैं। राजा पृथु अपने मृत पिता के हाथ से जन्म लेते हैं। ऋषि समुद्र के तल से देवता की स्तुति करते हैं। एक तेजस्वी अप्सरा एक अनजान योगी को मोहित करती है और पसीने की बूंदों से एक कन्या का जन्म होता है। राक्षसराज का पुत्र, प्रह्लाद, विष्णु का भक्त बन जाता है और भयंकर यातनाएँ सहता है,

लेकिन अपने विश्वास पर अडिग रहता है और अंततः मुक्ति प्राप्त करता है। पराशर हमें याद दिलाते हैं कि विष्णु अनिर्वचनीय परम तत्व ब्रह्म हैं।

दूसरा अंश: संसार

यह अंश दो भागों में विभाजित है, जिनमें से पहला भाग भूगोल और खगोल विज्ञान से संबंधित है। ब्रह्मांडीय अंड के भीतर का संसार मध्य लोक से बना है, जो 'हमारा' लोक है, जिसमें हमारे नीचे निम्न लोक और ऊपर अन्य लोक हैं। इस मध्य लोक में संकेंद्रित वलयों के रूप में सात महाद्वीप शामिल हैं, जिनमें से प्रत्येक क्रमिक वलय अपने भीतर वाले वलय से दोगुना चौड़ा है। इन सात महाद्वीपों को काव्यात्मक रूप से गुलाब, पीपल, कपास, कुश, सारस, सागौन और बरगद नाम दिया गया है। ये क्रमशः खारे पानी, चाशनी, मदिरा, घी, मट्ठा, दूध और मीठे पानी के महासागरों द्वारा अलग किए गए हैं।

प्रत्येक महाद्वीप सात पर्वत श्रृंखलाओं द्वारा सात क्षेत्रों में विभाजित है और सात प्रमुख नदियों द्वारा सिंचित है। प्रत्येक भूमि का एक शासक होता है जिसके सात पुत्र होते हैं, जिनमें से प्रत्येक एक क्षेत्र पर शासन करता है। चार समुदायों का एक समाज—जो संयोगवश 'हमारे' संसार के चार वर्णों के समान नहीं है—प्रत्येक महाद्वीप में निवास करता है। मध्य महाद्वीप, जम्बूद्वीप, के केंद्र में ब्रह्मांडीय मेरु पर्वत है। जम्बूद्वीप के क्षेत्रों में से एक, भारत—जिसका नाम इसके शासक भरत के नाम पर रखा गया था—अब भारत के नाम से जाना जाता है। विष्णु पुराण कहता है: 'देवताओं से भी अधिक भाग्यशाली वे हैं जो भारत में रहते हैं, वह भूमि जो स्वर्ग और उससे भी आगे ले जाती है' (2.3.24), क्योंकि यही एकमात्र क्षेत्र है जहाँ त्याग और मुक्ति संभव है।

यह भी वर्णन किया गया है कि हमारे नीचे दानवों, दैत्यों और नागों के निवास वाले सात लोक हैं, जो ऊपर के लोकों से भी अधिक भव्य हैं। लेकिन उनके नीचे अट्ठाईस नरक लोक हैं, जिनमें से प्रत्येक की अपनी अद्भुत यातनाएँ हैं। सभी प्रकार के पापियों के लिए यहाँ व्यवस्था है: जिनके अपराध अपने गुरु की हत्या से लेकर अपने पिता से पहले भोजन शुरू करने, कौड़ी बेचने या बिल्लियों को खाना खिलाने तक के हैं। विशेष नरक अभिनेताओं, मछुआरों और मधुमक्खियों के छत्तों को नुकसान पहुँचाने वाले उपद्रवियों के लिए आरक्षित हैं। धार्मिक अध्ययन के छात्र जो झपकी लेते समय वीर्यपात कर देते हैं, उनके लिए कठिन समय आता है। सौभाग्य से, इन सभी अपराधों के प्रायश्चित के रूप में विष्णु का ध्यान करने का विधान है।

हमारे ऊपर ऊपरी लोक हैं, जिनमें सूर्य, चंद्रमा, ग्रहों और सात उच्चतर मंडलों की

कक्षाएँ शामिल हैं। सूर्य की स्पष्ट वार्षिक गति और पंचांग विज्ञान पर एक चुनौतीपूर्ण तकनीकी अंश के बाद वर्षा के बारे में एक अधिक पठनीय अध्याय है।

इस अंश का दूसरा भाग बुद्धिमान भरत (जिसका उपरोक्त नाम के राजा से कोई संबंध नहीं है) द्वारा रचित एक दार्शनिक आख्यान है। यह भरत सौवीर के राजा को वास्तविकता के स्वरूप का ज्ञान देता है, जिसमें वह दो ऋषियों, ऋभु और निदाघ के बीच एक रोचक और मनोरंजक संवाद का वर्णन करता है।

तीसरा अंश: समाज

यह अंश मुख्यतः वेदों, उनकी उत्पत्ति, व्यवस्था, अनुष्ठानों और प्रभावोत्पादकता के बारे में है। पहले कुछ अध्याय मनुओं का वर्णन करते हैं, जो पौराणिक शासक थे और ब्रह्मांडीय काल के विशाल अंतरालों पर शासन करते थे, जिन्हें मन्वन्तर या मनु-काल कहा जाता है। छह मनु पहले ही बीत चुके हैं। हम सातवें, वैवस्वत, के काल में हैं, और सात और आने वाले हैं। अपने मनु के अलावा, प्रत्येक मन्वन्तर के अपने देवता और सात ऋषि होते हैं जो वेदों का नए सिरे से 'श्रवण' करेंगे। चौदह मनु चार युगों—कृत, त्रेता, द्वापर और कलि—के कुल एक हज़ार चक्रों तक शासन करते हैं, जो मिलकर एक कल्प बनाते हैं। प्रत्येक द्वापर युग में, एक वेद-व्यास (शाब्दिक रूप से, एक 'वेद-व्यवस्थाकार') आदिकालीन और सदा विद्यमान वेद को चार भागों में विभाजित करते हुए दिखाई देते हैं। चारों वेदों में से प्रत्येक को आगे शाखाओं में विभाजित किया गया है जो विभिन्न ऋषियों को सौंपी गई हैं।

इस अंश के सातवें अध्याय में, मैत्रेय पूछते हैं कि नरक से कैसे बचा जा सकता है। इसका उत्तर एक जीवंत संवाद में मिलता है जिसमें मृत्यु के देवता यम अपने दूत वर्ग को निर्देश देते हैं कि वे दंड के लिए आत्माओं को इकट्ठा करते समय विष्णु के पवित्र भक्तों की उपेक्षा करें। इस पुस्तक का शेष भाग जन्म, विवाह, दैनिक कर्मकांड, शयनकक्ष में आचरण, मृत्यु और पूर्वजों के लिए श्राद्ध नामक तर्पण से संबंधित विभिन्न वैदिक जीवन अनुष्ठानों का वर्णन करता है। नौ अध्याय (आठ से सोलह) ऋषियों और्व और सगर के बीच एक अंतर्निहित संवाद के रूप में हैं।

इस अंश में पत्नी का चयन और पुत्र का नामकरण कैसे करें, इस पर विचार विमर्श शामिल हैं। ग्यारहवें अध्याय में एक ब्राह्मण सज्जन के जीवन के एक दिन का वर्णन है, और बारहवें अध्याय में बुद्धिमानों के लिए क्या करें और क्या न करें, जैसी अच्छी सलाह दी गई है, जैसे 'दांत और सींग वाले जानवरों से बचें' और 'भोजन के समय अपनी नाक न साफ करें।'

यह अंश एक ऐसे प्रसंग के साथ समाप्त होता है जिसमें विष्णु एक प्रेत का निर्माण करते हैं। यह प्राणी, पहले एक जैन तपस्वी और फिर एक बौद्ध भिक्षु से मिलता-जुलता है, जो देवताओं को वेदों का परित्याग करने के लिए छल करता है। एक बार जब देवता सच्चे धर्म के मार्ग से भटक जाते हैं, तो देवता उन्हें आसानी से पराजित कर देते हैं। यह अंतिम अंश विष्णु पुराण के विकास काल के दौरान अनुभव किए गए धार्मिक वाद-विवादों और तनावों के प्रकारों की एक झलक प्रस्तुत करता है।

चौथा अंशः राजवंश

चौथा अंश काफी हद तक 'ऐतिहासिक' है, क्योंकि इसमें सूर्य और चंद्र वंश के राजाओं का वर्णन है। यह विषय, तीसरे भाग में मन्वंतरों के वर्णन की तरह, उन पाँच विषयों, या पंच-लक्षणों में से एक है, जो एक पुराण को परिभाषित करते हैं। चौथा भाग गति में एक महत्वपूर्ण परिवर्तन का प्रतिनिधित्व करता है क्योंकि यह लगभग पूरी तरह से गद्य में है, सिवाय कुछ अंतर्निहित स्तुति गीतों और अन्य स्रोतों से उद्धृत छंदों के। इस अंश को ध्यानपूर्वक पढ़ना उचित होगा, यहाँ तक कि इसकी लंबी वंशावली सूचियों को भी, क्योंकि ऐसा करने से 'सभी दुष्कर्म धुल जाएँगे,' ऐसा विश्वास किया जाता रहा है।

सृष्टिकर्ता ब्रह्मा के ब्रह्मांडीय अंड से उत्पन्न होने के बाद, उनके दाहिने अंगूठे से कुलपिता दक्ष का जन्म हुआ। दक्ष की पुत्री अदिति थीं, जिन्होंने सूर्य को जन्म दिया। सूर्यवंश का आरंभ सूर्यपुत्र मनु वैवस्वत से होता है। यह अंश सूर्यवंश का वर्णन करते हुए अनेक उपकथाओं से होकर गुजरता है, जिसमें विभिन्न नामों की उत्पत्ति की व्याख्या करने के लिए अनेक लोक व्युत्पत्तियाँ भी शामिल हैं। हम राजा युवनाश्व के बारे में पढ़ते हैं, जिन्होंने एक पुत्र को जन्म दिया। ऋषि सौभरि जल के भीतर रहते थे, जहाँ उन्होंने एक मछली से मित्रता की, परन्तु संतान प्राप्ति की अपनी प्रतिज्ञा त्याग दी। सगर के साठ हज़ार पुत्रों ने एक खोए हुए घोड़े की खोज में समुद्र की खुदाई की। कल्माषपाद नामक एक राजा, आधुनिक पिशाच की तरह, राक्षस बन गया और रात में मानव मांस खाता था। इस अंश में राजा निमि की कथा शामिल है, जो बताती है कि सभी जानवर पलकें क्यों झपकाते हैं।

सूर्यवंश में रामायण के नायक राम भी शामिल हैं, जिनकी कथा यहाँ अत्यंत संक्षिप्त रूप में प्रस्तुत है। वाल्मीकि द्वारा रचित महाकाव्य 'रामायण' राम की पत्नी सीता के दुखद वनवास और उनकी पृथ्वी लोक पर वापसी के साथ समाप्त होता है। इसके विपरीत, विष्णु पुराण का संक्षिप्त संस्करण एक सुखद अंत के साथ समाप्त होता है, जहाँ सीता सुरक्षित रूप से अयोध्या में रहती हैं।

सौर वंश की तरह, चंद्र वंश की उत्पत्ति भी ब्रह्मा से हुई। इस देवता का एक पुत्र था, अत्रि, जिसका पुत्र सोम था, जो चंद्रमा का साक्षात रूप था। इस अंश में दर्जनों प्रतिष्ठित उपकथाएं भी हैं: राजा पुरुरवा का एक अप्सरा के साथ दुर्भाग्यपूर्ण संबंध, जिसने अपने शयनकक्ष में दो पालतू भेड़ें रखी थीं; राजा जह्नु, जिन्होंने गंगा नदी को पी लिया; और ययाति, जिन्होंने अपने पुत्र को अपनी युवावस्था को अपने बुढ़ापे के लिए त्यागने के लिए राजी कर लिया। तेरहवें अध्याय में कृष्ण द्वारा भव्य स्यमंतक मणि प्राप्त करने का विचित्र और कुछ हद तक अप्रासंगिक वर्णन है।

इस अंश में महाभारत के नायक पांडवों और कौरवों के पूर्वजों और उनके वंशजों का वर्णन है, जिनमें राजा परीक्षित भी शामिल हैं, 'जो आज सद्गुणों से समस्त विश्व पर शासन करते हैं।' पराशर ने भविष्य में शासन करने वाले राजाओं के नाम बताए हैं और मौर्य, शुंग और गुप्त सहित भारत के कुछ प्रसिद्ध प्रारंभिक राजवंशों के अस्तित्व की भविष्यवाणी की है। इन वंशों के साथ ही कलियुग का अंत हो जाएगा, और विष्णु पुराण इस पतन काल का एक निंदनीय वर्णन करता है। पराशर मानव प्रयास की निरर्थकता और काल की निर्दयता पर एक सारगर्भित टिप्पणी के साथ इस अंश का समापन करते हैं: 'भगीरथ, सगर, ककुत्स्थ और रावण, राम, लक्ष्मण, युधिष्ठिर और अन्य-इसमें कोई संदेह नहीं कि ये सभी अस्तित्व में थे, लेकिन अब वे कहाँ हैं? हमें बस यह नहीं पता'

पाँचवाँ अंश: कृष्ण

पाँचवाँ अंश वास्तव में विष्णु पुराण का हृदय है, क्योंकि व्यापक अर्थों में, पूर्ववर्ती चारों अध्याय इसी चरमोत्कर्ष की ओर अग्रसर हैं: कृष्ण के रूप में विष्णु के अवतरण, उनके पराक्रम और अंततः उनकी पराजय। यह पुस्तक मथुरा नगरी में कृष्ण के माता-पिता, वासुदेव और देवकी के विवाह के साथ आरंभ होती है। यह सुखद घटना तब फीकी पड़ जाती है जब स्वर्ग से एक अशरीरी आवाज़ मथुरा के राजा कंस को चेतावनी देती है कि देवकी की आठवीं संतान अंततः उसका सर्वनाश कर देगी। राजा इस दंपत्ति को वर्षों तक बंदी बनाकर रखता है और प्रत्येक शिशु के जन्म लेते ही उसकी हत्या कर देता है। दैवीय हस्तक्षेप से, वासुदेव आठवें शिशु, कृष्ण को नगर से बाहर ले जाते हैं और उन्हें नदी के उस पार पशुपालकों के शिविर में पहुँचा देते हैं। वहाँ वे शिशु को प्रधान पशुपालक की पत्नी यशोदा के बिस्तर पर सुला देते हैं।

कृष्ण और उनके बड़े भाई बलराम शिविर में एक देहाती बचपन का आनंद लेते हैं, और एक पूरी तरह से लदे हुए रथ को पलटने और दो विशाल अर्जुन वृक्षों को उखाड़ने

जैसे चमत्कार दिखाते हैं। कंस कृष्ण को मारने के लिए राक्षसों की एक श्रृंखला भेजता है, जिसमें राक्षसी पूतना और गधे, बैल और घोड़े के रूप में अन्य राक्षस भी शामिल हैं। इस अंश में कई अन्य प्रसिद्ध प्रसंग शामिल हैं, जैसे कि कालिया नाग का वध, गोवर्धन पर्वत का उत्थान और कृष्ण का गोपियों के साथ प्रेम-क्रीड़ा। इसमें एक मनोरंजक प्रसंग शामिल है जिसमें युवतियाँ, जासूस की भूमिका निभाते हुए, रेतीले वन तल पर कृष्ण के पदचिह्नों की व्याख्या करके उनके प्रणय-क्रीड़ा का पता लगाती हैं।

अब एक युवा वयस्क, कृष्ण मवेशियों के शिविर को छोड़कर पास के शहर मथुरा के लिए प्रस्थान करते हैं, जहाँ उनके साहसिक कारनामे जारी रहते हैं। वह अपने शत्रु कंस का सामना करते हैं और उसका वध करते हैं, और यादव वंश के नेता बन जाते हैं। कृष्ण पश्चिम में द्वारका में एक नई राजधानी स्थापित करने के लिए भारत भर में अपने लोगों का नेतृत्व करते हैं। वह रुक्मिणी का अपहरण करते हैं और उनसे विवाह करते हैं, और एक विशाल जनजाति का निर्माण करते हैं, जिनमें प्रमुख उनके पुत्र प्रद्युम्न और पौत्र अनिरुद्ध हैं, जिनके कारनामों का वर्णन किया गया है। एक ब्राह्मण के श्राप के अनुसार, यादव वंश के लोग अंततः एक-दूसरे पर जानलेवा हमला करते हैं, एक दिन वह जंगल में लेटे हुए हैं, तभी एक शिकारी उनके पैर को हिरण समझकर तीर से मार गिराता है। इस प्रकार, विष्णु का कृष्ण के रूप में प्रकट होना और पाँचवाँ अंश समाप्त होता है।

विष्णु के अवतार के रूप में कृष्ण की कथा, निस्संदेह, विष्णु पुराण के उत्तरार्द्ध का केंद्रीय भाग है, और उनका बचपन, युवावस्था और वयस्क जीवन इसकी संपूर्ण अवधि के एक-चौथाई से भी अधिक भाग पर व्याप्त है। कृष्ण महाभारत के भी केंद्रीय पात्रों में से एक हैं, विशेष रूप से अठारह दिवसीय महान युद्ध के दौरान अर्जुन के सारथी और विश्वासपात्र के रूप में उनकी भूमिका में। कृष्ण और अर्जुन के बीच का अनूठा संबंध, जो सामान्यतः महाभारत और विशेष रूप से भगवद् गीता के मूल में है, विष्णु पुराण के पाँचवें अध्याय में पूर्वानुमेय है। इंद्र, युवा कृष्ण को सलाह देते हैं कि वे, इंद्र, योद्धा अर्जुन के रूप में पृथ्वी पर अपना एक रूप प्रकट करेंगे, जिसे वे कृष्ण की सुरक्षा में सौंपेंगे (5.12.15–18)। यद्यपि कृष्ण महाभारत और विष्णु पुराण, दोनों के केंद्र में हैं, परन्तु दोनों के वृत्तांतों में बहुत कम समानता है। विष्णु पुराण कृष्ण, एक बालक, युवक और द्वारका के राजा के रूप में उनके कार्यों पर केंद्रित है, लेकिन महाभारत युद्ध में उनकी भूमिका का बहुत कम उल्लेख करता है,उनके सबसे प्रसिद्ध उपदेश भगवद् गीता की तो बात ही छोड़ दें। इसके विपरीत, महाभारत में कृष्ण के पांडवों के साथ व्यवहार और युद्ध में उनकी भूमिका का विस्तृत

वर्णन किया गया है, और उनके बचपन या युवावस्था की किसी भी घटना का उल्लेख नहीं किया गया है।

छठा अंश: प्रलय

जिस प्रकार विष्णु पुराण सृष्टि के निर्माण से शुरू होता है, उसी प्रकार अब यह प्रलय के विविध रूपों के साथ समाप्त होता है। हालाँकि यह ग्रंथ स्पष्ट रूप से बताता है कि विनाश तीन प्रकार के होते है—कारण, तात्विक और अंतिम—परन्तु वास्तव में यह एक और विनाश से शुरू होता है, जो प्रत्येक कलियुग के अंत में होता है। इसकी शुरुआत इस पतनशील समय के वर्णन से होती है, जिसके कुछ पहलू विचलित करने वाले रूप से परिचित हो सकते हैं। कलियुग के अंत में, संसार का विनाश होता है, केवल कृत में पुनः निर्माण के लिए, और चार युगों का चक्र फिर से शुरू होता है।

ब्रह्मांडीय विनाश का दूसरा प्रकार, कारणात्मक विलयन, प्रत्येक कल्प या कल्प के अंत में होता है, जिसमें चार युगों के एक हज़ार चक्र, या 4.32 अरब वर्ष होते हैं। तब संसार अग्नि द्वारा भस्म हो जाता है, जो एक ब्रह्मांडीय जलप्रलय द्वारा बुझ जाती है और एक विशाल महासागर के अलावा कुछ नहीं बचता, जिस पर देवता तब तक विश्राम करते हैं जब तक कि ब्रह्मांड का पुनः निर्माण न हो जाए।

ब्रह्मा के लिए एक कल्प केवल एक दिन है, जिनके बारे में कहा जाता है कि वे अपने सौ वर्षों तक जीवित रहते हैं, जिसके बाद संसार का तात्विक विलयन होता है। वे तत्व जिनसे ब्रह्मांड बना है—पृथ्वी, वायु, अग्नि, जल और आकाश—इस प्रक्रिया में परम में पुनः लीन हो जाते हैं।

विनाश का तथाकथित अंतिम रूप ब्रह्मांडीय विनाश की इस अवधारणा और चक्रीय अस्तित्व से मुक्ति के विचार का एक संकर रूप है। मुक्त प्राणी ईश्वर के साथ एकाकार अवस्था प्राप्त कर लेते हैं और उनका पुनर्जन्म नहीं होता।

❒

05

विष्णु का स्वरूप और तत्त्वज्ञान

विष्णु का आइकॉनिक रूप

विष्णु प्रायः नीलवर्ण, चतुर्भुज देवता के रूप में चित्रित किए जाते हैं। उनके चारों हाथों में क्रमशः सुदर्शन-चक्र (तेजस्वी विभूति), कौमोदकी गदा, कमल (पद्म) और शंख (पाञ्चजन्य) सुशोभित रहते हैं—जिसकी गर्जना शत्रुओं की शक्ति हर लेती है। वे पीताम्बर धारण करते हैं, वनमाला और रत्नों से अलंकृत होते हैं, और उनकी वक्षस्थल पर 'श्रीवत्स' नामक विशिष्ट चिन्ह सुशोभित रहता है, जिसका उल्लेख समय-समय पर विष्णु पुराण में भी मिलता है। कभी वे ब्रह्मांडीय क्षीरसागर पर शयन करते दिखाई देते हैं, जहाँ बहु-फनधारी शेषनाग उनके लिए छत्र रूप बनकर उनकी रक्षा करते हैं; और जब वे विहार या गमन करते हैं, तो पक्षिराज गरुड़ उनके वाहन होते हैं, जो सर्पों के स्वाभाविक शत्रु माने जाते हैं।

वैदिक काल में विष्णु: एक विनम्र आरम्भ

हिंदू देवसमूह में विष्णु की उपस्थिति अत्यन्त प्राचीन है, परंतु ऋग्वैदिक काल में उनका प्रभामंडल उतना व्यापक नहीं था। ऋग्वेद—जो दूसरी सहस्राब्दी ईसा-पूर्व तक पीछे जाता है—में लगभग एक हज़ार सूक्त विभिन्न देवताओं की स्तुति में रचे गए हैं, पर विष्णु को विशेष रूप से समर्पित एक प्रमुख सूक्त (ऋग्वेद 1.154) ही मिलता है, जिसमें उनके 'त्रिविक्रम'—ब्रह्मांड व्यापी—विभाव का वर्णन प्रमुख है। अन्य पाँच सूक्तों (1.155, 1.156, 6.69, 7.99, 7.100) में उनका उल्लेख देवताओं के राजा इंद्र के साथ आता है। स्पष्ट है कि उस प्रारंभिक युग में विष्णु वैदिक देवसमाज के अग्रणी देवों में नहीं गिने जाते थे।

उपनिषदों का उत्कर्ष और विष्णु का ब्रह्म-स्वरूप

वेदोत्तर दार्शनिक ग्रंथ—उपनिषद—ब्रह्म की उस अवधारणा को सामने लाते हैं जो निराकार, सर्वव्यापी और समग्र सत्य है; जहाँ समस्त देवता और सम्पूर्ण सृष्टि उसी परम

तत्त्व के अंश माने जाते हैं। 'ब्रह्म' का कोई सटीक अंग्रेज़ी पर्याय न होने से उसे प्रायः 'Absolute' या 'परम' कह कर संकेतित किया जाता है। यही वह वैचारिक क्षितिज है जहाँ विष्णु को, मात्र एक देवता के रूप में नहीं, बल्कि उसी परम ब्रह्म के रूप में देखा जाने लगता है—एक दृष्टि जो विष्णु पुराण में व्यापक रूप से व्याप्त है। निष्पक्ष रूप से, यह दर्जा अन्य परम्पराओं में अन्य देवताओं को भी प्राप्त हुआ—शैव परंपरा में शिव, शाक्त परंपरा में आद्याशक्ति देवी, और कुछ वैष्णव शाखाओं में कृष्ण (एकाकी या राधा के साथ) स्वयं परम तत्त्व के रूप में प्रतिष्ठित हैं।

त्रिमूर्ति की अवधारणा और विष्णु की सर्वत्रता

हिंदू विचार का एक अन्य प्रमुख सूत्र 'त्रिमूर्ति' है—ब्रह्मा, विष्णु और शिव (रुद्र)। ब्रह्मा—सृष्टिकर्ता (ब्रह्म से भिन्न), विष्णु—पालनकर्ता, और शिव-रुद्र—संहारकर्ता। विष्णु पुराण तथा अन्य पौराणिक ग्रंथों में यह त्रिमूर्ति बार-बार आती है, पर इस मूल समझ के साथ कि विष्णु स्वयं उस परम व्यापक वास्तविकता के प्रतिबिंब हैं—अर्थात् वे केवल 'पालनकर्ता' विष्णु नहीं, बल्कि परब्रह्म की भी अभिव्यक्ति हैं। इसलिए कथा-संरचना में ब्रह्मा, विष्णु की नाभि से प्रस्फुटित कमल से उत्पन्न होते हैं और उन्हीं के आदेश पर सृष्टि रचते हैं; शिव-रुद्र तक उसी एक ही सत्ता के विविध रूप के रूप में निरूपित होते हैं।

संसार, कर्म और मोक्ष: विष्णु पुराण का केन्द्रीय धार्मिक संदेश

चक्राकार अस्तित्व—संसार, पुनर्जन्म, देहांतरण—हिंदू, बौद्ध और जैन दर्शनों का केन्द्रीय तत्व है। सामान्य रूप से यह माना जाता है कि हर प्राणी में एक अविनाशी तत्व—आत्मा/आत्मन्/चेतना—निहित है, जो कर्मफल के अनुसार मृत्यु के पश्चात् विभिन्न योनि/लोकों में पुनर्जन्म लेता है। पुण्य अर्जित करने पर उच्चतर लोकों में, और पाप के फलस्वरूप अधोलोकों या नीची योनियों में जन्म मिलता है। देवता भी अपने अर्जित पुण्यों का क्षय होने पर पुनः निम्न लोकों में आ सकते हैं; अर्थात् चक्र अनवरत चलता है।

इस चक्र से पार होना—मुक्ति या मोक्ष—विभिन्न परंपराओं में अलग-अलग मार्गों से सम्भव माना गया है। विष्णु पुराण के अनुसार यह मुक्ति परब्रह्म में पूर्ण विलय है—वह ब्रह्म, जो विष्णु की सर्वोच्च अवस्था का पर्याय है। यह अवस्था उन साधकों को प्राप्त होती है जो विष्णु के प्रति परम-पर्यन्त भक्ति (पराभक्ति) विकसित करते हैं और अनुभव करते हैं कि यह विश्व और इसमें स्थित प्रत्येक तत्व अंततः ईश्वर से, और वस्तुतः स्वयं से, भिन्न नहीं है। यही इस ग्रंथ का केंद्रीय धार्मिक निष्कर्ष है।

समन्वय का ग्रंथ

अतएव विष्णु पुराण को विभिन्न कालखंडों और परम्पराओं में विकसित वैष्णव धर्मदर्शन का एक सुमधुर, समन्वित एवं परिपक्व प्रस्तुतिकरण कहा जा सकता है—जहाँ विष्णु एक साथ हैं:

- सर्वोच्च देवता और निरूपाधिक परब्रह्म
- त्रिमूर्ति के 'पालनकर्ता' अंग
- ब्रह्मांड के संरक्षक
- और चक्रीय अस्तित्व से मुक्ति की अंतिम, सर्वोच्च अवस्था।

इस समग्र दृष्टि में विष्णु केवल एक पौराणिक देव नहीं रह जाते; वे वही परम तत्त्व हैं जो सृष्टि के आरम्भ, मध्य और अन्त—तीनों में व्यापक, व्याप्त और अधिष्ठान रूप में स्थित हैं। यही विष्णु पुराण का सबसे गूढ़ और साथ ही सबसे सुलभ, आध्यात्मिक सन्देश है।

❑

06

विष्णु और कृष्ण: अवतार से अद्वैत तक

विष्णु केवल स्वयं तक सीमित नहीं रहते, वे अपनी महाशक्ति को समय-समय पर ब्रह्मांड में प्रकट करते हैं—इन्हीं प्रकट रूपों को अवतार कहा जाता है। 'अवतार' शब्द का मूल अर्थ ही है—'नीचे उतरना' या 'संसार में आगे बढ़ना।'

दशावतार की लीला

परंपरागत रूप से विष्णु के दस प्रमुख अवतारों की चर्चा की जाती है—मछली (मत्स्य), कछुआ (कूर्म), वराह (सूअर रूप), नरसिंह (अर्ध-मानव, अर्ध-सिंह), वामन (तीन पग में ब्रह्मांड को नापने वाले बौने), परशुराम (ब्राह्मण योद्धा), राम (मर्यादा पुरुषोत्तम), कृष्ण (लीलाओं के चरम नायक), बुद्ध (करुणा के अवतार) और अंत में कल्कि (भविष्य में आने वाले तलवारधारी, न्यायकारी अवतार)।

इन अवतारों की सूची स्थिर नहीं रही। महाभारत जैसे पुराने ग्रंथों में विष्णु के चार, छह या आठ अवतारों का ज़िक्र मिलता है, जबकि भागवत पुराण में यह संख्या बाईस तक पहुँच जाती है। विष्णु पुराण इनमें से कृष्ण को अपना केंद्रीय और सबसे जीवंत अवतार मानता है।

कृष्ण: एक, अनेक और अद्वितीय

कृष्ण का स्वरूप बहुआयामी है। कुछ विद्वान मानते हैं कि कृष्ण का उद्गम एक स्थानीय ग्वाल देवता के रूप में हुआ था, जो धीरे-धीरे अखिल भारतीय वैदिक-पौराणिक संरचना में समाहित हुए। लेकिन विष्णु पुराण उन्हें केवल एक क्षेत्रीय देवता नहीं मानता—वह उन्हें विष्णु का रूप, विष्णु का अंश और कई बार स्वयं विष्णु ही घोषित करता है।

यह संबंध सरल नहीं है, बल्कि त्रि-स्तरीय है—

1. कभी वे विष्णु ही हैं—उनके नाम और उपाधियाँ परस्पर विनिमेय हैं, एक ही श्लोक में कृष्ण को विष्णु और विष्णु को कृष्ण कह दिया जाता है।
2. कभी कृष्ण, विष्णु के अवतार हैं—उनका एक अंश, उनका एक पक्ष या प्रतिबिंब। विष्णु पुराण (5.1.3) में कहा गया है कि कृष्ण विष्णु के "अंशांश" से प्रकट हुए।
3. और कभी कृष्ण उस अंश के भी अंश हैं—जैसे, जब विष्णु अपने काले और श्वेत केश पृथ्वी पर छोड़ते हैं (5.1.61), जो क्रमशः बलराम और कृष्ण बनते हैं। बलराम, दिव्य नाग शेष के अवतार हैं, और शेष स्वयं विष्णु का अंश हैं। इस प्रकार कृष्ण अंश के अंश के रूप में प्रकट होते हैं।

इस उपाख्यानिक उलझाव के बावजूद, विष्णु पुराण का पाँचवाँ अध्याय पूरी तरह से कृष्ण को समर्पित है—उनकी बाल लीलाओं, उनके चमत्कारों, उनकी करुणा और साहस से भरे प्रसंगों से ओतप्रोत। यह अध्याय ग्रंथ का सबसे सजीव, भावनात्मक और आध्यात्मिक रूप से समृद्ध खंड बन जाता है।

कृष्ण और परवर्ती वैष्णव परंपराएँ

समय के साथ कृष्ण की भूमिका और भी व्यापक हो गई। विशेषकर गौड़ीय वैष्णव परंपरा (चैतन्य महाप्रभु द्वारा प्रवर्तित) में कृष्ण को विष्णु से भी ऊपर माना गया। यहाँ विष्णु कृष्ण के एक रूप हैं, न कि कृष्ण विष्णु के। यही दृष्टिकोण भागवत पुराण में भी उभरता है, जहाँ कृष्ण की लीलाएं भक्ति, सौंदर्य और रस का उच्चतम स्वरूप बन जाती हैं।

कृष्ण: तीन कथाओं का संगम

कृष्ण की पौराणिक छवि तीन प्रमुख धारणाओं का संगम है:

1. **गोकुल का लीलाधर**—मुरली बजाने वाला, रास रचाने वाला, ग्वाल-बालों का प्रिय।
2. **द्वारका का राजा**—शासन, राजनीति और पराक्रम का मूर्तिमान स्वरूप।
3. **महाभारत का सारथी**—गीता के वक्ता, अर्जुन के मित्र और धर्म के उद्घोषक।

पश्चिमी विद्वानों ने इन विभिन्न कथाओं को अलग-अलग स्रोतों से जुड़ा माना है और उन्हें अलग करने का प्रयास किया है। किंतु परंपरागत हिंदू दृष्टिकोण में यह विभाजन अप्रासंगिक है। धार्मिक भावना में ये सभी रूप एक ही दिव्य तत्त्व के भिन्न-भिन्न प्रकट स्वरूप हैं।

विष्णु पुराण: भक्ति और तत्त्व का समागम

विष्णु पुराण इन समस्त रूपों को एकीकृत करता है। इसमें कृष्ण और विष्णु का संबंध बहुपरत और गूढ़ है—वे एक-दूसरे में समाहित हैं, और अंततः अद्वैत भाव में एक ही सत्ता के विभिन्न आवरण प्रतीत होते हैं।

निष्कर्षतः विष्णु पुराण केवल एक पौराणिक संग्रह नहीं, बल्कि एक आध्यात्मिक यात्रा है—जिसमें विष्णु के रूप में भगवान स्वयं सृष्टि में उतरते हैं, विविध अवतारों में लीला करते हैं, और अंततः भक्त को यह बोध कराते हैं कि ब्रह्मांड में जो कुछ है, वह स्वयं विष्णु ही है।

"विष्णु ही सब कुछ हैं, और सब कुछ विष्णु है।"

यह वाक्य केवल दर्शन नहीं, विष्णु पुराण का हृदय है—उसकी कविता, उसका सौंदर्य और उसका आनंद।

❐

07

अन्य अवतार: विविध रूपों में एक ही सत्ता का प्रसार

कृष्ण की भव्यता और केन्द्रीयता के बाद, विष्णु पुराण में अन्य अवतारों का वर्णन अपेक्षाकृत संक्षिप्त और प्रसंगानुकूल है। ये अवतार एक ही परम सत्ता की लीलात्मक भूमिकाएँ हैं। विष्णु पुराण में एक सूत्र में पिरोए गए हैं, जिनमें सृष्टि, संहार और धर्म की पुनर्स्थापना की विभिन्न अवस्थाएँ दर्शाई गई हैं।

वराह: पृथ्वी की रक्षा के लिए रौद्र करुणा

सृष्टि के प्रारम्भ में, जब पृथ्वी ब्रह्मांडीय जल में डूब गई, तब विष्णु ने वराह (सूअर) का रूप धारण किया और अपने तीखे दाँतों पर पृथ्वी को उठाकर पुनः सुरक्षित स्थान पर स्थापित किया। यह रूप एक ऐसे करुणामय रक्षक का प्रतीक है जो किसी भी रूप में प्रकट होकर सृष्टि की रक्षा करता है।

राम: मर्यादा, त्याग और विजय के आदर्श

विष्णु ने राम के रूप में अवतार लिया—धैर्य, मर्यादा और न्याय का मूर्त स्वरूप। रावण द्वारा सीता का अपहरण हो या धर्म की नींव पर आधारित युद्ध—राम की कथा विष्णु पुराण में (4.4.49–54) संक्षेप में मिलती है। यह कथा भले संक्षिप्त हो, पर उसमें राम की देवत्वमयी गरिमा झलकती है।

मत्स्य और कूर्म: सृष्टि की आधारशिला

मत्स्य अवतार की कथा उस समय की है जब प्रलयकारी जलप्लावन ने समस्त जीवन को संकट में डाल दिया। मत्स्य रूप में विष्णु ने मानवता को बचाने के लिए एक नाव का संचालन किया—यह कथा नूह की बाइबिलीय कथा से समानता रखती है।

इसी प्रकार, क्षीरसागर मंथन के समय, जब मंदराचल पर्वत डगमगाने लगा, तब विष्णु

ने कूर्म (कछुए) का रूप धारण किया और अपनी पीठ पर उस पर्वत को स्थिर किया—जिससे देव और असुर अमृत निकाल सके।

वामन: बौने में ब्रह्मांड की विराटता

राक्षसराज बलि से केवल तीन पग भूमि मांगकर और फिर सम्पूर्ण ब्रह्मांड को उन तीन पगों में नाप कर विष्णु ने यह सिखाया कि विनम्रता के पीछे भी एक विराट सत्ता छिपी होती है।

"तीन वीरतापूर्ण डगों से त्रिगुणित जगत को पार कर लिया" (5.5.17)—यह केवल लीला नहीं, यह ब्रह्मांडीय सीमा की प्रतीकात्मक अतिक्रमण है।

परशुराम: क्षत्रिय-अधर्म के विरुद्ध ब्राह्मणिक क्रोध

जब क्षत्रियों ने अपनी शक्ति का दुरुपयोग शुरू किया, तब विष्णु परशुराम के रूप में प्रकट हुए—एक अद्वितीय ब्राह्मण योद्धा जो बार-बार पृथ्वी को उन अधर्मी योद्धाओं से मुक्त करते रहे। उनका अवतार न्याय के नाम पर क्रोध और संतुलन का अवतार है।

कल्कि: भविष्य का पुन:संस्थापक

अब तक के सभी अवतार अतीत की गाथाएँ हैं, पर कल्कि भविष्य की आहट है—वह जो अभी प्रकट होना शेष है।

विष्णु पुराण कहता है कि कल्कि "आठ गुणों और सिद्धियों, महानता और अदम्य शक्ति" से युक्त होंगे। वे उस युग का अंत करेंगे जिसमें अधर्म, भ्रम और नैतिक पतन व्याप्त होगा।

"जो इस रात के बीत जाने पर जागेंगे, वे निष्कलंक, निर्मल और शुद्ध होंगे" (4.24.20)—यह केवल भविष्यवाणी नहीं, बल्कि एक नैतिक संकल्प है।

बुद्ध: अवतार या मायामोह?

बुद्ध की भूमिका विष्णु पुराण में सबसे अधिक विवादास्पद है। कई अन्य ग्रंथों, विशेषकर भागवत पुराण, हरिवंश और बाद की वैष्णव शाखाओं में बुद्ध को विष्णु का नवाँ अवतार माना गया है—एक करुणावान धर्मगुरु के रूप में।

लेकिन विष्णु पुराण में बुद्ध का रूप भिन्न है। यहाँ वे "मायामोह" या प्रेत रूप में प्रकट होते हैं—एक ऐसा दैवी अस्तित्व जिसे विष्णु ने राक्षसों को भ्रमित करने के लिए उत्पन्न किया, ताकि वे वेदों की राह से विचलित हो जाएँ।

इस कथा के अनुसार (3.17–18), देवता असुरों से युद्ध में कमजोर पड़ने लगे थे। तब

विष्णु ने एक ऐसा प्रेत उत्पन्न किया, जो 'धर्म' के नाम पर ऐसे उपदेश देता है जो बौद्ध और जैन परंपराओं से मिलते-जुलते हैं। परिणामस्वरूप, राक्षस अपने मूल धर्म से विचलित हो जाते हैं और देवता पुनः शक्ति प्राप्त कर लेते हैं।

यहाँ प्रश्न खड़ा होता है—क्या बुद्ध विष्णु के सच्चे अवतार हैं, या केवल एक मिथकीय युक्ति? विष्णु पुराण इस प्रश्न का उत्तर स्पष्ट रूप से नहीं देता, पर यह कथा उस वैष्णव दृष्टिकोण को दर्शाती है जो वेद के पारंपरिक मार्ग को सर्वोच्च मानता है।

विष्णु पुराण में अवतारों का उद्देश्य केवल चमत्कारी कथाएँ रचने का नहीं, बल्कि उस एक ही परम सत्ता की लीलात्मक विविधताओं को उद्घाटित करने का है। चाहे वह महासागर के तल से पृथ्वी को उठाने वाला वराह हो, अथवा त्रिभुवन को मापने वाला वामन—हर अवतार, हर रूप, उसी अद्वितीय चेतना की अभिव्यक्ति है।

"अवतार अनेक हैं, पर तत्त्व एक है।"

विष्णु अपने हर अवतार में युग-धर्म की स्थापना करते हैं, और इस प्रकार विष्णु पुराण केवल पौराणिक आख्यान नहीं, बल्कि समय के साथ बदलते धर्म और सत्य के स्थायित्व की स्मृति बन जाता है।

❐

खंड-2

विष्णु महापुराण
(हिंदी अनुवाद)

अंश-1

ग्रन्थ का उपोद्घात

ॐ श्री मन्नारायणाय नमः
नारायणं नमस्कृत्य नरं चैव नरोत्तमम।
देवी सरस्वती व्याप्तं ततो जयमुदिरयेत।।

श्रीसूतजी बोले;– मैत्रेयजी ने नित्यकर्मों से निवृत्त हुए मुनिवर पराशरजी को प्रणाम कर एवं उनके चरण छूकर पूछा, "हे गुरुदेव! मैंने आप ही से सम्पूर्ण वेद, वेदांग और सकल धर्मशास्त्रों का क्रमश: अध्ययन किया है। हे मुनिश्रेष्ठ! आपकी कृपा से मेरे विपक्षी भी मेरे लिये यह नही कह सकेंगे कि मैंने सम्पूर्ण शास्त्रों के अभ्यास में परिश्रम नही किया।"

ऋषि पराशर को विष्णु पुराण कैसे प्राप्त हुआ

एक दिन, बुद्धिमान ऋषि पराशर के पास उनके समर्पित शिष्य मैत्रेय आए। आदरपूर्वक प्रणाम करते हुए मैत्रेय ने कहा, "गुरुदेव, मैंने आपके मार्गदर्शन में वेदों का अध्ययन किया है। मैंने विधि-ग्रंथ और उनके पूरक ग्रंथ पढ़े हैं। आपकी शिक्षाओं ने मेरे ज्ञान की पूर्णता के बारे में किसी के मन में कोई संदेह नहीं छोड़ा है—यहाँ तक कि मेरे आलोचक भी इसे स्वीकार करते हैं।

लेकिन अब, मैं आगे जाना चाहता हूँ। हे भाग्यशाली द्रष्टा, आप गहन ज्ञान और गुणों से संपन्न हैं। कृपया मुझे बताएँ—इस संसार की शुरुआत कैसे हुई? यह किससे बना

है? सभी चीज़ें, चल और अचल, कहाँ से आईं? पहले के युगों में संसार का अंत कैसे हुआ और भविष्य में इसका अंत कैसे होगा? तत्वों की प्रकृति क्या है? देवता, महासागर, पर्वत और प्राणी कैसे अस्तित्व में आए? सूर्य और तारों का क्या, मानव जाति के युगों का, विभिन्न जातियों के कर्तव्यों और जीवन के चरणों का क्या? राजाओं, ऋषियों और देवताओं के महान परिवारों की कहानियाँ क्या हैं?

मुझे सब कुछ बताएँ—युग और समय के चक्र, परंपराओं का अर्थ, व्यास के अधीन वैदिक शाखाओं का उदय—सब कुछ, हे वशिष्ठपुत्र, महामुनि! कृपा करके मुझे यह सब सिखाइए।"

पराशर धीरे से मुस्कुराए। "तुम ठीक पूछ रहे हो, मैत्रेय। तुम्हारी जिज्ञासा धर्म से प्रेरित है। मैं तुम्हें बताता हूँ कि मुझे यह पवित्र ज्ञान कैसे प्राप्त हुआ।"

बहुत समय पहले, मैं दुःख और क्रोध से अभिभूत था। मेरे पिता की हत्या कर दी गई थी—ऋषि विश्वामित्र द्वारा भेजे गए एक राक्षस ने उन्हें खा लिया था। मैं क्रोधित था। उस क्रोध में, मैंने एक विशाल यज्ञ अनुष्ठान किया जिसका एकमात्र उद्देश्य था—सभी राक्षसों का नाश करना। मेरी शक्ति से सैकड़ों राक्षस भस्म हो गए।

लेकिन उसी समय, मेरे दादा, महान ऋषि वशिष्ठ, प्रकट हुए और बोले, 'हे मेरे पुत्र, अपना क्रोध त्याग दो। यह राक्षसों का दोष नहीं था। तुम्हारे पिता की मृत्यु नियति थी। बुद्धिमान लोग क्रोध से चिपके नहीं रहते। कौन मारता है, और कौन मारा जाता है, जब सभी केवल अपने कर्मों का फल भोग रहे हैं? क्रोध केवल व्यक्ति के आध्यात्मिक पुण्य को नष्ट करता है। महान ऋषि क्रोध का त्याग करते हैं, क्योंकि स्वर्ग और मुक्ति का मार्ग अवरुद्ध करता है। दया करो। इस विनाश को रोको। इन रात्रिचर प्राणियों ने तुम्हारा कोई अहित नहीं किया है।'

उनके वचन सुनकर, मैंने तुरन्त अनुष्ठान रोक दिया। मैंने उनकी बुद्धिमत्ता का सम्मान किया।

उसी क्षण, एक और महान ऋषि पधारे—ब्रह्मा के पुत्र पुलस्त्य। मेरे दादाजी ने उनका आदरपूर्वक स्वागत किया, और पुलस्त्य मेरी ओर मुड़े और बोले:

'पराशर, तुमने संयम दिखाया है। तुमने अपने गुरु की बात मानी और घोर दुःख से व्याकुल होते हुए भी अपने क्रोध पर नियंत्रण रखा। इसके लिए मैं तुम्हें आशीर्वाद देता हूँ। तुम एक महान पुराण के रचयिता बनोगे, और तुम्हें ईश्वरत्व का सर्वोच्च ज्ञान प्राप्त होगा। चाहे तुम गृहस्थ रहो या संन्यासी, तुम्हारा मन शुद्ध और एकाग्र रहेगा।'

मेरे दादाजी ने उनके वचनों की पुष्टि की, और इस प्रकार मुझे यह आशीर्वाद प्राप्त हुआ।

अब, मैत्रेय, तुम्हारे सच्चे प्रश्नों के कारण, मैं यह पवित्र ज्ञान तुम्हें प्रदान करूँगा। ध्यानपूर्वक सुनो।

1. विष्णु का उपदेश पुराण

सारी सृष्टि विष्णु से उत्पन्न होती है और वे ही इसका पालन और संहार करते हैं। वे ही ब्रह्मांड का सार हैं। मैं विष्णु को नमन करता हूँ, जो शाश्वत, शुद्ध, अपरिवर्तनीय और परम सत्य हैं। वे ही सृष्टिकर्ता ब्रह्मा, पालनकर्ता हरि और संहारकर्ता शिव हैं। वे ही वासुदेव, रक्षक और सभी के एकमात्र स्रोत हैं।

एक होते हुए भी, विष्णु अनेक रूपों में प्रकट होते हैं—स्थूल और सूक्ष्म, दृश्य और अदृश्य। वे ही मोक्ष के कारण हैं। वे ही स्वयं जगत्, उसका मूल और उसकी सर्वोच्च आत्मा हैं।

यह शिक्षा एक बार कमलवत ब्रह्मा ने दी थी, जब दक्ष जैसे ऋषियों ने उनसे सृष्टि के बारे में पूछा था। ब्रह्मा ने इसे नर्मदा नदी के किनारे रहने वाले राजा पुरुकुत्स को दिया। उनसे यह सरस्वती के पास और फिर मेरे पास आई।

विष्णु, वासुदेव, या वासुदेव, वह परम आत्मा हैं जो सभी गुणों और भेदों से परे विद्यमान हैं। केवल वही वास्तव में हैं। वे सभी द्वैतों—जन्म और मृत्यु, प्रकाश और अंधकार—से परे हैं। सब कुछ उनमें निवास करता है, और वे सभी में निवास करते हैं।

वे दृश्य और अदृश्य दोनों हैं, काल (काल) और आत्मा (पुरुष) के रूपों में विद्यमान हैं। काल दृश्य और अदृश्य को जोड़ता और पृथक करता है। काल रूप में, विष्णु अनादि और अंतविहीन हैं। अतः, सृष्टि, पालन और संहार के चक्र कभी समाप्त नहीं होते।

एक चक्र के अंत में, सारा संसार विलीन हो जाता है। तीन गुण—शुद्धि, रज और मंदता—संतुलित हो जाते हैं। आत्मा जड़ पदार्थ में विलीन हो जाती है। विष्णु काल रूप में निवास करते हैं, अगली सृष्टि की प्रतीक्षा में।

जब सृष्टि का आरंभ होता है, तो विष्णु आत्मा और जड़ पदार्थ दोनों में प्रवेश करते हैं और तत्वों को आंदोलित करते हैं, जैसे सुगंध बिना संपर्क के भी मन को आंदोलित करती है। इस आंदोलित से महानता उत्पन्न होती है। (महत्)—गुणों से उत्पन्न एक सूक्ष्म तत्त्व। फिर महत् से अहंकार उत्पन्न होता है, और उससे सूक्ष्म तत्त्व—शब्द, स्पर्श, रूप, रस और गंध—एक-एक करके प्रकट होते हैं।

प्रत्येक तत्त्व अगले तत्त्व को जन्म देता है:

- *शब्द से आकाश*
- *स्पर्श से वायु*
- *रूप से अग्नि*
- *रस से जल*
- *गंध से पृथ्वी।*

ये तत्त्व अपने गुणों के साथ मिलकर संसार का निर्माण करते हैं।

इन्हीं तत्त्वों से इंद्रियाँ, कर्मेन्द्रियाँ और मन उत्पन्न होते हैं, जिनमें से प्रत्येक तीन में से एक द्वारा शासित होता है।

हे धर्मज्ञ! हे महाभाग! अब मैं आपके मुखारविन्द से यह सुनना चाहता हूँ कि यह जगत किस प्रकार उत्पन्न हुआ और आगे भी (दूसरे कल्प के आरम्भ में) कैसे होगा? परम ज्ञानी ऋषि मैत्रेय का हृदय सृष्टि के गूढ़ रहस्यों को जानने को उत्कट हुआ तो ज्ञान के सागर महामुनि पराशर से विनम्रता से फिर पूछा, "हे तपस्वी शिरोमणि! कृपा कर मुझे इस ब्रह्मांड की रचना का रहस्य बताएं।"

तब महर्षि पराशर ने अपनी दिव्य दृष्टि से सब कुछ देखते हुए मैत्रेय से कहा, "हे वत्स! सुनो, मैं तुम्हें सृष्टि के उस आदिम सत्य का वर्णन करता हूँ, जो परमेश्वर की लीला है।"

प्रारंभ में यह संपूर्ण ब्रह्मांड जलमग्न था, चारों ओर केवल अनंत जल ही जल था। इस आदिम जल में एक विशाल अंडा प्रकट हुआ, जो जल के बुलबुले के समान गोलाकार था। यह अंडा धीरे-धीरे आकार में बढ़ने लगा और इसके भीतर भगवान विष्णु स्वयं विराजमान थे। इसी अंडे को 'ब्रह्मांड' कहा गया। इस विराट ब्रह्मांड के भीतर पर्वत और भूमि, अगाध महासागर और विस्तृत सागर, देवगण, दानव, मनुष्य और अनगिनत तारे सभी समाहित थे। यह ब्रह्मांड जल, अग्नि, वायु, आकाश और अन्य तत्वों से घिरा हुआ था।

इस ब्रह्मांड के गर्भ में स्थित होकर, भगवान विष्णु ने ब्रह्मा का रूप धारण किया और सृष्टि की रचना का कार्य आरंभ किया। और जब इस ब्रह्मांड का अंत निकट आता है, तो वही परम प्रभु विष्णु, शिव का रौद्र रूप धारण कर संहार का कार्य करते हैं। इसलिए, हम उस महान भगवान विष्णु को नमन करते हैं, जो सृष्टि, स्थिति और संहार के स्वामी हैं।

अंततः, जब ये सभी आत्मा की दृष्टि में सामंजस्य स्थापित करते हैं, तो वे एक विशाल ब्रह्मांडीय अंड का निर्माण करते हैं। जल पर तैरता यह अंड विष्णु का निवास है, जो इसके भीतर ब्रह्मा का रूप धारण करते हैं। इस अंड में सब कुछ समाया है—मेरु जैसे

पर्वत, महासागर, भूमि, तारे, देवता, मनुष्य और सभी प्राणी। यह सात परतों में लिपटा हुआ है—जल, अग्नि, वायु, अंतरिक्ष, और भी बहुत कुछ—प्रत्येक परत पिछली परत से दस गुना बड़ी है।

हरि के रूप में, कर्म के गुण में रमण करते हुए, विष्णु ब्रह्मा बन जाते हैं और संसार की रचना प्रारंभ करते हैं। पवित्रता से परिपूर्ण रक्षक के रूप में, वे प्रत्येक युग में संसार की रक्षा करते हैं। और जब चक्र समाप्त होता है, तो वे संहार के गुण से युक्त रुद्र का रूप धारण करते हैं और ब्रह्मांड को निगल जाते हैं।

संसार को एक ही महासागर में विलीन करने के बाद, वे ब्रह्मांडीय सर्प पर विश्राम करते हैं। और फिर, जब समय सही होता है, तो वे जगत का पुनर्निर्माण करने के लिए पुनः जागृत होते हैं। यह एक दिव्य सत्ता—जनार्दन—ब्रह्मा, विष्णु और शिव का रूप धारण करते हैं।

वे सृजन, पालन और संहार हैं। वे सभी का स्रोत और सार हैं। पाँच तत्व—पृथ्वी, जल, अग्नि, वायु और आकाश—इंद्रियाँ और मन—सभी परमात्मा की अभिव्यक्तियाँ हैं। यह आत्मा, शाश्वत और सार्वभौमिक, ब्रह्मांड का कर्ता और कारण दोनों है।

इस प्रकार, केवल विष्णु ही सब कुछ हैं: रचयिता, सृजित, संरक्षक, संरक्षित, संहारक और नष्ट। वे इच्छाओं की पूर्ति करने वाले हैं, सभी रूपों के पीछे एकमात्र वास्तविकता हैं।

हे मैत्रेय! इस संसार में चार प्रमुख युग या काल हैं। इन्हें कृत (या सत्य), त्रेता, द्वापर और कलियुग के नाम से जाना जाता है। कृत युग चार हज़ार वर्षों का होता है, त्रेता युग तीन हज़ार वर्षों का, द्वापर युग दो हज़ार वर्षों का और कलियुग एक हज़ार वर्षों का। इस प्रकार, ये चारों युग मिलकर दस हज़ार वर्षों में व्यतीत हो जाते हैं।

जब ये चारों युग एक-एक हज़ार बार बीत जाते हैं, तो वह ब्रह्मा का मात्र एक दिन कहलाता है। क्या तुम प्रारंभिक अंकगणित में निपुण हो? ब्रह्मा के एक दिन में कितने मानव वर्ष होते हैं? दस हज़ार को एक हज़ार से गुणा करने पर, अर्थात् एक करोड़ वर्ष। ब्रह्मा के प्रत्येक दिन में, ऋषि, देवता और राजा चौदह बार नष्ट होते हैं और पुनः उत्पन्न होते हैं। इन प्रत्येक चक्र को 'मन्वन्तर' कहा जाता है।

किंतु ब्रह्मा के दिन के अंत में, एक महाप्रलय आता है। संपूर्ण संसार जल जाता है और ब्रह्मा अपनी पूरी रात्रि तक, जो कि एक करोड़ मानव वर्षों के बराबर है, निद्रा में लीन रहते हैं। उसके उपरांत, पुनः सृष्टि का चक्र आरंभ होता है।

2. वराह अवतार और सृष्टि का विस्तार

पराशर ने आगे कहा, "हे मैत्रेय! मैं तुम्हें बताता हूँ कि ब्रह्मा ने सृष्टि का कार्य कैसे किया।" ब्रह्मा स्वयं नारायण के अंश मात्र हैं। और नारायण साक्षात भगवान विष्णु ही हैं। 'नर' का अर्थ है जल और 'अयन' का अर्थ है विश्राम-स्थल। जब प्रारंभिक सृष्टि का विनाश हुआ था, तब संपूर्ण संसार जल से परिपूर्ण था और भगवान विष्णु उसी जल पर शयन कर रहे थे। इसीलिए उन्हें 'नारायण' कहा जाता है।

नारायण ने जब चारों ओर जल ही जल देखा, तो उनके हृदय में संसार की रचना करने की इच्छा उत्पन्न हुई। अतः उन्होंने एक विशाल सूअर (वराह) का रूप धारण किया और पाताल लोक में उतर गए। वहाँ, पृथ्वी ने उन्हें प्रणाम किया और उनसे प्रार्थना की कि वे उसे पाताल लोक के अंधकार से मुक्त करें। पृथ्वी के इस करुण अनुरोध पर, वराह रूपी विष्णु ने भयंकर गर्जना की। उन्होंने अपने विशाल दाँतों का उपयोग कर पृथ्वी को पाताल लोक से ऊपर उठाया। फिर उन्होंने अत्यंत सावधानीपूर्वक पृथ्वी को जल पर स्थापित कर दिया। पृथ्वी एक विशाल नौका के समान अगाध महासागरों पर तैरने लगी। भगवान विष्णु ने पृथ्वी को समतल किया और पर्वतों को उनके उचित स्थानों पर स्थापित किया। पृथ्वी को सात क्षेत्रों या द्वीपों में विभाजित किया गया।

इसके पश्चात, प्राणियों की रचना का प्रश्न सामने आया। ब्रह्मा ने अपनी मानसिक शक्तियों से चार प्रकार के प्राणियों की रचना की। सबसे पहले राक्षस या असुर उत्पन्न हुए, जो ब्रह्मा की जांघों से प्रकट हुए। इसके बाद देवता आए, जो ब्रह्मा के मुख से प्रकट हुए। ब्रह्मा की भुजाओं से पूर्वज या पितर उत्पन्न हुए। और सबसे अंत में मनुष्य उत्पन्न हुए। इनके अतिरिक्त भी अनेक वस्तुओं की रचना हुई।

इसके बाद, ब्रह्मा को भूख और क्रोध दोनों का अनुभव हुआ। भूख से उत्पन्न हुए दानवों ने आकार ग्रहण किया और अपने रचयिता ब्रह्मा को ही खाने को उद्धत हुए। उनमें से कुछ ऐसे भी थे जो अपने रचयिता को खाना नहीं चाहते थे, बल्कि उनकी रक्षा करना चाहते थे। वे 'राक्षस' कहलाए। और जो उन्हें खाना चाहते थे, वे 'यक्ष' कहलाए। जब ब्रह्मा ने इन अवांछनीय प्राणियों को देखा, तो उनके सिर के बाल झड़ गए और फिर उग आए और पुनः खड़े हो गए। इन्हीं बालों से साँपों का जन्म हुआ। इसी प्रकार, गंधर्वों का भी जन्म हुआ। वे 'गंधर्व' कहलाए क्योंकि वे मधुर गायन करते थे।

और भी अनेक अद्भुत वस्तुएँ उत्पन्न हुईं। ब्रह्मा की आयु से पक्षी, उनके वक्ष से भेड़ और मुख से बकरियाँ उत्पन्न हुईं। उनके उदर और पार्श्व से गायें तथा पैरों से घोड़े, हाथी,

हिरण और ऊँट उत्पन्न हुए। ब्रह्मा के शरीर के बालों से समस्त प्रकार के पौधे उग आए।

अंत में, मनुष्यों के चार प्रमुख वर्ग बनाए गए: ब्राह्मण, क्षत्रिय, वैश्य और शूद्र। ब्राह्मण ब्रह्मा के मुख से, क्षत्रिय उनकी छाती से, वैश्य उनकी जांघों से और शूद्र उनके पैरों से उत्पन्न हुए।

3. लक्ष्मी: सौंदर्य, समृद्धि और समर्पण की देवी

महर्षि पराशर ने मैत्रेय से कहा— "हे महामुनि! मैंने आपको उस सृष्टि का वर्णन किया है, जिसे ब्रह्मा ने तमोगुण से रचा था। अब मैं आपको भगवान रुद्र की उत्पत्ति की कथा सुनाता हूँ। ध्यान से सुनिए।" कल्प के प्रारंभ में ब्रह्मा गहन ध्यान में लीन थे। एक बार की बात है, जब ब्रह्मा ने अपने ही समान एक पुत्र की अभिलाषा की। इस विचार के मन में आते ही, उनकी गोद में एक अद्भुत बालक प्रकट हुआ—लाल वर्ण वाला, तेजस्वी, और ब्रह्मा के समान। वह बालक जन्म लेते ही ज़ोर-ज़ोर से रोने लगा और रोते-रोते इधर-उधर दौड़ने लगा। किंतु बालक अविरल रुदन करता रहा और इसी कारण उसे रुद्र नाम मिला। वह इसलिए रो रहा था क्योंकि उसका कोई नाम नहीं था। ब्रह्मा ने उसे उसके रुदन के शब्द से 'रुद्र' नाम दिया, जिससे उसका रोना शांत हो गया। बालक एक नाम पाकर भी रुदन करता रहा। ब्रह्मा ने उससे पूछा, "वत्स! तू अब क्यों रो रहा है?" बालक ने उत्तर दिया, "मुझे एक और नाम चाहिए!" ब्रह्मा ने कहा, "हे देव! तुम रुद्र कहलाओगे। अब रोना छोड़ो, धैर्य धारण करो।" परंतु बालक ने पुनः रुदन आरंभ कर दिया और तब तक नहीं रुका जब तक उसे दूसरा नाम नहीं दिया गया। यह क्रम सात बार चला, और इस प्रकार रुद्र के अन्य नाम भी पड़े: भव, सर्व, महेश, पशुपति, भीम, उग्र और महादेव। ब्रह्मा ने इन आठ रूपों के लिए आठ स्थान भी निर्धारित किए: सूर्य, जल, पृथ्वी, वायु, अग्नि, आकाश, प्रतिष्ठित ब्राह्मण, चंद्रमा। फिर उन्होंने प्रत्येक रूप के लिए एक-एक पत्नी भी निश्चित की: सुवर्चला (सूर्य की पत्नी), उषा (जल की), विकेशी (पृथ्वी की), शिवा (वायु की), स्वाहा (अग्नि की), दिशाएँ (आकाश की), दीक्षा (ब्राह्मण की), रोहिणी (चंद्रमा की)। इन रुद्र रूपों को, जो पुरुषों में श्रेष्ठ कहे गए, संतान भी प्राप्त हुई। उनके पुत्रों ने इस सृष्टि को संतति से पूर्ण किया। उनकी संतान के नाम इस प्रकार हैं: मंदबुद्धि शनि, तेजस्वी शुक्र, रक्तवर्ण मंगल, मनोजव, स्कंद, स्वर्ग, सताण, बुद्धिमान बुध।

रुद्र के रूप में ही उन्होंने सती को पत्नी रूप में स्वीकार किया। परंतु जब राजा दक्ष ने उनका अपमान किया, तब सती ने अपने प्राण त्याग दिए। बाद में वही सती पर्वतराज हिमालय और उनकी पत्नी मेना की पुत्री के रूप में उमा नाम से पुनर्जन्म लेकर प्रकट हुईं। भगवान शिव ने फिर से उनसे विवाह किया। शिव के दिव्य पुत्र—धात्री और विधात्री—

ऋषि भृगु और यश से उत्पन्न हुए। इसी प्रकार श्री (लक्ष्मी), जो देवों के देव विष्णु की पत्नी हैं, वे भी उत्पन्न हुईं।

महादेव के वंश में दुर्वासा नामक एक तपस्वी ऋषि हुए। एक समय, दुर्वासा संसार में भ्रमण कर रहे थे, तभी उन्होंने एक अनुपम स्त्री के हाथों में एक सुंदर और सुगंधित माला देखी। दुर्वासा ने उस स्त्री से माला मांगी, और उसने सहर्ष उन्हें दे दी। दुर्वासा ने उस माला को अपने सिर पर धारण किया और पुनः अपनी यात्रा पर निकल पड़े। उनकी भेंट देवताओं के राजा इंद्र से हुई, जो अपने ऐरावत नामक हाथी पर अन्य देवताओं के साथ विराजमान थे। दुर्वासा ने वह माला उठाकर इंद्र की ओर फेंकी। इंद्र ने उसे पकड़ा और अपने हाथी के मस्तक पर रख दिया। ऐरावत अपने सिर से आती सुखद सुगंध से आश्चर्यचकित हुआ होगा, अतः उसने अच्छी तरह सूंघने के लिए अपनी सूंड ऊपर उठाई, और इसी दौरान माला उसके सिर से उतरकर भूमि पर गिर गई।

दुर्वासा अत्यंत क्रोधित हुए। उन्होंने सोचा कि इंद्र ने उनका घोर अपमान किया है। इंद्र ने माला के लिए दुर्वासा को धन्यवाद देने की भी जहमत नहीं उठाई थी। और माला को अपने सिर पर रखने के बजाय, उन्होंने उसे एक हाथी के मस्तक पर रखना उचित समझा था, जहाँ से वह भूमि पर गिर गई। अतः दुर्वासा इंद्र को श्राप देने को उद्यत हुए। तब तक इंद्र को अपनी भूल का आभास हो चुका था। वह हाथी से उतरे, दुर्वासा के चरणों में गिरे और क्षमा याचना की। परंतु दुर्वासा अन्य ऋषियों जैसे शांत नहीं थे; उन्होंने शांत होने से इनकार कर दिया। इसलिए उन्होंने इंद्र को श्राप दे दिया। वह श्राप यह था कि लक्ष्मी इंद्र के निवास से लुप्त हो जाएँ। लक्ष्मी, जैसा कि विदित है, धन और समृद्धि की देवी हैं।

जब इंद्र अमरावती में अपने निवास स्थान पर लौटे, तो उन्होंने पाया कि वह स्थान वीरान और जीर्ण-शीर्ण हो चुका था। लक्ष्मी जा चुकी थीं। पौधे मुरझा रहे थे। ऋषिगण यज्ञ नहीं कर रहे थे। लोग स्वार्थी हो गए थे। केवल अमरावती ही इस दशा में नहीं थी। इंद्र तीनों लोकों पर शासन करते थे, और तीनों लोकों में यही स्थिति व्याप्त थी।

दैत्य देवताओं को कभी पसंद नहीं करते थे और सदैव उनसे युद्ध करने का प्रयास करते रहते थे। अब उन्हें ज्ञात हुआ कि देवता कम शक्तिशाली और कम सुरक्षित हैं। इसलिए उन्होंने देवताओं पर आक्रमण कर दिया और उन्हें बुरी तरह पराजित किया। बेचारे देवता क्या करते? उन्होंने अग्नि देव को अपना नेता चुना और ब्रह्मा की शरण तथा सहायता के लिए भाग गए। ब्रह्मा ने उनसे कहा कि वे स्वयं उनकी सहायता करने में असमर्थ हैं; उन्हें विष्णु से सहायता मांगनी चाहिए। महासागर के उत्तरी तट पर देवता एकत्रित हुए और प्रार्थना करने लगे।

विष्णु ऐसी प्रार्थनाओं को कैसे अनदेखा कर सकते थे? उन्होंने देवताओं के समक्ष स्वयं प्रकट होकर उन्हें निम्नलिखित सलाह दी। देवताओं को दैत्यों के साथ मिलकर एक अस्थायी संधि करनी चाहिए। दोनों पक्षों को मिलकर महासागर मंथन की तैयारी करनी चाहिए। मंथन से पूर्व, जड़ी-बूटियाँ समुद्र में डाली जानी थीं। मंदराचल पर्वत को मथानी और विशाल सर्प वासुकि को मंथन की रस्सी के रूप में उपयोग किया जाना था। यह अपेक्षित था कि मंथन के परिणामस्वरूप अमृत (एक ऐसा पेय जो अमर बनाता है) समुद्र से निकलेगा। और देवताओं को दैत्यों से यह वादा करना चाहिए कि यह अमृत दोनों पक्षों में समान रूप से बांटा जाएगा, भले ही दैत्य अधिक शक्तिशाली क्यों न हों। परंतु अमृत का यह वादा यह सुनिश्चित करेगा कि दैत्य मंथन में भाग लें। यह एक खोखला वादा था। विष्णु ने देवताओं को शीघ्रता से आश्वासन दिया कि वे यह सुनिश्चित करेंगे कि राक्षसों को अमृत न मिले।

यह बात राक्षसों को ज्ञात नहीं थी, इसलिए वे सहर्ष मंथन के लिए तैयार हो गए। जड़ी-बूटियाँ समुद्र में डाली गईं और मंथन आरंभ हुआ। देवताओं ने वासुकि की पूंछ पकड़ी और राक्षसों ने उसका सिर। वास्तव में, विष्णु ने ही राक्षसों से सर्प का सिर पकड़ने को कहा था। सर्प के मुख से अग्नि और धुआं निकला, जिससे राक्षसों को कष्ट हुआ। सर्प के मुख से निकली गैसें आकाश में ऊपर चली गईं और बादलों का रूप ले लिया। ये बादल पूंछ की ओर बढ़े और पूंछ पकड़े देवताओं पर सुखदायक वर्षा के रूप में बरस पड़े। विशाल मंदार पर्वत को किस पर संतुलित किया जाए? इसका समाधान भी विष्णु ने ही दिया। विष्णु ने एक विशाल कछुए का रूप धारण किया, जिस पर पर्वत रखा जा सके।

इस प्रकार मंथन चलता रहा। और मंथन के परिणामस्वरूप समुद्र से जो वस्तुएँ निकलीं, वे अद्भुत थीं। सबसे पहले देवताओं द्वारा पूजित सुरभि गाय निकली। उसके बाद देवी वरुणी प्रकट हुई। उसके बाद पारिजात नामक सुगंधित वृक्ष प्रकट हुआ। फिर अप्सराएँ (स्वर्ग की नर्तकियाँ) निकलीं। और चंद्रमा, जिसे महादेव ने अपने मस्तक के श्रृंगार के रूप में स्वीकार किया। कुछ बुरी चीजें भी थीं। जो विष निकला उसे साँपों ने ग्रहण कर लिया। और श्वेत वस्त्र पहने, भगवान धन्वंतरि अपने हाथों में अमृत कलश लेकर प्रकट हुए। अमृत को देखकर देवता, दानव और ऋषि प्रसन्न हुए।

लेकिन अभी और भी कुछ होना बाकी था। वहाँ देवी लक्ष्मी के चमकते हुए रूप वाला एक कमल का फूल निकला। उन्होंने अपने हाथ में एक और कमल धारण किया था। ऋषियों ने उनके समक्ष स्तोत्रों का जाप करना आरंभ कर दिया। गंधर्वों ने गायन किया, अप्सराओं ने नृत्य किया। गंगा जैसी नदियाँ प्रवाहित हुईं ताकि लक्ष्मी स्नान कर सकें।

आठ दिग्गज हैं जो आठ दिशाओं की रक्षा करते हैं। इन हाथियों ने स्वर्ण पात्रों से स्वच्छ जल लिया और देवी को स्नान कराया। समुद्र ने उन्हें कमल के फूलों की एक माला दी जो कभी मुरझाती नहीं थी। विश्वकर्मा ने रत्न प्रदान किए। इस प्रकार स्नान करके, वस्त्र पहनकर, आभूषणों से सुसज्जित और मालाओं से विभूषित होकर, लक्ष्मी ने विष्णु का आलिंगन किया। चूँकि दैत्य विष्णु को पसंद नहीं करते थे, इसका अर्थ था कि लक्ष्मी ने दैत्यों को त्याग दिया था। और लक्ष्मी देवताओं पर मुस्कुराईं।

दैत्य अमृत कलश प्राप्त करने में सफल रहे। परंतु विष्णु ने अमृत को दैत्यों से छलकर देवताओं को देने के लिए स्त्री रूप धारण किया। देवताओं ने अमृत पी लिया और दैत्यों पर तलवारों से आक्रमण कर दिया। अमृत ने देवताओं को शक्तिशाली बना दिया और दैत्य उनका मुकाबला नहीं कर सके। उनकी सेनाएँ तितर-बितर हो गईं और वे पाताल लोक में भाग गए। देवता प्रसन्न हुए। उन्होंने विष्णु को प्रणाम किया और स्वर्ग पर शासन करना जारी रखा। सूर्य आकाश में अपने पुराने मार्ग पर लौट गया। तारे भी।

इंद्र उवाच:

नमस्तेस्तु महामाये श्रीपीठे सुर पूजिते
शंख चक्र गदा हस्ते महालक्ष्मी नमोस्तुते

इंद्र ने कहा: हे भव्य देवी, ऊंचे आसन पर विराजमान और देवताओं द्वारा पूजित! मैं तुम्हें प्रणाम करता हूँ! हे महालक्ष्मी! आपके हाथों में शंख, चक्र और गदा! में आपको प्रणाम करता हुँ।

नमस्ते गरुड़ारूढे कोलासुर्भयंकरि!
सर्व पाप हरे देवि, महालक्ष्मी नमोस्तुते।।2।।

हे देवी महालक्ष्मी! गरुड़ पर सवार होकर, राक्षस को डराते हुए कोलासुर और सभी पापों को दूर करने वाला कहा जाता है, मैं आपको प्रणाम करता हूं।।2।।

सर्वज्ञे सर्व-वरदे सर्वदुष्टभयंकरि!
सर्वदु:ख हरे देवी महालक्ष्मि नमोस्तुते।।3।।

हे देवी महालक्ष्मी! आप सर्वज्ञ हैं, आप सभी को वरदान देती हैं और सभी दुष्टों को भयभीत करती हैं! आप सभी दुखों का निवारण करने वाली हैं; मैं आपको प्रणाम करता हूँ।।3।।

सिद्धिबुद्धिप्रदे देवी भुक्तिमुक्तिप्रदायनि!

मंत्रपूते सदा देवी महालक्ष्मी नमोस्तुते।।4।।

हे महान देवी लक्ष्मी! मंत्र द्वारा शुद्ध होकर, आप अपने भक्तों को बुद्धि, पूर्णता प्राप्त करने और भोगों में लिप्त होने की क्षमता प्रदान करती हैं और आप ही उनकी आत्माओं को अंतिम मुक्ति या मोक्ष प्रदान करती हैं।।4।।

अद्यान्तरहिते देवी आद्यशक्तिमहेश्वरी!
योगजे योगसम्भूते महालक्ष्मी नमोस्तुते।।5।।

हे देवी, अनादि और अनंत, आदिशक्ति! हे महादेवी! केवल एकाग्र भक्ति से ही प्रकट होती हैं! मैं आपको नमन करता हूँ!

स्थूलसूक्ष्म महारौद्रे महाशक्ति महोदरे!
महापापहरे देवी महालक्ष्मि नमोस्तुते।।6।।

हे देवी! आप प्रत्यक्ष रूप से व्यक्त हैं लेकिन सूक्ष्म रूप से भी विद्यमान हैं, और आप महोदर हैं! आप आद्य शक्ति हैं, धारण करने वाली गंभीर से गंभीर कष्टों को समाप्त करने की महान क्षमता। हे महान देवी! मैं प्रणाम करता हूँ

पद्मासनस्थिते देवि पारब्रह्मस्वरूपिणी!
परमेशि जगं मातर महालक्ष्मि नमोस्तुते।।7।।

कमल के फूल पर विराजमान, हे परम सत्ता के प्रकट रूप! हे देवी! हे सर्वोच्च देवी! जगत जननी! हे महालक्ष्मी! मैं तुम्हें प्रणाम करता हूँ! द्वितीय 7 द्वितीय

श्वेतांबर-धरे देवी नानालंकार- भूषिते!
जगतिस्थिते जगन्मातर महालक्ष्मि नमोस्तुते।।8।।

हे देवी! आप श्वेत वस्त्र धारण करती हैं और अनेक वस्त्रों से सुसज्जित हैं! आप अपनी उपस्थिति से समस्त जगत को प्रभावित करती हैं और आपकी कृपा से सभी लोक अस्तित्व में आते हैं। हे महालक्ष्मी! मैं आपको प्रणाम करता हूँ।।8।।

लक्ष्मी की प्रार्थना करने के बाद, इंद्र सिंहासन पर बैठे और तीनों लोकों पर शासन किया।

पराशर ने मैत्रेय से कहा, "इंद्र की प्रार्थना से लक्ष्मी प्रसन्न हुईं और उन्होंने उन्हें वरदान देने के लिए सहमति व्यक्त की।" इंद्र ने जो पहला वरदान मांगा वह यह था कि लक्ष्मी तीनों लोकों को कभी न छोड़ें। और दूसरा वरदान यह था कि जो भी व्यक्ति इंद्र की तरह लक्ष्मी से प्रार्थना करेगा, लक्ष्मी उससे कभी मुंह नहीं मोड़ेंगी।

4. ध्रुव की कथा: दृढ़ संकल्प और अमरता की खोज

ब्रह्मा के शरीर से मनु की उत्पत्ति हुई। समस्त मनुष्य उन्हीं मनु के पुत्रों और पुत्रियों से उत्पन्न हुए हैं, यही कारण है कि उन्हें मानव कहा जाता है। मनु के दो धर्मात्मा और वीर पुत्र थे: प्रियव्रत और उत्तानपाद। राजा उत्तानपाद की दो पत्नियाँ थीं: सुनीति और सुरुचि। सुरुचि का पुत्र उत्तम था, और सुनीति का पुत्र ध्रुव। राजा उत्तानपाद सुनीति की अपेक्षा सुरुचि को अधिक प्रिय मानते थे, और ध्रुव से कहीं अधिक उत्तम को चाहते थे।

एक दिन, बालक ध्रुव ने देखा कि उत्तम सिंहासन पर अपने पिता की गोद में बैठा है। स्वाभाविक रूप से, ध्रुव भी अपने पिता की गोद में चढ़ना चाहता था। किंतु सुरुचि ने उसे डाँटते हुए कहा कि उसे उत्तम की वस्तु की अभिलाषा नहीं करनी चाहिए। उसे सदैव स्मरण रखना चाहिए कि सिंहासन उत्तम के लिए है, ध्रुव के लिए नहीं।

ध्रुव अत्यंत क्रोधित हो गया। वह दौड़कर अपनी माता सुनीति के पास गया, और उसने अपनी माता को सारी बात बताई। सुनीति ने उसे सांत्वना दी और समझाया कि मनुष्य अपने पूर्वजन्मों के कर्मों के आधार पर ही दुःख या समृद्धि प्राप्त करते हैं। यदि किसी ने पूर्वजन्म में अच्छे कर्म किए हैं, तो वह राजा बनता है, उसके सिर पर छत्र होता है और वह इस जन्म में उत्तम घोड़ों और हाथियों की सवारी करता है। सुरुचि और उत्तम ने निश्चय ही अपने पूर्वजन्मों में अनेक अच्छे कर्म किए होंगे। और सुनीति और ध्रुव ने अपने पूर्वजन्मों में अनेक बुरे कर्म किए होंगे। इसमें दुःख की कोई बात नहीं है। बुद्धिमान पुरुष जो पाते हैं, उसी में संतुष्ट रहते हैं। यदि ध्रुव सुरुचि की बातों से सचमुच दुखी थे, तो उन्हें दुखी होना छोड़ देना चाहिए और अपना समय अच्छे, धार्मिक, सदाचारी और निःस्वार्थ बनने में लगाना चाहिए।

सुनीति की बातों ने ध्रुव को शांत कर दिया। उसने कहा, "माँ, आपके वचनों से मुझे शांति मिली है। मैं सर्वोच्च पद प्राप्त करने का प्रयास करूँगा। यह सत्य है कि राजा सुरुचि से प्रेम करते हैं और यह भी सत्य है कि मैं सुरुचि का पुत्र नहीं हूँ। लेकिन मैं आपका पुत्र हूँ और मैं आपको दिखाऊँगा कि मैं क्या कर सकता हूँ। उत्तम को उसका सिंहासन मिले। मैं किसी और की चीज़ की कामना नहीं करता। अपने कर्म से मैं वह स्थान प्राप्त करूँगा जो मेरे पिता ने भी नहीं प्राप्त किया।"

ध्रुव यह कहकर घर से बाहर चला गया। कुछ ही दूरी पर एक जंगल था। जंगल में उसकी मुलाकात सप्त ऋषियों से हुई। उसने उन्हें प्रणाम किया और कहा, "मैं उत्तानपाद और सुनीति का पुत्र ध्रुव हूँ। मैं दुखी हूँ, इसलिए आपके पास आया हूँ।"

ऋषिगण आश्चर्यचकित हुए। "राजकुमार," उन्होंने कहा, "तुम केवल चार या पाँच वर्ष के हो। तुम्हें दुखी होने की कोई बात नहीं है, तुम्हें किसी बात की चिंता नहीं है। तुम्हारे पिता एक राजा हैं और वे अभी भी जीवित हैं। और तुम बीमार भी नहीं लग रहे हो। फिर तुम दुखी क्यों हो?"

ध्रुव ने उन्हें अपने दुःख का कारण बताया। उसने कहा कि उसे न तो धन चाहिए और न ही राज्य। वह बस एक ऐसे स्थान पर जाना चाहता था जहाँ पहले कभी कोई न गया हो। ऋषियों ने उसे विष्णु की आराधना करने की सलाह दी। उन्होंने उसे वह मंत्र भी सिखाया जिससे विष्णु की आराधना की जानी थी।

ध्रुव यमुना नदी के तट पर पहुँचे। यह वह क्षेत्र था जिसे मधुवन के नाम से जाना जाता था, क्योंकि दैत्य मधु ने इस पर शासन किया था। राम के भाई शत्रुघ्न ने मधु के पुत्र लवण को हराकर यहाँ मथुरा नगरी बसाई थी। यहीं ध्रुव ने प्रार्थना की थी। उन्होंने इतनी कठोर प्रार्थना की कि देवता भी विचलित हो गए। उन्होंने ध्रुव की इस तपस्या को भंग करने की पूरी कोशिश की। राक्षस उस पर अनेक अस्त्र-शस्त्रों से आक्रमण करने लगे। उसके चारों ओर सियार गरजने लगे। भूत-प्रेत उसे डराने लगे। लेकिन ध्रुव अविचलित रहे। उन्होंने केवल विष्णु के बारे में ही सोचा, और विष्णु के अलावा कुछ नहीं देखा।

देवता चिंतित थे क्योंकि उन्हें लग रहा था कि ध्रुव उन्हें हराने की शक्ति पाने के लिए प्रार्थना कर रहा है। शायद वह इंद्र, सूर्य, कुबेर, वरुण या सोम बनना चाहता था। वे विष्णु के पास गए और उनसे ध्रुव की तपस्या रोकने को कहा। विष्णु ने देवताओं को आश्वस्त किया। वह जानते थे कि ध्रुव ये सब नहीं चाहता था।

विष्णु ध्रुव के सामने प्रकट हुए और उसे वरदान दिया। बालक ने आँखें खोलीं और देखा कि विष्णु उसके सामने खड़े हैं। वह वरदान चाहता था कि उसे हमेशा विष्णु से प्रार्थना करने का मन करे। दरअसल, उसे वरदान चाहिए ही नहीं था। उसने अपनी आँखों से विष्णु को देखा था और अब उसे और कुछ नहीं चाहिए था। फिर भी, विष्णु इतने प्रसन्न हुए कि उन्होंने ध्रुव को वरदान देने की जिद की। ध्रुव ने तब वरदान माँगा कि उसे समस्त लोकों में सर्वोच्च स्थान प्राप्त हो।

विष्णु ने उससे कहा कि वह ध्रुव की इच्छा पूरी करेंगे। उन्होंने ध्रुव को यह भी बताया कि पूर्व जन्म में ध्रुव एक ब्राह्मण थे जो विष्णु के भक्त थे। लेकिन ब्राह्मण का मित्र एक धनी और सुंदर राजकुमार था। विष्णु से वरदान पाकर, ब्राह्मण ने कामना की थी कि अगले जन्म में वह राजकुमार के रूप में जन्म ले। यही कारण था कि उसने राजा उत्तानपाद के पुत्र ध्रुव के रूप में जन्म लिया था।

लेकिन चूँकि ध्रुव को अब राज्य या धन की चाह नहीं थी, इसलिए विष्णु ने उसे आकाश के मध्य में स्थापित कर दिया ताकि सभी तारे उसके चारों ओर परिक्रमा करें। उसकी माता सुनीति को भी आकाश में उसके पास ही स्थापित कर दिया गया।

क्या तुमने ध्रुव को आकाश में देखा है? अवश्य देखा है। उन सप्त ऋषियों के पास जो महाभालू नक्षत्र बनाते हैं। ध्रुव कुछ और नहीं बल्कि ध्रुव तारा है।

5. राजा वेन और पृथु

ध्रुव से कुछ पीढ़ी आगे, वेन नाम का एक राजा हुआ। वेन बिलकुल भी अच्छा राजा नहीं था। उसने घोषणा की कि पृथ्वी पर कोई यज्ञ नहीं होगा। विष्णु की प्रार्थना करने का कोई औचित्य नहीं था, क्या राजा वेन विष्णु से भी श्रेष्ठ नहीं थे? ऋषियों ने राजा को अपना आचरण बदलने के लिए मनाने की कोशिश की, लेकिन वेन सुनने को तैयार नहीं था।

इसलिए ऋषियों ने वेन को मार डालने का निश्चय किया। उन्होंने एक तिनके पर मंत्रोच्चार किया और उसी तिनके से वेन को मार डाला। लेकिन समस्या यह थी कि वेन की जगह राज्य कौन करेगा? वेन की कोई संतान नहीं थी। फिर ऋषियों ने मृत राजा की जाँघों को मसलना शुरू किया। मसलने के बाद, जाँघों से एक बौना निकला जो एक छोटे स्तंभ जैसा दिखता था।

"मैं क्या करूँ?", बौने ने पूछा।

"बैठो," ऋषियों ने कहा और बौने को "बैठना" शब्द से निषाद कहा जाने लगा। बाद में, निषाद के पुत्र विंध्य पर्वत पर रहने लगे।

तब ऋषियों ने मृत शरीर के दाहिने हाथ को मसलना शुरू किया। मसलने से एक तेजस्वी पुरुष प्रकट हुआ। यह पृथु थे। उनके जन्म लेते ही आकाश से एक दिव्य धनुष, बाण और कवच उन पर गिरे। पृथु के जन्म पर सभी प्रसन्न हुए। यहाँ तक कि वेन को भी अब उस नरक में नहीं जाना पड़ा जहाँ पुत्र न होने पर जाना पड़ता है। पृथु के राज्याभिषेक के लिए नदियाँ और समुद्र जल और रत्न लेकर पहुँचे। राज्याभिषेक से पहले देवता और ब्रह्मा पृथु को स्नान कराने आए। ब्रह्मा ने देखा कि पृथु के दाहिने हाथ पर चक्र (विष्णु का अस्त्र) का चिह्न था। यह एक शुभ पुरुष था, क्योंकि इसका अर्थ था कि पृथु विष्णु के वंशज थे। केवल उन्हीं राजाओं के हाथों पर यह चिह्न होता है, जिनका देवता भी मुकाबला नहीं कर सकते।

पृथु का राज्याभिषेक हुआ। वह एक शक्तिशाली राजा थे। जब वे गुज़रते थे तो समुद्र का पानी काँप उठता था और पहाड़ों ने उनके लिए रास्ता बना दिया था। उनका ध्वज कभी झुका नहीं था। धरती बिना जुते ही फसल पैदा करती थी। गायें खूब दूध देती थीं और फूल

शहद से लदे होते थे। उनके जन्म लेते ही पृथु ने एक यज्ञ का आयोजन किया। इस यज्ञ से सूत और मागध उत्पन्न हुए, जिन्होंने पृथु की स्तुति में गीत गाए।

लेकिन वेन की मृत्यु और पृथु के जन्म के बीच एक छोटा सा समय ऐसा बीता जब धरती पर कोई राजा नहीं था। राजा के अभाव में धरती फलती-फूलती नहीं। धरती से जड़ी-बूटियाँ लुप्त हो गईं और लोग भूखे रहने लगे। ये लोग पृथु के पास गए और उनसे जड़ी-बूटियों को पुनः प्राप्त करने की विनती की। जड़ी-बूटियाँ प्राप्त करने के लिए, पृथु ने अपना धनुष-बाण उठाया और पृथ्वी का पीछा करने लगे। पृथ्वी ने गाय का रूप धारण कर लिया और भागने लगी। लेकिन पृथ्वी जहाँ भी जाती, पृथु उसके पीछे-पीछे चलते। अंततः पृथु पृथ्वी के पास पहुँच गए और पृथ्वी ने जो थोड़ी-बहुत जड़ी-बूटियाँ बची थीं, उन्हें पुनः प्राप्त कर लिया। पृथ्वी को सामान्य स्थिति में लाने और पुनः उपजाऊ बनाने के लिए, पृथु ने अपने धनुष से पर्वतों को समतल कर दिया। पूर्व सृष्टि में, न तो नगर थे, न गाँव, न अन्न, न पशुपालन, न कृषि और न ही व्यापार।

पृथु के कारण ही यह सब संभव हो पाया। यही कारण है कि पृथ्वी को पृथ्वी कहा जाता है।

6. प्रचेतस: वृक्षों का संहार और दक्ष का जन्म

पृथु के वंशजों में प्राचीनवर्हि नामक एक राजा हुए, जिन्होंने समुद्र की पुत्री सवर्णा से विवाह किया था। इस विवाह से दस पुत्र उत्पन्न हुए, जिन्हें प्रचेतस के नाम से जाना गया। उन्होंने समुद्र के नीचे दस हज़ार वर्षों तक अत्यंत कठिन तपस्या की।

मैत्रेय ने पराशर से पूछा, "प्रचेतस ने दस हज़ार वर्षों तक कठिन तपस्या क्यों की?" और पराशर ने यही उत्तर दिया।

ब्रह्मा ने प्राचीनवर्हि से कहा था कि वे यह सुनिश्चित करें कि संसार मनुष्यों से परिपूर्ण हो जाए, और प्राचीनवर्हि ने यह कार्य अपने पुत्रों को सौंप दिया। लेकिन प्रचेतस यह नहीं जानते थे कि यह कार्य कैसे किया जाए। उनके पिता ने उन्हें विष्णु से प्रार्थना करने को कहा, क्योंकि क्या विष्णु सभी समस्याओं का समाधान नहीं देते? मूल सृष्टि के आरंभ में ब्रह्मा ने विष्णु से प्रार्थना करने के बाद ही ब्रह्मांड की रचना की थी। अपने पिता की आज्ञा सुनकर, प्रचेतस ने दस हज़ार वर्षों तक प्रार्थना की।

जब दस हज़ार वर्ष पूरे हो गए, तो विष्णु अपने वाहन गरुड़ पर सवार होकर उनके सामने प्रकट हुए। उन्होंने उन्हें एक वरदान दिया, और प्रचेतस ने उनसे कहा कि वे संसार को आबाद कर सकें। इच्छित वरदान प्राप्त करने के बाद, प्रचेतस समुद्र से बाहर आए और

उन्होंने देखा कि उनकी अनुपस्थिति में पृथ्वी वृक्षों से ढकी हुई थी। हवाएँ नहीं चल पा रही थीं। क्रोध में, प्रचेतस ने अपने मुख से वायु और अग्नि उत्पन्न की। वायु ने वृक्षों को उखाड़ दिया और अग्नि ने उन्हें जला दिया। सभी वृक्ष नष्ट होने लगे।

वृक्षों के राजा सोम यह सहन नहीं कर सके। वे प्रचेतस के पास दौड़े और उन्हें प्रसन्न करने का प्रयास किया। वहाँ मारिषा नाम की एक सुंदर स्त्री थी जो उस वृक्ष से उत्पन्न हुई थी और जिसका पालन-पोषण सोम ने किया था। सोम ने प्रचेतस से मारिषा का विवाह करने का प्रस्ताव रखा। उन्होंने उनसे वादा किया कि जो पुत्र, दक्ष, उत्पन्न होगा, वह संसार को आबाद करेगा। सोम ने प्रचेतस को मारिषा के जन्म की कथा भी सुनाई।

कई वर्ष पहले, कंदु नाम के एक ऋषि हुआ करते थे। यह ऋषि गोमती नदी के तट पर कठिन तपस्या कर रहे थे। उसे परेशान करने के लिए इंद्र ने प्रम्लोचा नाम की एक अप्सरा (स्वर्ग की नर्तकी) भेजी। कंदु उससे प्रेम करने लगा, उससे विवाह किया और मंदार पर्वत की एक घाटी में सौ वर्षों से भी अधिक समय तक उसके साथ रहा। जब सौ वर्ष से भी अधिक समय बीत गया, तो अप्सरा ने स्वर्ग लौटने की इच्छा जताई। लेकिन कंदु ने कहा, "कुछ और समय रुको।" प्रम्लोचा फिर से वहाँ सौ वर्षों से भी अधिक समय तक रही और सौ वर्ष बीत जाने के बाद स्वर्ग लौटने की इच्छा जताई। लेकिन कंदु ने फिर कहा, "कुछ और समय रुको।" और यह सिलसिला चलता रहा।

कई वर्ष बीत जाने के बाद, कंदु को होश आया। उसने कहा, "पत्नी, एक पूरा दिन बीत गया है। अब शाम हो गई है। मुझे अपनी प्रार्थना करने दो।"

"एक दिन," प्रम्लोचा बोली। "क्या तुम्हें पता नहीं है कि मुझसे विवाह किए हुए नौ सौ सत्तासी वर्ष, छह महीने और तीन दिन बीत चुके हैं?"

इससे कंदु को एहसास हुआ कि क्या हुआ था। वे अपनी तपस्या में लग गए और प्रम्लोचा को स्वर्ग लौटने की अनुमति दे दी। स्वर्ग जाते समय प्रम्लोचा ने पेड़ों के पत्तों पर अपना पसीना पोंछा। वह एक बच्चे को जन्म दे रही थी और बच्चा पसीने के साथ बाहर आ गया और पेड़ों के पास रह गया। यही बच्चा बड़ा होकर मारिषा बना।

पूर्व जन्म में, मारिषा का विवाह एक राजा से हुआ था। लेकिन राजा की मृत्यु मारिषा के बहुत छोटी उम्र में ही हो गई थी। उस युवा विधवा ने विष्णु से प्रार्थना की थी और विष्णु उसे वरदान देने के लिए सहमत हो गए थे। विधवा ने वरदान माँगा था कि उसे ब्रह्मा जैसा पुत्र प्राप्त हो और उसे कई जन्मों में अच्छे पति मिलें। विष्णु ने उसे वचन दिया था कि उसे ब्रह्मा जैसा पुत्र प्राप्त होगा और एक ही जन्म में उसके कई अच्छे पति होंगे। इसीलिए मारिषा का विवाह अब एक साथ दस प्रचेतस से हुआ।

तब दक्ष का जन्म हुआ। वही दक्ष जो पहले ब्रह्मा के पुत्र थे। दक्ष की साठ पुत्रियाँ थीं। उनमें से दस का विवाह धर्म से, तेरह का कश्यप से, सत्ताईस का चंद्र से, चार का अरिष्टनेमि से, दो का अंगिरसा से और दो का कृषाश्व से हुआ। कश्यप की तेरह कन्याएँ अदिति, दिति, दनु, कला, अरिष्टा, सुरसा, सुरभि, विनता, ताम्रा, क्रोधवशा, इरा, कद्रू और मुनि थीं।

कश्यप और दिति के दो वीर पुत्र थे हिरण्यकशिपु और हिरण्याक्ष। हिरण्यकशिपु के पुत्र अनुह्लाद, ह्लाद, प्रह्लाद और संह्लाद थे।

7. प्रह्लाद की कथा: भक्ति का बल और दैत्यराज का अंत

हिरण्यकशिपु को ब्रह्मा से वरदान प्राप्त था, जिसके बल पर उसने तीनों लोकों पर विजय प्राप्त की। उसने इंद्र को स्वर्ग से निष्कासित कर स्वयं इंद्र की उपाधि धारण कर ली। इतना ही नहीं, उसने सविता, वायु, अग्नि, वरुण, सोम, कुबेर और यम की उपाधियाँ भी ग्रहण कर लीं। देवता स्वर्ग से भाग गए और मानव रूप धारण कर संसार भर में विचरने लगे। सभी को दैत्यों के राजा हिरण्यकशिपु की आराधना करनी पड़ती थी। हिरण्यकशिपु स्फटिक से बने एक भव्य महल में रहता था, जहाँ अप्सराएँ नृत्य करती थीं और वह मदिरापान में लीन रहता था।

युवा प्रह्लाद को उसके गुरु के पास अध्ययन के लिए भेज दिया गया था। छुट्टियों में वह अपने गुरु के साथ घर आया और हिरण्यकशिपु स्वाभाविक रूप से जानना चाहता था कि उसके पुत्र ने क्या सीखा है।

"मैंने विष्णु की प्रार्थना करना सीख लिया है," प्रह्लाद ने कहा।

हिरण्यकशिपु क्रोधित हो उठा। "आपने उसे यह बकवास क्यों सिखाई है?" उसने गुरु से पूछा।

"मैंने नहीं सिखाई," गुरु ने उत्तर दिया। "मैंने उसे यह नहीं सिखाया है। वह अपनी मर्ज़ी से ऐसा कह रहा है।"

"प्रिय पुत्र," हिरण्यकशिपु ने पूछा, "यह बकवास किसने सिखाई है?"

"सभी गुरुओं के गुरु, भगवान विष्णु," उत्तर आया।

"यह विष्णु कौन हैं?" हिरण्यकशिपु ने पूछा।

"मेरे हृदय के स्वामी," प्रह्लाद ने कहा।

"आपके हृदय के स्वामी! मेरे अलावा आपका कोई और स्वामी कैसे हो सकता है?"

"वह सिर्फ़ मेरे ही नहीं, आपके भी स्वामी हैं," प्रह्लाद ने उत्तर दिया। "सबके स्वामी।"

"इसे ले जाओ," क्रोधित हिरण्यकशिपु ने कहा। "इसे गुरु के पास वापस भेज दो। इसे यह सब भूल जाने दो।"

प्रह्लाद अपने गुरु के घर वापस गया और वहाँ कई वर्षों तक अध्ययन किया। फिर उसे हिरण्यकशिपु के सामने लाया गया।

हिरण्यकशिपु ने पूछा, "पुत्र, तुमने क्या अध्ययन किया?"

उत्तर मिला, "विष्णु की आराधना करने के लिए।"

हिरण्यकशिपु ने कहा, "मेरे दुष्ट पुत्र को मार डालो।" "उसके जीवित रहने से कुछ लाभ नहीं है। वह मेरे कुल के लिए कलंक है।"

ये शब्द सुनकर, सैकड़ों-हज़ारों दैत्यों ने प्रह्लाद पर तरह-तरह के अस्त्र-शस्त्रों से आक्रमण कर दिया। लेकिन चूँकि प्रह्लाद विष्णु द्वारा संरक्षित था, इसलिए वे अस्त्र उसे कोई नुकसान नहीं पहुँचा सके। तब हिरण्यकशिपु ने प्रह्लाद पर कई विषैले साँप छोड़ दिए। लेकिन चूँकि प्रह्लाद को विष्णु का संरक्षण प्राप्त था, इसलिए साँपों के नुकीले दाँत उसकी त्वचा में नहीं घुस सके। तब हिरण्यकशिपु ने कई हाथियों को अपने दाँतों से प्रह्लाद को मारने के लिए कहा। हाथियों ने प्रह्लाद को ज़मीन पर पटक दिया और अपने दाँतों से उसे घायल कर दिया। लेकिन प्रह्लाद को भगवान विष्णु का स्मरण हुआ और दाँत उसकी छाती पर टूट गए। हिरण्यकशिपु के आदेश पर, दैत्यों ने फिर अग्नि प्रज्वलित की। प्रह्लाद को अग्नि में डाल दिया गया, लेकिन लपटें उसका कुछ नहीं बिगाड़ सकीं। यह सब देखकर, हिरण्यकशिपु के पुरोहितों ने उससे प्रह्लाद को अग्नि से बाहर निकालने का अनुरोध किया। उन्होंने कहा, "चिंता मत करो, हम उसे उचित शिक्षा देंगे।"

प्रह्लाद अपने गुरु के पास वापस चला गया। लेकिन जब भी उसे समय मिलता, वह दैत्य पुत्रों को शिक्षा देने लगा। उसने उन्हें विष्णु की प्रार्थना करना सिखाया।

यह बात हिरण्यकशिपु को बताई गई, जिसने रसोइयों को प्रह्लाद के भोजन में ज़हर मिलाने का निर्देश दिया। रसोइयों ने वैसा ही किया जैसा उन्हें बताया गया था। लेकिन चूँकि प्रह्लाद विष्णु के बारे में सोच रहा था, इसलिए ज़हर का कोई असर नहीं हुआ। पुरोहितों ने प्रह्लाद को एक बार फिर समझाने की कोशिश की। लेकिन कोई फायदा नहीं हुआ। फिर पुरोहितों ने एक राक्षस बनाया। राक्षस आग की लपटों जैसा था। उसने अपने पैरों से धरती खोदी और एक विशाल त्रिशूल से प्रह्लाद पर हमला किया। लेकिन त्रिशूल प्रह्लाद की छाती पर लगा और उसके कई टुकड़े हो गए। इससे राक्षस हताश हो गया और उसने पलटकर पुरोहितों पर हमला करना शुरू कर दिया। पुजारी इधर-उधर भागे, लेकिन राक्षस ने सभी को मार डाला।

इससे प्रह्लाद बहुत दुखी हुआ। उसने प्रार्थना की, "हे भगवान विष्णु, सभी लोकों के गुरु, सभी लोकों के रचयिता। कृपया इन पुरोहितों को पुनर्जीवित करें।" और जैसे ही प्रह्लाद

ने शवों को छुआ, पुजारी पुनर्जीवित हो गए। पुजारी हिरण्यकशिपु के पास वापस गए और उसे पूरी घटना बताई।

प्रह्लाद को एक बार फिर हिरण्यकशिपु के पास ले जाया गया। हिरण्यकशिपु ने पूछा, "तुम्हें ये शक्तियाँ किससे मिली हैं?"

प्रह्लाद ने उत्तर दिया, "ये मेरी शक्तियाँ नहीं हैं। ये विष्णु की शक्तियाँ हैं।"

विष्णु का नाम सुनते ही हिरण्यकशिपु एक बार फिर क्रोधित हो गया। उसने अपने सेवकों को आदेश दिया कि वे प्रह्लाद को उस स्थान की चोटी पर ले जाएँ और उसे नीचे पटक दें ताकि उसकी हड्डियाँ नीचे चट्टानों पर टूट जाएँ। सेवकों ने वैसा ही किया जैसा उन्हें बताया गया था। लेकिन प्रह्लाद गिरते समय विष्णु के बारे में सोचता रहा, और उसे कुछ नहीं हुआ। तब हिरण्यकशिपु ने शंबरासुर को बुलाया। यह एक ऐसा असुर था जो माया के प्रयोग में पारंगत था, जो भ्रम और मतिभ्रम पैदा करने की तकनीक थी।

शंबरासुर ने प्रह्लाद के चारों ओर भ्रम पैदा करने के लिए माया का प्रयोग किया। लेकिन प्रह्लाद विष्णु के बारे में सोचता रहा। और विष्णु का अस्त्र, सुदर्शन चक्र, आया और सारी माया को नष्ट कर दिया। तब हिरण्यकशिपु ने वायु से प्रह्लाद के शरीर को सुखाने के लिए कहा। लेकिन यह भी विफल रहा। और प्रह्लाद अपने गुरु के घर लौट आया।

गुरु ने उसे वे बातें सिखाईं जो एक राजा को जाननी चाहिए। राजनीति के ये सिद्धांत बहुत पहले शुक्राचार्य द्वारा निर्धारित किए गए थे। ये व्यक्ति को व्यवहार के नियम सिखाते थे, चाहे वह अपने शत्रुओं से निपटना हो या अपने प्रियजनों और मित्रों से।

जब उसकी शिक्षा पूरी हो गई, तो प्रह्लाद को हिरण्यकशिपु के सामने फिर से लाया गया। हिरण्यकशिपु ने कहा, "पुत्र, मुझे दिखाओ कि तुमने क्या सीखा है। तुम अपने शत्रुओं से कैसे निपटोगे?"

"कौन से शत्रु?" प्रह्लाद ने पूछा। "विष्णु मुझमें हैं, विष्णु मेरे मित्रों में हैं और विष्णु मेरे शत्रुओं में हैं। यदि विष्णु सर्वत्र हैं, तो शत्रु कैसे हो सकते हैं? मुझे तो सर्वत्र दैत्य दिखाई देते हैं, देवता, मनुष्य, पक्षी, पशु, वृक्ष और सर्प सभी एक ही विष्णु से परिपूर्ण हैं। इसलिए, मनुष्य को पूरे संसार को उसी प्रकार देखना चाहिए जैसे वह स्वयं को देखता है।"

हिरण्यकशिपु क्रोध से पागल हो गया। वह अपने सिंहासन से उठा और अपने पुत्र की छाती पर लात मारी। उसने अपने सैनिकों से कहा कि वे प्रह्लाद को साँपों के फंदों में बाँधकर समुद्र में फेंक दें। फिर उन्हें समुद्र पर पहाड़ गिराने थे ताकि प्रह्लाद कुचल जाए। दैत्यों ने ठीक यही किया। लेकिन प्रह्लाद विष्णु से प्रार्थना करता रहा। वह अपने बारे में सब कुछ भूल गया और केवल विष्णु के बारे में सोचने लगा। प्रह्लाद स्वयं विष्णु के समान हो गया और उसके

शरीर से साँपों के फंदे टूट गए। प्रह्लाद ने दैत्यों द्वारा गिराए गए पर्वतों को हटा दिया और जल से बाहर निकल आया। उसने विष्णु से प्रार्थना की और विष्णु उसके सामने प्रकट हुए।

विष्णु ने पूछा, "प्रह्लाद, तुम क्या वरदान चाहते हो?"

"कि मैं सदैव तुम्हारा भक्त रहूँ।"

"तथास्तु," विष्णु ने कहा। "तुम और क्या चाहते हो?"

"कि मेरे पिता के पाप क्षमा हो जाएँ।"

"तथास्तु," विष्णु ने कहा।

प्रह्लाद हिरण्यकशिपु के पास लौट आया और उसके पिता ने अपने पुत्र को गले लगा लिया। अंततः, विष्णु ने नरसिंह (नृसिंह) का रूप धारण किया और हिरण्यकशिपु का वध कर दिया। प्रह्लाद दैत्यों का राजा बन गया और उसने बुद्धिमानी और कुशलता से शासन किया। उसके कई पुत्र और पौत्र थे। प्रह्लाद के पुत्रों में से एक विरोचन था और विरोचन का पुत्र बलि था।

8. परम तत्व का स्वरूप

पराशर बोले: "जब महात्मा पृथु को श्रेष्ठ ऋषियों ने पृथ्वी का सम्राट नियुक्त किया, तब जगत के पितामह ब्रह्मा ने क्रमशः अन्य अधिराज्यों का भी वितरण किया। उन्होंने चंद्रमा को तारों, ग्रहों, ब्राह्मणों, समस्त वनस्पतियों, यज्ञों और तपस्याओं का अधिपति बनाया।"

"उन्होंने वैश्रवण (कुबेर) को राजाओं का और वरुण को जल का अधिपति प्रदान किया। विष्णु को आदित्यों का और तेजोमय अग्नि को वसुओं का अधिपति नियुक्त किया। दक्ष को पितरों का अधिपति, इंद्र को मरुतों का अधिपति और प्रह्लाद को दैत्यों और दानवों का अधिपति बनाया। उन्होंने न्याय के राजा यम को पितरों, अर्थात् पितृ आत्माओं का स्वामी अभिषिक्त किया और ऐरावत को सभी हाथियों का राजा बनाया। उन्होंने गरुड़ को पक्षियों का राजा, इंद्र को देवताओं का राजा, उच्चैःश्रवा को घोड़ों का राजा और वृषभ को पशुओं का राजा बनाया। उन्होंने शेषनाग को सर्प राजाओं का, सिंह को पशुओं का राजा बनाया और पवित्र अंजीर (पीपल) को वन वृक्षों का राजा अभिषिक्त किया।"

"इस प्रकार प्रभुता बाँटने के बाद, कुलपिताओं के स्वामी ब्रह्मा ने तुरंत प्रत्येक दिशा के लिए संरक्षक नियुक्त किए। उन्होंने कुलपिता वैराज के पुत्र राजा सुधन्वा को पूर्व दिशा का संरक्षक-राजा अभिषिक्त किया। कुलपिता कर्दम के पुत्र, शंखपाद, दक्षिण के राजा अभिषिक्त हुए। राजाओं के पुत्र महान अमर केतुमांत को पश्चिम का राजा अभिषिक्त किया

गया। कुलपिता पर्जन्य के पुत्र हिरण्यरोमन को उत्तर का पराक्रमी राजा अभिषिक्त किया गया। आज भी, यह संपूर्ण जगत, अपने वनों और सात महाद्वीपों सहित, इन प्राणियों द्वारा, क्षेत्र दर क्षेत्र, सद्गुणों के अनुसार संरक्षित है।"

"ये सभी और अन्य शासक, जिन्हें ऋषियों में श्रेष्ठ, पराक्रमी विष्णु द्वारा विश्व के संरक्षण हेतु अधिकार प्रदान किया गया है, साथ ही भविष्य में आने वाले और अतीत में सृष्टि के स्वामी, विष्णु के ही स्वरूप हैं, जो स्वयं समस्त सृष्टि हैं और ब्राह्मणों में श्रेष्ठ हैं। देवताओं के राजा और दैत्यों के राजा, दानवों और मांसभक्षी राक्षसों के स्वामी, पशुओं और पंख वाले जीवों के स्वामी, और मानव जाति और साँपों और नागों के स्वामी, वृक्षों, पर्वतों और ग्रहों के स्वामी, वर्तमान, भूत और भविष्य के स्वामी—ये सभी विष्णु के स्वरूपों के रूप में उत्पन्न होते हैं, जो समस्त सृष्टि हैं। सर्व के स्वामी, बुद्धिमान ऋषि हरि के अलावा किसी और में संसार की रक्षा करने की शक्ति नहीं है। वह इस ब्रह्मांड की रचना करते हैं और एक बार बन जाने के बाद, वे ही शाश्वत सत्ता हैं जो इसका संरक्षण करते हैं। संहारक के रूप में, वे इसे नष्ट करते हैं, और फिर ऊर्जा, पवित्रता और दूसरे गुण, अंधकार से भर जाते हैं।"

विष्णु के चार स्वरूप

"जनार्दन संसार की रचना के दौरान चार स्वरूपों में, इसके संरक्षण के दौरान चार स्वरूपों में और अंतिम प्रलय के दौरान चार स्वरूपों में प्रकट होते हैं। सृष्टि के दौरान, एक पहलू ब्रह्मा हैं, जो अव्यक्त सत्ता का व्यक्त रूप हैं। दूसरा पहलू मरीचि और अन्य ऋषि हैं। काल तीसरा पहलू है, और अन्य सभी प्राणी चौथा। इस प्रकार, वे संसार की रचना के दौरान चार पहलुओं में विद्यमान रहते हैं, जिनमें ऊर्जा का गुण है।"

"एक पहलू में, विष्णु सृष्टि का पालन करते हैं; दूसरे में, वे मनु और अन्य कुलपिताओं के रूप में प्रकट होते हैं; और एक और पहलू में काल का रूप धारण करते हैं। सभी प्राणियों के भीतर एक और पहलू में प्रकट होकर, वे समस्त विश्व को समाहित करते हैं। पवित्रता का गुण धारण करके, वे पुरुषोत्तम बन जाते हैं, जो ब्रह्मांड की सर्वोच्च आत्मा हैं। प्रलय के समय अंधकार का गुण धारण करके, अजन्मा भगवान रुद्र के रूप में एक पहलू प्रकट करते हैं। विष्णु का एक अन्य पहलू अग्नि, यम और अन्य देवताओं के रूप में विद्यमान है। तीसरा काल के रूप में प्रकट होता है, और एक अन्य सभी प्राणी हैं। इस प्रकार, यह महान देवता संसार के विनाश के समय चार रूपों में विद्यमान रहता है। चार रूपों के इस समूह को सर्वकालिकी, 'सार्वभौमिक प्रलय,' ब्रह्म कहा जाता है।"

"ब्रह्मा, दक्ष और अन्य पितृगण, काल और अन्य प्राणी-ये हरि की शक्ति के प्रकटीकरण हैं और संसार की रचना के कारण हैं। विष्णु मनु हैं और पूर्वज, काल और अन्य प्राणी, ब्राह्मण हैं। ये भी उनकी शक्ति के प्रकटीकरण हैं, और वे स्वयं संसार के संरक्षण के कारण हैं। रुद्र, काल, यम, अन्य देवता और सभी प्राणी ब्रह्मांड के विनाश के लिए जनार्दन की शक्ति के चतुर्विध अभिव्यक्तियाँ हैं। संसार के आरंभ में, मध्य काल में और उसके अंतिम विनाश तक, ब्रह्म, सृष्टि की प्रक्रियाएँ व्यवस्थापक विष्णु द्वारा मरीचि, पितरों और अन्य जीवों के माध्यम से संचालित की जाती हैं।"

"आरंभ में, ब्रह्मा संसार की रचना करते हैं, फिर मरीचि और प्रमुख पितृपुरुष अन्य प्राणियों की तरह बिना किसी बाधा के संतान उत्पन्न करते हैं। लेकिन ब्रह्मा काल के बिना सृष्टि नहीं कर सकते, ब्रह्म, न ही पितृपुरुष या कोई अन्य प्राणी। इस प्रकार, देवताओं के देवता, मैत्रेय, विष्णु के ये चार पहलू संसार की रचना और विनाश के लिए आवश्यक हैं। किसी जीव, ब्राह्मण द्वारा उत्पन्न कोई भी वस्तु पूर्णतः हरि का शरीर है। जो भी किसी भी प्राणी को, चाहे वह चलायमान हो या अचल, कहीं भी नष्ट करता है, मैत्रेय, वह जनार्दन का विनाशकारी रूप है, जो सभी का अंत कर देता है। जनार्दन संसार के रचयिता, संरक्षक हैं, संसार को आत्मा, उसका संहारक और सर्वव्यापी स्वामी।"

"वह सृष्टि, पालन और संहार के दौरान तीन रूपों में विद्यमान रहता है, इन तीनों गुणों के अनुसार कार्य करता है, लेकिन उसकी परम अवस्था इन सबसे परे एक उच्चतर अवस्था है। परम आत्मा का वह चतुर्विध रूप सत्य ज्ञान से युक्त है, सर्वव्यापी है, अद्वितीय है और केवल स्वयं विष्णु ही उसे समझ सकते हैं।"

मैत्रेय ने पूछा: "ऋषिवर, मेरे लिए परम तत्व के चार रूपों का विधिवत वर्णन कीजिए, जिन्हें परम अवस्था कहा जाता है।"

पराशर बोले: "लक्ष्य तक पहुँचने के मार्ग को साधन कहते हैं, मैत्रेय, और जिसे व्यक्ति पाना चाहता है, वही लक्ष्य है। मुक्ति की अभिलाषा रखने वाले तपस्वी के लिए, श्वास नियंत्रण और अन्य अभ्यास साधन हैं, और उसका लक्ष्य परम तत्व है, जहाँ से कोई वापसी नहीं है। मुक्ति प्राप्त करने के लिए तपस्वी जिस ज्ञान पर निर्भर करते हैं, वह है विवेक। ऋषिवर, यह ज्ञान के रूप में परम तत्व का पहला पहलू है। परम तत्व का दूसरा पहलू कारणों का ज्ञान है, महामुनि, क्योंकि यह उन तपस्वियों से संबंधित है जिनका लक्ष्य सभी दुखों से मुक्ति है। लक्ष्य और साधन दोनों की अविभाज्यता और अद्वैत के ज्ञान को मैं तीसरा पहलू कहता हूँ।"

"वह ज्ञान जो प्रथम तीन पहलुओं के भेदों को दूर करता है, महामुनि, और आत्मा के वास्तविक स्वरूप को प्रकट करता है, जो कर्म से मुक्त, अवर्णनीय, सर्वव्यापी, अद्वितीय है, जिसका विषय आत्मबोध है और जो केवल गुणों से रहित है, जो शांत, निर्भय, शुद्ध, समझने में कठिन और स्वतंत्र है— उसे ज्ञानस्वरूप विष्णु की सर्वोच्च अवस्था कहते हैं। वे तपस्वी जो अज्ञान को दूर करके उस अवस्था में लीन हो जाते हैं वे, हे ब्राह्मण, जुते हुए खेत में बोए गए बीजों के विपरीत, सांसारिक जीवन में कभी जड़ें नहीं जमा पाएँगे। विष्णु नामक शुद्ध, शाश्वत, सार्वभौमिक, अविनाशी, दोषरहित परम अवस्था का स्वरूप ऐसा ही है।"

"जो तपस्वी उस सर्वोच्च निरपेक्ष को प्राप्त कर लेता है, उसे कोई वापसी नहीं मिलती। पाप और पुण्य की अवधारणाओं से परे, वह दुखों से मुक्त होता है और पूर्णतः शुद्ध होता है। परमात्मा की दो अवस्थाएँ समस्त सृष्टि में विद्यमान हैं: एक साकार और दूसरी निराकार। एक का नाश हो सकता है, दूसरी शाश्वत है। शाश्वत परम ही परम तत्व है, जबकि नाशवान रूप यह समस्त संसार है। जिस प्रकार चंद्रमा के स्थिर रहने पर भी चंद्रमा का प्रकाश सभी दिशाओं में फैलता है, उसी प्रकार परम परम की शक्ति भी समस्त संसार को व्याप्त करती है।"

"इसी प्रकार, जिस प्रकार प्रकाश की तीव्रता उसके स्रोत मैत्रेय से दूरी पर निर्भर करती है, उसी प्रकार परम की शक्ति भी। ब्रह्मा, विष्णु और शिव परम के मूल रूप हैं और उसकी शक्ति से ओतप्रोत हैं। इसके बाद छोटे देवता मैत्रेय आते हैं, और फिर दक्ष और अन्य कुलदेवता, इसके बाद मानवजाति, मवेशी, जंगली जानवर, पक्षी और रेंगने वाली वस्तुएँ आती हैं, जिनमें से प्रत्येक पहले वाले से निम्नतर है, अंत में पेड़ और झाड़ियाँ आती हैं, और अन्य सभी। इस प्रकार, यह संपूर्ण जगत, यद्यपि अविनाशी और शाश्वत है, ऋषियों में श्रेष्ठ है, जन्म और मृत्यु के अधीन प्रतीत और विलीन होता है।"

"विष्णु, जिनमें समस्त शक्ति समाहित है, परम तत्व के सर्वोच्च रूप हैं। यही वह रूप है जिसका तपस्वी अपनी साधना के आरंभ में सर्वप्रथम ध्यान करते हैं। देवता के साथ पूर्ण तादात्म्य एक अशांत हृदय में उत्पन्न होता है, जो पूर्णतः परमात्मा के साथ एक है, जो स्वयं परमात्मा पर निर्भर है, ऋषि, और जो दिव्य के बीज से संपन्न है। विष्णु सभी शक्तिवानों से श्रेष्ठ हैं। वे परम तत्व के समान हैं और साकार रूप में परम तत्व हैं। हरि पूर्णतः परम, धन्य ऋषि से युक्त हैं। यह संपूर्ण जगत, बिना किसी अपवाद के, उनसे ओतप्रोत है, ऋषि। यह उनसे उत्पन्न होता है, उनमें निवास करता है और वास्तव में उनके साथ एकरूप है।"

"विष्णु में वह सब समाहित है जो नाशवान और अविनाशी है। वे ही भगवान हैं जो

इस संपूर्ण आत्मा और जड़ जगत को अपने आभूषणों और अपने शस्त्रों के रूप में धारण करते हैं।"

मैत्रेय ने पूछा: "कृपया बताएँ कि भगवान विष्णु इस प्रकार संसार को कैसे धारण करते हैं।"

पराशर बोले: "असीमित पराक्रमी विष्णु को नमन करते हुए, मैं आपको वह बताऊँगा जो ऋषि वशिष्ठ ने मुझे एक बार बताया था। भगवान हरि संसार के निष्कलंक सार को, कलंक और गुणों से मुक्त, अपने वक्षस्थल पर कौस्तुभ मणि के रूप में धारण करते हैं। भगवान शंख और धनुष के रूप में, तत्त्वों और इन्द्रियों से युक्त, द्विविध व्यक्तित्व धारण करते हैं। विष्णु अपने हाथ में धारण किए हुए चक्र के रूप में, जो चंचल और वायु से भी अधिक तीव्र है, आदिम मन धारण करते हैं। मूलभूत तत्वों की माला, जिसमें स्वयं तत्व और उनके कारण शामिल हैं, विजय की पंचविधा वाली माला, वैजयंती है, जिसे गदाधारी देवता, ब्राह्मण धारण करते हैं।"

"जनार्दन अपने अनेक बाणों के रूप में बोध और कर्म की सभी शक्तियों को धारण करते हैं। अचूक देवता द्वारा धारण की गई अप्रतिम चमक वाली उत्कृष्ट तलवार ज्ञान है: यह वह ज्ञान है जिसे अज्ञान में छिपाया जा सकता है। हे मैत्रेय, मन, सभी इंद्रियाँ, ज्ञान, अज्ञान और समस्त जगत, हृषीकेश में निवास करते हैं। हरि, जो निराकार हैं और माया से युक्त हैं, सभी जीवों के लाभ के लिए अस्त्र-शस्त्र और अलंकरणों सहित इस रूप को धारण करते हैं। सर्वोच्च कमल-नेत्र देवता मूल पदार्थ को उसके क्रमपरिवर्तनों, आत्मा और ब्रह्मांड सहित धारण करते हैं।"

"जो ज्ञान है और जो अज्ञान है, जो विद्यमान है और जो नहीं है—यह सब सनातन मधुसूदन, समस्त सृष्टि के स्वामी, मैत्रेय में निवास करता है। स्वामी, असीम और शाश्वत हरि, उप-सेकंड, सेकंड, मिनट, दिन, ऋतु, अर्ध-वर्ष और वर्षों से युक्त काल के रूप में प्रकट होते हैं। भगवान पृथ्वी, आकाश, स्वर्ग, महा, जन, तपस, और सत्य, ऋषियों में श्रेष्ठ, इन सात लोकों को धारण करते हैं। हरि का रूप संसार का सार है, वे सभी ज्येष्ठों में ज्येष्ठ हैं, सभी ज्ञान का आधार हैं और अकेले हैं। स्वामी, सबके स्वामी, जिनका न तो कोई अंत है और न ही कोई शरीर, सृष्टि के विविध रूपों में निवास करते हैं जैसे देवता, नश्वर, पशु और अन्य।"

"ऋग्, यजुर्वेद, साम और अथर्ववेद, इतिहास, लघु वैदिक ग्रंथ और उपनिषदों की घोषणाएँ, वैदिक परिशिष्ट, मनु और अन्य विधि ग्रंथ, गीत, ग्रंथ, आख्यान, पाठ के लिए

कोई भी ग्रंथ, काव्य, वाणी और गीत सभी ध्वनि रूपी महान विष्णु के शरीर हैं। यहाँ और अन्यत्र, सभी आकार सहित और रहित वस्तुएँ, उनका शरीर हैं। 'मैं हरि हूँ। यह सब जनार्दन है। उसके अलावा कोई कारण या प्रभाव नहीं है'-जिसका मन इस पर लगा रहता है, उसे कभी भी बार-बार पुनर्जन्म नहीं होगा।"

"यह इस पुराण का पहला भाग है, ब्राह्मण, जिसे मैंने तुम्हारे लिए सटीक रूप से स्मरण किया है। इसे सुनकर तुम सभी पापों से मुक्त हो जाओगे। मैत्रेय, इसे सुनने से व्यक्ति को उतना ही पुण्य प्राप्त होता है जितना कार्तिक मास की पूर्णिमा के दिन पुष्कर सरोवर में लगातार बारह वर्षों तक स्नान करने से। जो व्यक्ति इसे सुनता है, उसे कामना-पूर्ति करने वाले देवता, ऋषि, पितृ-आत्मा, गंधर्व, यक्ष आदि का दर्जा प्रदान करते हैं।"

❐

अंश-2

1. प्रियव्रत और भरत

मैत्रेय ने कहा:—आदरणीय गुरुवर, आपने मुझे सृष्टि की रचना के संबंध में वह सब कुछ विस्तार से बता दिया है जिसे सुनने की मुझे जिज्ञासा थी; परंतु विषय का एक अंश ऐसा है जिसका मैं पुनः विस्तार से वर्णन सुनना चाहता हूँ। आपने कहा कि प्रियव्रत और उत्तानपाद स्वायंभु मनु के पुत्र थे, और आपने उत्तानपाद के पुत्र ध्रुव की कथा दोहराई; आपने प्रियव्रत के वंशजों का कोई उल्लेख नहीं किया, और मैं आपसे उनके कुल का वृत्तांत बताने की कृपा करूँगा।

पराशर ने कहा:—प्रियव्रत ने कुलपिता कर्दम की पुत्री काम्या से विवाह किया, और उनकी दो पुत्रियाँ, सम्राट और कुक्षि, और दस पुत्र हुए, जो बुद्धिमान, वीर, विनयशील और कर्तव्यपरायण थे, जिनके नाम थे अग्निध्र, अग्निबाहु, वपुष्मत, द्युतिमत, मेधा, मेधातिथि, भव्य, सवाल, पुत्र, और दसवाँ पुत्र ज्योतिष्मत था, जो नाम के समान स्वभाव से भी तेजस्वी था। ये प्रियव्रत के पुत्र थे, जो बल और पराक्रम के लिए प्रसिद्ध थे। इनमें से तीन, अर्थात् मेधा, पुत्र और अग्निबाहु, ने धार्मिक जीवन अपनाया: पूर्वजन्म की घटनाओं को स्मरण करते हुए, उन्होंने प्रभुत्व की लालसा नहीं की, बल्कि पूरी तरह से निःस्वार्थ और किसी फल की आशा न रखते हुए, उचित समय पर भक्ति के अनुष्ठानों का लगनपूर्वक पालन किया।

प्रियव्रत ने पृथ्वी को सात महाद्वीपों में विभाजित करके उन्हें क्रमशः अपने अन्य सात पुत्रों को दे दिया। अग्निध्र को उन्होंने जम्बू-द्वीप दिया; मेधातिथि को उन्होंने प्लक्ष-द्वीप दिया; उन्होंने वपुष्मत को शाल्मलि द्वीप का राज्याधिकार प्रदान किया; और ज्योतिष्मत को कुश-द्वीप का राजा बनाया; उन्होंने द्युतिमत को क्रौंच-द्वीप का; भव्य को शक-द्वीप का; और सावल को पुष्कर द्वीप का राजा नियुक्त किया।

जम्बूद्वीप के राजा अग्निध्र के नौ पुत्र थे, जो कुलपिताओं के समान ही वैभवशाली थे: उनके नाम थे नाभि, किंपुरुष, हरिवर्ष, इलावृत, रम्य, हिरण्यमय, कुरु, भद्राश्व और

केतुमाल, जो सदा धर्मपरायण रहने वाले राजकुमार थे।

मैत्रेय, आगे सुनिए कि अग्निध्र ने किस प्रकार जम्बूद्वीप को अपने नौ पुत्रों में बाँटा। उन्होंने नाभि को हिमवत या बर्फीले पर्वतों के दक्षिण में हिम नामक देश दिया। हेमकूट देश उन्होंने किंपुरुष को दिया; और हरिवर्ष को निषध देश। जिस क्षेत्र के मध्य में मेरु पर्वत स्थित है, वह उन्होंने इलावृत को प्रदान किया; और रम्य को, उसके और नील पर्वत के बीच स्थित देश। उसके पिता हिरण्वत को उसके उत्तर में स्थित श्वेत नामक देश दिया; और श्वेत पर्वत के उत्तर में, श्रृंगवन पर्वतमाला से घिरा देश कुरु को दिया। मेरु के पूर्व के देश उसने भद्राश्व को दिए; और गंधमादन, जो उसके पश्चिम में था, उसने केतुमाल को दिया।' इन विभिन्न क्षेत्रों में अपने पुत्रों को शासक बनाकर, धर्मपरायण राजा अग्निध्र ने पवित्र तीर्थस्थल शालग्राम में तपस्या का जीवन व्यतीत किया।

आठ वर्ष, या देश, किम्पुरुष और बाकी, पूर्ण भोग के स्थान हैं, जहाँ सुख सहज और निर्बाध है। उनमें न तो कोई उतार-चढ़ाव है, न ही जीर्णता या मृत्यु का भय; न पुण्य या पाप का भेद है, न ही अच्छे या बुरे का भेद है, न ही इस क्षेत्र में युगों के परिवर्तन से उत्पन्न कोई प्रभाव है।

नाभि, जिसका भाग हिमालय देश था, उसकी रानी मेरु से महापुरुष ऋषभ हुए; और उनके सौ पुत्र थे, जिनमें सबसे बड़े भरत थे। ऋषभ ने न्याय और बुद्धि से शासन किया और अनेक यज्ञ अनुष्ठानों का अनुष्ठान किया, और वीर भरत को पृथ्वी का राज्य सौंप दिया, और पुलस्त्य के आश्रम में जाकर एक संन्यासी का जीवन अपनाया, धार्मिक तपस्या की और सभी निर्धारित अनुष्ठान किए, जब तक कि अपनी तपस्या से क्षीण होकर, वह केवल चमड़े और रेशों का एक समूह बनकर रह गया, उसने अपने मुँह में एक कंकड़ रखा, और नग्न होकर सभी प्राणियों की भाँति चला गया। इस देश का नाम तब से भारत पड़ा जब भरत के पिता ने वनवास के बाद इसे उन्हें सौंप दिया था।

भरत ने अपने पद के कर्तव्यों का धार्मिकतापूर्वक निर्वहन करते हुए, राज्य अपने पुत्र सुमति को सौंप दिया, जो एक अत्यंत पुण्यात्मा राजकुमार थे; और धार्मिक अनुष्ठानों में संलग्न होकर, उन्होंने पवित्र स्थान शालिग्राम में अपना जीवन त्याग दिया: बाद में उन्होंने तपस्वियों के एक प्रतिष्ठित परिवार में ब्राह्मण के रूप में पुनर्जन्म लिया। मैं आगे आपको उनका इतिहास सुनाऊँगा।

प्रसिद्ध सुमति से इंद्रद्युम्न का जन्म हुआ: उनके पुत्र परमेष्ठि थे: उनके पुत्र प्रतिहार थे, जिनके एक प्रसिद्ध पुत्र थे, जिनका नाम प्रतिहर्त्ता था: उनके पुत्र भव थे, जिनसे उद्गीथ उत्पन्न हुए, जिनसे प्रस्तर उत्पन्न हुए; जिनके पुत्र पृथु थे। पृथु के पुत्र नक्त थे: उनके पुत्र गय:

उनके पुत्र नर थे; और उनके पुत्र विराट थे। विराट के पराक्रमी पुत्र धीमत् थे, जिनसे महंत उत्पन्न हुए; और उनके पुत्र मनस्यु थे; और उनके पुत्र त्वष्ट्री थे; और उनके पुत्र विराज थे; और उनके पुत्र राजा थे; और उनके पुत्र शतजित थे, जिनके सौ पुत्र थे, जिनमें विश्वग्ज्योतिष सबसे बड़े थे। इन राजकुमारों के अधीन, भारतवर्ष (भारत) नौ भागों में विभाजित था (जिन्हें आगे विशिष्ट रूप से वर्णित किया जाएगा); और उनके वंशजों ने चारों युगों के योग के इकहत्तर काल (या किसी मनु के शासनकाल) तक देश पर अधिकार किया।

यह स्वयंभु मनु की रचना थी, जिनसे पृथ्वी आबाद हुई, जब उन्होंने वराह कल्प में प्रथम मन्वन्तर की अध्यक्षता की।

2. पृथ्वी

भरत से मैत्रेय ने कहा:—आदरणीय, मैंने आपसे जो कुछ पूछा था, वह सब विस्तार से समझाया जा चुका है; अर्थात् पृथ्वी, महासागरों, पर्वतों, नदियों और ग्रहों की स्थिति; तीनों लोकों की व्यवस्था, जिनके अधिष्ठाता विष्णु हैं। आपने जीवन के महान् लक्ष्य और पवित्र ज्ञान की श्रेष्ठता का भी प्रतिपादन किया है। अब शेष है कि आप कुछ समय पहले किए गए अपने वचन को पूरा करें, जिसमें आपने मुझे राजा भरत की कथा सुनाई थी, और बताया था कि कैसे उनके जैसा एक राजा, जो पवित्र स्थान शालग्राम में निरंतर निवास करता था और वासुदेव में मन लगाकर भक्ति में लीन रहता था, कालान्तर में उस तीर्थ की पवित्रता और अपनी कल्पनाओं की प्रभावकारिता के कारण, अंतिम मुक्ति प्राप्त करने में असफल रहा; कैसे उसने पुनः ब्राह्मण के रूप में जन्म लिया; और उस रूप में उदार भरत ने क्या किया: यह सब मुझे बताना उचित है।

पराशर ने कहा:— पृथ्वी के यशस्वी सम्राट मैत्रेय ने शालग्राम में काफी समय तक निवास किया। उनके विचार पूर्णतः ईश्वर को समर्पित थे और उनका आचरण दयालुता और सभी सद्गुणों से युक्त था। वे तब तक शालग्राम में निवास करते रहे जब तक कि उन्होंने अपने मन पर सर्वोच्च स्तर तक पूर्ण नियंत्रण प्राप्त नहीं कर लिया। राजा सदैव यज्ञेश, अच्युत, गोविंद, माधव, अनंत, केशव, कृष्ण, विष्णु, हृषीकेश, इन नामों का जप करते रहे; स्वप्न में भी उनके मन में इनके अतिरिक्त कुछ नहीं आया; और न ही उन्होंने इन नामों और उनके अर्थ के अतिरिक्त किसी और चीज़ का ध्यान किया। उन्होंने देवता की पूजा के लिए ईंधन, पुष्प और पवित्र घास ग्रहण की, परन्तु निःस्वार्थ, अमूर्त भक्ति में लीन होने के कारण कोई अन्य धार्मिक अनुष्ठान नहीं किया।

एक बार वह स्नान के उद्देश्य से महानदी गए: उन्होंने वहाँ स्नान किया और स्नान

के बाद होने वाले सामान्य अनुष्ठान किए। इस प्रकार व्यस्त रहते हुए, उसी स्थान पर एक बड़ी हिरणी आई, जिसके बच्चे थे, जो जंगल से नदी का पानी पीने आई थी। अपनी प्यास बुझाते समय, अचानक एक शेर की तेज़ और भयानक दहाड़ सुनाई दी; जिस पर हिरणी अत्यधिक भयभीत होकर पानी से बाहर किनारे पर कूद गई। इस बड़ी छलांग के परिणामस्वरूप, उसका बच्चा अचानक पैदा हुआ, और नदी में गिर गया; और राजा ने उसे धारा में बहते हुए देखा, बच्चे को पकड़ लिया, और उसे डूबने से बचाया। हिरणी को उसके हिंसक परिश्रम से लगी चोट घातक साबित हुई, और वह लेट गई, और मर गई; वह कोठरी में इधर-उधर घूमता और आस-पास की घास चरता रहता; और जब भी वह दूर भटक जाता और किसी जंगली जानवर से घबरा जाता, तो सुरक्षा के लिए वापस वहीं भाग जाता। हर सुबह वह घर से निकल जाता और हर शाम भरत के पत्तों से भरे कुंज की फूस की छतरी में लौट आता।

जब तक हिरण इस प्रकार उसके आश्रम में रहता, राजा का मन उस जानवर के बारे में हमेशा चिंतित रहता, जो कभी भटकता, कभी उसके पास लौट आता, और वह किसी और चीज़ के बारे में सोच ही नहीं पाता था। उसने अपना राज्य, अपने बच्चों, अपने सभी मित्रों को त्याग दिया था, और अब एक मृग-शिशु के प्रति स्वार्थी स्नेह में लिप्त था। जब वह सामान्य से अधिक समय के लिए अनुपस्थित रहता, तो वह सोचता कि उसे भेड़ियों ने उठा लिया है, किसी बाघ ने खा लिया है, या किसी सिंह ने मार डाला है। "पृथ्वी" वह कहते, "उसके खुरों के निशानों से धूसर हो गई है। उस युवा हिरण का क्या हुआ, जो मेरे आनंद के लिए पैदा हुआ था? मुझे कितनी खुशी होती अगर वह झाड़ियों से लौट आता, और मैं उसके उभरते सींगों को अपनी बांह पर रगड़ता महसूस करता। पवित्र घास के ये गुच्छे, जिनके सिरों को उसके नए दांतों ने कुतर दिया है, सामवेद का पाठ करने वाले पवित्र बालकों जैसे लगते हैं।" इस प्रकार जब भी हिरण उनसे लंबे समय तक दूर रहता, मुनि ध्यान करते; और जब वह उसके पास खड़ा होता, तो प्रसन्नता से ओतप्रोत मुख से उसका चिंतन करते। उनका ध्यान भंग हो गया, राजा की आत्मा उस मृगशिरा में तल्लीन हो गई, भले ही उसने परिवार, धन और राज्य को त्याग दिया था। राजकुमार के मन की दृढ़ता अस्थिर हो गई, और युवा हिरण के भटकने के साथ भटकने लगी वह हिरण की आँखों में आँसू लिए, अपने पिता के लिए विलाप करते पुत्र की तरह, हिरण को देखते हुए मर गया; और स्वयं, मरते समय, उसने अपनी दृष्टि उस पशु पर डाली, और किसी अन्य विषय में नहीं सोचा, पूरी तरह से एक ही विचार में लीन रहा।

ऐसे समय में इस प्रबल भावना के परिणामस्वरूप, वह जम्बूमार्ग के वनों में, एक हिरण

के रूप में, अपने पूर्व जीवन का स्मरण करने की क्षमता के साथ, पुनर्जन्म लिया; इस स्मरण ने संसार के प्रति अरुचि उत्पन्न करते हुए, उसने अपनी माँ को छोड़ दिया, और पुनः पवित्र स्थान शालग्राम की ओर प्रस्थान किया। वहाँ सूखी घास और पत्तों पर निर्वाह करते हुए, उसने उन कर्मों का प्रायश्चित किया जिनके कारण उसे ऐसी स्थिति में जन्म लेना पड़ा था; और अपनी मृत्यु के बाद वह एक ब्राह्मण के रूप में जन्मा, जिसमें अभी भी उसके पूर्व जन्म की स्मृति विद्यमान थी। उसका जन्म तपस्वियों के एक पवित्र और प्रतिष्ठित परिवार में हुआ था, जो भक्ति अनुष्ठानों के कठोर पालनकर्ता थे।समस्त सत्य ज्ञान से युक्त और समस्त पवित्र ग्रंथों के सार से परिचित होने के कारण, उन्होंने आत्मा को पदार्थ (प्रकृति) से भिन्न देखा। आत्मज्ञान से युक्त होकर, उन्होंने देवताओं और अन्य सभी प्राणियों को वास्तव में एक ही देखा। उन्हें न तो ब्राह्मणीय जनेऊ धारण करना पड़ा, न किसी आध्यात्मिक गुरु से वेद पढ़ना, न अनुष्ठान करना, न ही शास्त्रों का अध्ययन करना। जब भी उनसे बात की जाती, तो वे असंगत, अशुद्ध और अपरिष्कृत भाषा में उत्तर देते। उनका शरीर अशुद्ध था और वे मैले वस्त्र पहने रहते थे। उनके मुख से लार टपकती थी और सभी लोग उनका तिरस्कार करते थे। संसार के विचार का ध्यान भक्ति की सफलता के लिए घातक है। जो तपस्वी मनुष्यों द्वारा तिरस्कृत होता है, वह अपने अमूर्त विचारों के लक्ष्य को प्राप्त करता है। इसलिए एक साधु पुरुष को बिना शिकायत किए धर्म के मार्ग पर चलना चाहिए; और यद्यपि लोग उसका तिरस्कार करते हैं, फिर भी उसे मनुष्यों के साथ संगति से बचना चाहिए। हिरण्यगर्भ की यही सलाह ब्राह्मण को याद आई और इस तरह दुनिया की नज़रों में वह एक पागल मूर्ख बन गया। उसका भोजन कच्ची दालें, शलजम, जंगली फल और अनाज के दाने थे। जो कुछ भी उसके रास्ते में आता, वह उसे खा लेता, एक ज़रूरी, लेकिन अस्थायी यातना के तौर पर। अपने पिता की मृत्यु के बाद, उसके भाइयों और भतीजों ने उसे खेतों में काम पर लगा दिया और उसे घटिया खाना खिलाया; और चूँकि वह हट्टा-कट्टा और हट्टा-कट्टा था, और बाहरी तौर पर एक भोला-भाला इंसान था, इसलिए जो भी उसे काम पर रखता, वह उसका गुलाम बन जाता और अपनी मज़दूरी के लिए सिर्फ़ खाना ही खाता।

सौवीर के राजा के प्रधान सेवक ने उसे एक आलसी, अशिक्षित ब्राह्मण समझकर उसे बिना वेतन के काम करने के योग्य समझा (और पालकी ढोने में सहायता के लिए उसे अपने स्वामी की सेवा में रख लिया।)

एक अवसर पर, राजा अपनी पालकी पर चढ़कर, इक्षुमती नदी के तट पर कपिल मुनि के आश्रम की ओर जा रहे थे, ताकि उस ऋषि से परामर्श कर सकें, जिन्हें मोक्ष की ओर ले जाने वाले गुणों का ज्ञान था, जो चिंता और दुःख से भरे संसार में सबसे अधिक वांछनीय

है। जिन लोगों को उनके प्रधान सेवक के आदेश से पालकी ढोने के लिए अनावश्यक रूप से बाध्य किया गया था, उनमें वह ब्राह्मण भी था, जिसे भी इस कर्तव्य के लिए समान रूप से बाध्य किया गया था, और जो एकमात्र सार्वभौमिक ज्ञान से संपन्न था, और अपने पूर्व जन्म को याद करते हुए, उन दोषों के प्रायश्चित के साधन के रूप में बोझ उठा रहा था, जिनका वह प्रायश्चित करना चाहता था। अपनी आँखें डंडे पर टिकाए, वह धीरे-धीरे आगे बढ़ रहा था, जबकि अन्य ढोने वाले तत्परता से आगे बढ़ रहे थे; और राजा ने जब यह महसूस किया कि पालकी असमान रूप से ढोई जा रही है, तो वह चिल्लाया, "हे ढोने वालों! यह क्या है? सब लोग समान गति से चलो।" फिर भी पालकी लड़खड़ाती रही और राजा ने फिर कहा, "यह क्या है? तुम लोग कितनी अनियमितता से चल रहे हो!" जब ऐसा बार-बार हुआ, तो पालकी ढोने वालों ने आखिरकार राजा को उत्तर दिया, "यही व्यक्ति है, जो अपनी गति में पिछड़ रहा है।" "यह कैसे?" राजकुमार ने ब्राह्मण से कहा, "क्या तुम थके हुए हो? तुमने अपना बोझ थोड़ी ही दूर तक ढोया है; क्या तुम थकान सहन नहीं कर सकते? और फिर भी तुम हृष्ट-पुष्ट दिख रहे हो।" ब्राह्मण ने उत्तर दिया, "मैं हृष्ट-पुष्ट नहीं हूँ, न ही मैं तुम्हारी पालकी ढो रहा हूँ। मैं थका हुआ नहीं हूँ, राजकुमार, न ही मैं थक सकता हूँ।" राजा ने उत्तर दिया, "मैं स्पष्ट रूप से देख सकता हूँ कि तुम हृष्ट-पुष्ट हो, और पालकी तुम्हीं ढो रहे हो; और बोझ ढोना सभी लोगों के लिए थकाऊ होता है।" ब्राह्मण ने कहा, "पहले मुझे बताओ कि तुमने मुझमें क्या स्पष्ट रूप से देखा है, और तब तुम मेरे गुणों को मजबूत या कमजोर के रूप में पहचान सकते हो। यह कथन कि तुम मेरे द्वारा उठाई गई या मुझ पर रखी गई पालकी को देखते हो, असत्य है। हे राजकुमार, मेरी बात सुनो। दोनों पैरों का स्थान भूमि है; टाँगें पंजों द्वारा समर्थित हैं; जांघें टाँगों पर टिकी हैं; और पेट जांघों पर टिका है; वक्ष पेट द्वारा समर्थित है; और भुजाएँ और कंधे वक्ष द्वारा ऊपर उठाए गए हैं: पालकी कंधों पर उठाई गई है, और इसे मेरा बोझ कैसे माना जा सकता है? यह शरीर जो पालकी में विराजमान है, तू के रूप में परिभाषित है; इसलिए जिसे अन्यत्र यह कहा गया है, उसे यहाँ मैं और तू के रूप में पहचाना गया है। मैं और तू और अन्य तत्वों से निर्मित हैं; और तत्व, गुणों की धारा का अनुसरण करते हुए, एक शारीरिक आकार ग्रहण करते हैं; लेकिन गुण, जैसे कि अच्छाई और बाकी, कर्मों पर निर्भर हैं; और अज्ञानता में संचित कर्म, सभी प्राणियों की स्थिति शुद्ध, अविनाशी आत्मा, शांत, गुणों से रहित, प्रकृति से श्रेष्ठ, सभी शरीरों में एक है, वृद्धि या कमी के बिना। लेकिन अगर यह वृद्धि या कमी से समान रूप से मुक्त है, तो आप किस औचित्य से मुझसे कह सकते हैं, 'मैं देखता हूं कि आप स्वस्थ हैं?' यदि पालकी कंधों पर टिकी है, और वे शरीर पर; शरीर पैरों पर, और पैर धरती पर; तो बोझ

उतना ही आपके द्वारा वहन किया जाता है जितना मेरे द्वारा। जब पुरुषों की प्रकृति अलग होती है, चाहे उसके सार में या उसके कारण में, तो यह कहा जा सकता है कि थकान मुझे सहनी है। जो पालकी का पदार्थ है वह आपका, मेरा और अन्य सभी का पदार्थ है, जो तत्वों का एक समूह है व्यक्तित्व द्वारा एकत्रित।"

ऐसा कहकर ब्राह्मण चुप हो गया और पालकी उठाए चला गया; लेकिन राजा उसमें से कूद पड़ा और जल्दी से उसके चरणों में गिर पड़ा; और बोला, "हे ब्राह्मण, मुझ पर दया करो और पालकी को एक तरफ रख दो; और मुझे बताओ कि तुम कौन हो, जो इस प्रकार मूर्ख के वेश में छिपे हो।" ब्राह्मण ने उत्तर दिया और कहा, "हे राजन, मेरी बात सुनो। मैं कौन हूँ, यह कहना संभव नहीं है: किसी भी स्थान पर आगमन फल प्राप्ति के लिए होता है; और सुख का भोग या दुःख का सहन करना, शरीर की उत्पत्ति का कारण है। एक जीव पुण्य या पाप के फल भोगने के लिए भौतिक रूप धारण करता है। सभी जीवित प्राणियों का सार्वभौमिक कारण पुण्य या पाप है: इसलिए कारण (मेरे प्रकट होने का) क्यों पूछें।" राजा ने कहा, "निस्संदेह पुण्य और पाप सभी विद्यमान प्रभावों के कारण हैं, और विभिन्न शरीरों में प्रवास उनके परिणामों को प्राप्त करने के उद्देश्य से होता है; लेकिन आपने जो दावा किया है, उसके संबंध में, कि आपके लिए यह संभव नहीं है कि आप मुझे बता सकें कि आप कौन हैं, यह एक ऐसा मामला है जिसे मैं स्पष्ट रूप से सुनना चाहता हूं। ब्रह्म, किसी के लिए यह कैसे असंभव हो सकता है कि वह खुद को वह बताए जो वह है? मैं शब्द को लागू करने से किसी की आत्मा को कोई नुकसान नहीं हो सकता है। ब्राह्मण ने कहा, "यह सच है कि मैं शब्द के आवेदन से उस चीज़ के साथ कोई गलत नहीं किया जाता है जो स्वयं है; लेकिन यह शब्द त्रुटि की विशेषता है, जो कि स्वयं (या आत्मा) को समझने की है जो स्वयं या आत्मा नहीं है। जीभ होंठ, दांत और तालू की सहायता से मैं शब्द को स्पष्ट करती है; और ये अभिव्यक्ति की उत्पत्ति हैं, क्योंकि वे भाषण के उत्पादन के कारण हैं। यदि इन उपकरणों द्वारा भाषण मैं शब्द का उच्चारण करने में सक्षम है, तो यह दावा करना अनुचित है कि भाषण स्वयं मैं हूँ। एक आदमी का शरीर, इनमें से मैं "मैं" शब्द का प्रयोग किस पर कर सकता हूँ? यदि कोई अन्य प्राणी मुझसे, हे श्रेष्ठ सम्राट, विशिष्ट रूप से भिन्न है, तो यह कहा जा सकता है कि यह मैं हूँ; वह दूसरा है: किन्तु जब एक ही आत्मा सभी शरीरों में व्याप्त हो, तब यह कहना व्यर्थ है कि, "आप कौन हैं?" "मैं कौन हूँ?" आप राजा हैं; यह पालकी है; ये ढोने वाले हैं; ये दौड़ने वाले पैदल सैनिक हैं; ये आपके अनुचर हैं: फिर भी यह असत्य है कि ये सभी आपके हैं। जिस पालकी पर आप बैठे हैं, वह वृक्ष की लकड़ी से बनी है। तो फिर क्या? क्या इसे लकड़ी कहा जाता है या वृक्ष? जब आप पालकी पर

सवार होते हैं, तो लोग यह नहीं कहते कि राजा वृक्ष पर बैठा है, न ही यह कि वह लकड़ी के टुकड़े पर बैठा है। वाहन लकड़ी के टुकड़ों का एक समूह है, जिन्हें कृत्रिम रूप से जोड़ा गया है: हे राजकुमार, स्वयं निर्णय कीजिए कि पालकी वास्तव में लकड़ी से किस प्रकार भिन्न है। पुनः; छत्र की लकड़ियों पर, उनकी पृथक अवस्था में, विचार कीजिए। तो फिर छत्र कहाँ है? इस तर्क को अपने और मुझ पर लागू करें। एक पुरुष, एक महिला, एक गाय, एक बकरी, एक घोड़ा, एक हाथी, एक पक्षी, एक पेड़, विभिन्न शरीरों को दिए गए नाम हैं, जो कर्मों के परिणाम हैं। मनुष्य न तो कोई देवता है, न ही एक आदमी, न ही एक जानवर, न ही एक पेड़; ये केवल आकार की विविधताएं हैं, कर्मों के प्रभाव हैं। वह चीज जिसे दुनिया में राजा, राजा का सेवक या किसी अन्य उपाधि से पुकारा जाता है, वह वास्तविकता नहीं है; यह हमारी कल्पनाओं का प्राणी है: क्योंकि दुनिया में जो कुछ भी है, जो उतार-चढ़ाव के अधीन है, वह समय के साथ अलग-अलग नामों से नहीं जाता है। आपको दुनिया का सम्राट कहा जाता है; आपके पिता का पुत्र; आपके शत्रुओं का शत्रु; आपकी पत्नी का पति; आपके बच्चों का पिता। मैं आपको क्या नाम दूं? आप किस स्थिति में हैं? क्या आप सिर हैं या पेट? या वे आपके हैं? क्या आप पैर हैं? या वे तुम्हारे हैं? हे राजन, तुम अपने स्वभाव में अपने सभी अंगों से भिन्न हो! अब, प्रश्न को ठीक से समझकर, विचार करो कि मैं कौन हूँ; और यह कैसे संभव है कि (सभी की पहचान के बारे में) सत्य ज्ञात हो जाने के बाद, मैं किसी भेद को पहचान सकूँ, या 'मैं' शब्द से अपने व्यक्तित्व का बखान कर सकूँ?

विष्णु का ध्यान और शक्ति

महर्षियों ने विचार-विमर्श कर प्रत्येक पाप के लिए उचित प्रायश्चित निर्धारित किया।

स्वायंभुव मनु और अन्य ज्ञानी जनों ने बड़े अपराधों के लिए कठोर और छोटे पापों के लिए हल्के दंड निश्चित किए। किन्तु तपस्या, यज्ञ आदि समस्त प्रायश्चितों में श्रेष्ठ है— कृष्ण में मन लगाना। जो व्यक्ति अपने किए कर्मों पर पश्चाताप करता है, उसके लिए हरि का स्मरण सर्वोत्तम प्रायश्चित माना गया है। जो प्राणी सुबह, दोपहर, रात, प्रातः और संध्या समय नारायण का ध्यान करता है, वह समस्त पापों से तुरंत मुक्त हो जाता है।

विष्णु का स्मरण समस्त संचित पापों का नाश करता है और मोक्ष प्रदान करता है।

ऐसे व्यक्ति के लिए स्वर्ग भी बाधा बन सकता है। जिसका मन प्रार्थना, यज्ञ या पूजा के समय वासुदेव में लगा रहता है— उसके लिए देवताओं पर प्रभुत्व जैसे पुरस्कार भी बाधा बन जाते हैं। "एक ओर वह मार्ग है जो स्वर्ग की ओर ले जाता है और जहाँ से पुनः पतन होता है; "

दूसरी ओर वासुदेव की प्रार्थना है— यही वह श्रेष्ठ बीज है जो मुक्ति की ओर ले जाता है।

जो व्यक्ति दिन-रात विष्णु का स्मरण करता है, वह नरक लोकों से बचता है। वह शुद्ध हो जाता है, क्योंकि उसके समस्त पाप नष्ट हो जाते हैं। स्वर्ग वह है जो मन को सुख देता है, और नरक उसका विपरीत। अच्छे और बुरे कर्म ही इन लोकों का रूप हैं। एक ही वस्तु सुख-दुख, क्रोध-ईर्ष्या का कारण बन सकती है—तो उसका मूल क्या है? जो वस्तु अभी सुखद है, वह भविष्य में दुःखद हो सकती है; और जो अभी दुःखद है, वही बाद में सुखद प्रतीत हो सकती है। इसलिए वास्तव में कुछ भी स्वभावतः न सुखद है, न दुःखद—मन की प्रतिक्रिया ही उसे ऐसा बनाती है।

ज्ञान ही सर्वोच्च तत्त्व है, परंतु वही ज्ञान बंधन का कारण भी बनता है। संसार उसी से बना है—उससे श्रेष्ठ कुछ नहीं है। जानना और न जानना—दोनों ज्ञान के ही रूप हैं।

विष्णु की शक्ति

जड़ और आत्मा दोनों परस्पर आश्रित हैं और विष्णु की शक्ति से आच्छादित हैं। वही शक्ति उनके अलगाव और संबंध का कारण है। वह सृष्टि के आरंभिक कंपन की मूल है। जिस प्रकार वायु जल की सतह पर तरंगें उत्पन्न करती है, उसी प्रकार विष्णु की शक्ति जड़ और आत्मा को आंदोलित करती है। जैसे वृक्ष बीज से उत्पन्न होता है और फिर अन्य बीज उत्पन्न करता है, वैसे ही महातत्त्व आदि तत्त्व उत्पन्न होते हैं और फिर देवताओं और प्राणियों को जन्म देते हैं। जैसे एक वृक्ष का विकास बीज को कम नहीं करता, वैसे ही सृष्टि की रचना मूल तत्त्व को प्रभावित नहीं करती।

स्थान, काल और अन्य कारणों के संयोग से जैसे वृक्ष विकसित होता है, वैसे ही भगवान हरि, स्वयं अपरिवर्तनीय होते हुए भी, सर्व कारणों के कारण हैं। जैसे चावल के एक दाने में जड़, डंठल, पत्ती, अंकुर, कली, फूल, रस, बाली, भूसा और अन्य दाने अंतर्निहित होते हैं—और उचित परिस्थितियों में प्रकट होते हैं— वैसे ही विष्णु की ऊर्जा के प्रकट होते ही देवता और प्राणी प्रकट होते हैं। विष्णु ही परम निरपेक्ष हैं, जिनसे सब उत्पन्न होता है, संसार उनमें निवास करता है और उनमें लीन होता है। विष्णु का परम धाम अस्तित्व और अनस्तित्व से परे है। वे चर-अचर जगत के साथ एक हैं। वे ही जगत की जड़ और प्रकृति दोनों हैं। वे ही यज्ञ करने वाले हैं, यज्ञ हैं, अर्पण हैं, और यज्ञ के उपकरण भी। हरि से भिन्न कुछ भी नहीं है।

❐

अंश-3

मैत्रेय ने अपने गुरु का अभिवादन करते हुए आदर पूर्वक पूछा, "गुरुदेव, आपने मुझे पृथ्वी, समुद्रों और बाकी सब का, साथ ही सूर्य, तारों और अन्य गृहों की प्रकृति का उत्कृष्ट और विस्तृत वर्णन दिया है। इसी प्रकार, आपने देवताओं और ऋषियों की सृष्टि, और चार समुदायों और पशु-लोक की उत्पत्ति के बारे में भी बताया है। आपने ध्रुव और प्रह्लाद के पराक्रमों का भी विस्तार से वर्णन किया है। अब मैं प्रत्येक मन्वन्तर के बारे में क्रम से सुनना चाहता हूँ। मैं आपसे प्रत्येक युग के अधिपति के बारे में सुनना चाहता हूँ। पराशर ऋषि ने इस अनुनय पूर्ण वाणी को सुनकर गंभीरता से कहा "अब मैं आपको भूत और भविष्य के मन्वंतरों का पूरा और व्यवस्थित विवरण दूँगा। सचेत होकर ध्यान पूर्वक सुनो।"

1. मन्वन्तर

मन्वन्तर सृष्टि और संहार का एक चक्र है। प्रत्येक मन्वन्तर पर एक मनु शासन करता है। अब तक छह मन्वन्तर हो चुके हैं और उनके नाम स्वायंभुव, स्वरोचश, उत्तम, तामस, रैवत और चाक्षुष थे। सूर्यपुत्र वैवस्वत, वर्तमान और सातवें मन्वन्तर पर शासन करते हैं। प्रत्येक मन्वन्तर के अपने देवता और ऋषि होते हैं। वर्तमान मन्वन्तर के देवता आदित्य, वसु और रुद्र हैं और पुरंदर को देवताओं के राजा इंद्र की उपाधि प्राप्त है। वर्तमान मन्वन्तर के सात ऋषियों के नाम वशिष्ठ, कश्यप, अत्रि, जमदग्नि, गौतम, विश्वामित्र और भारद्वाज हैं।

ये सात मन्वन्तर बीत चुके हैं। लेकिन अभी सात मन्वन्तर आने बाकी हैं।

विश्वकर्मा की संज्ञा नाम की एक पुत्री थी जिसका विवाह सूर्य से हुआ था। उनके बच्चों का नाम मनु, यम और यमी था। कुछ समय बाद, संज्ञा ने पाया कि वह अब अपने पति की ऊर्जा को सहन नहीं कर सकती। इसलिए उसने छाया नामक एक स्त्री की रचना की, जो बिल्कुल उसकी जैसी दिखती थी। उसने छाया को उसके पति की देखभाल के लिए छोड़ दिया और जंगल में तपस्या करने चली गई। सूर्य को पता नहीं था कि यह संज्ञा नहीं, बल्कि छाया थी। सूर्य और छाया के दो पुत्र हुए, जिनका नाम शनैश्चर और सावर्णि मनु था और एक पुत्री जिसका नाम तपती था।

एक दिन, किसी कारणवश, छाया बहुत क्रोधित हो गई और उसने यम को श्राप दे

दिया। तब यम और सूर्य दोनों समझ गए कि यह स्त्री यम की माता संज्ञा नहीं हो सकती, बल्कि कोई और होगी। छाया ने उन्हें पूरी बात बताई। और सूर्य को पता चला कि संज्ञा एक घोड़ी के रूप में जंगल में तपस्या कर रही थी। सूर्य ने स्वयं एक घोड़े का रूप धारण किया और अपनी पत्नी के साथ हो लिए। घोड़ों के रूप में, उनके तीन पुत्र हुए, दो अश्विनी और रेवनत।

सूर्य संज्ञा को अपने घर वापस लाना चाहते थे। हालाँकि, समस्या सूर्य की ऊर्जा थी, जिसे संज्ञा सहन नहीं कर सकती थी। इसलिए, विश्वकर्मा ने सूर्य की ऊर्जा को काट दिया और कटा हुआ भाग पृथ्वी पर गिर गया। इसी ऊर्जा से विश्वकर्मा ने विष्णु का चक्र, रुद्र का त्रिशूल, कुबेर की पालकी, कार्तिकेय का भाला और अन्य देवताओं के अन्य अस्त्र-शस्त्र बनाए।

जैसा कि पहले बताया गया है, सूर्य और छाया का एक पुत्र हुआ जिसका नाम सावर्णि मनु था। यह आठवें मन्वन्तर का मनु होगा और इंद्र विरोचन के पुत्र बालि होंगे। नौवें मनु दक्षसावर्णि, दसवें ब्रह्मसावर्णि, ग्यारहवें धर्मसावर्णि, बारहवें सावर्णि, तेरहवें रौच्य और चौदहवें भूत्य होंगे। प्रत्येक चार युगों के अंत में, वेदों का नाश हो जाता है और प्रत्येक सत्य युग में, संबंधित मनु पवित्र शास्त्रों का पुनर्लेखन करता है। प्रत्येक मन्वन्तर में मनु, सप्त ऋषियों, देवताओं इंद्र और राजाओं की पुनः सृष्टि होती है। चौदह मन्वंतरों का एक कल्प होता है, जिसमें ब्रह्मा की रात्रि होती है। उस रात्रि में, ब्रह्मा रूपी विष्णु सर्वत्र व्याप्त जल पर शयन करते हैं।

युगों का चक्र

ऋषि मैत्रेय! ध्यानपूर्वक सुनो— हर कल्प के अंत में, जब चारों युगों के चक्र पूरे हो जाते हैं, तब वेद लुप्त हो जाते हैं। परंतु उस समय, सात ऋषि स्वर्ग से पृथ्वी पर अवतरित होते हैं और वेदों को फिर से प्रतिपादित करते हैं—उन्हें फिर से जीवित करते हैं। हर सत्य युग (कृत युग) में एक नया मनु जन्म लेता है, जो स्मृति-ग्रंथों—वह धर्म जो पुरुषों और ब्राह्मणों द्वारा स्मरण और पालन किया जाता है—का प्रचार करता है।

हर मन्वन्तर में देवता यज्ञों का फल प्राप्त करते हैं और मनु के पुत्र वंशजों के रूप में धरती पर राज्य करते हैं। एक युगचक्र के दौरान, पाँच शक्तियाँ प्रमुख होती हैं— मनु स्वयं, सात ऋषि, देवता, मनु के पुत्र जो राज करते हैं, और देवताओं का एक राजा जो स्वर्ग में शासन करता है।

जब ऐसे चौदह मन्वन्तर बीत जाते हैं, तब एक कल्प पूर्ण होता है। इस कल्प में हज़ार चतुर्युग चक्र समाहित होते हैं। कल्प समाप्ति के बाद, उतनी ही लंबी अवधि की एक रात्रि

होती है। उस रात्रि में भगवान विष्णु, ब्रह्मा रूप में शेषनाग पर शयन करते हैं—समुद्र के मध्य में।

तीनों लोकों का उपभोग कर लेने के बाद, वही सर्वशक्तिमान विष्णु, जो सृष्टि के कर्ता हैं, सब कुछ त्याग कर अपनी योगमाया में लीन हो विश्राम करते हैं। और जब वह शाश्वत भगवान पुनः जागते हैं, तब ऊर्जा के गुण को धारण कर, उसी तरह से एक नए कल्प की सृष्टि का आरंभ करते हैं, जैसे पहले किया था। हे ब्राह्मणश्रेष्ठ! यह जो निष्कलंक विष्णु हैं—वही मनुओं, राजाओं, ऋषियों, देवताओं और उनके अधिपतियों के रूप में प्रकट होते हैं और ब्रह्मांड की रक्षा करते हैं।

अब मैं तुम्हें सुनाता हूँ कि कैसे यह विष्णु, जो इस सृष्टि के पालनकर्ता हैं, प्रत्येक युग में अपने कर्तव्य को निभाते हैं। कृत युग में, विष्णु सृष्टि के केंद्र में स्थित होते हैं। वह कपिल और अन्य ऋषियों के रूप में जन्म लेते हैं और जगत के हित के लिए सर्वोच्च ज्ञान का उपदेश देते हैं। त्रेता युग में वे एक सार्वभौम सम्राट का रूप लेते हैं, राक्षसी प्रवृत्तियों का नाश करते हैं और तीनों लोकों की रक्षा करते हैं। द्वापर में भगवान वेदव्यास का रूप धारण करते हैं और वेदों को चार भागों में विभाजित कर, सैकड़ों शाखाओं में व्यवस्थित करते हैं।

और कलियुग के अंत में वे कल्कि अवतार के रूप में प्रकट होते हैं—पापियों का विनाश करते हैं और उन्हें पुण्य के मार्ग पर लाते हैं।

इस प्रकार, वह अनंत सत्ता—विष्णु—सृष्टि की रचना करता है, उसकी रक्षा करता है और अंत में उसका संहार करता है। उसके अतिरिक्त और कोई सत्ता नहीं है। हे मैत्रेय! मैंने तुम्हें भूत, वर्तमान और भविष्य की सृष्टि का रहस्य बताया है। मैंने तुम्हें यह भी बताया कि ब्रह्म कौन है, यह लोक क्या है, और विष्णु का असली स्वरूप क्या है—जो हर जगह विद्यमान है।

मैंने तुम्हें मन्वन्तर और उनके पालन करने वालों की कथा भी सुनाई। अब तुम बताओ, हे तपस्वी, तुम और क्या सुनना चाहोगे?

2. वेदव्यास

मैत्रेय:मैंने आपसे सीखा है कि यह संसार विष्णु है, विष्णु में है, विष्णु से है और उनके अलावा और कुछ नहीं है। लेकिन मैं अब विस्तार से यह सुनना चाहता हूँ कि उस महान् पुरुष द्वारा वेदों को प्रत्येक युग में वेद-व्यास, या 'वेदों के व्यवस्थापक' के द्वारा कैसे व्यवस्थित किया जाता है। मुझे व्यास के विभिन्न रूपों के बारे में बताइए जो प्रत्येक युग में प्रकट होते हैं, ऋषि और गुरु, और वैदिक शाखाएँ कैसे विभाजित हैं?

प्रत्येक युग में विष्णु ने वेदव्यास के रूप में वेदों का विभाजन किया। प्रत्येक द्वापर युग में ऐसा ही किया जाता है। वर्तमान मन्वन्तर वैवस्वत मन्वन्तर है और इस मन्वन्तर में वेदों को पहले ही अट्ठाईस बार विभाजित किया जा चुका है। इन अट्ठाईस वेदव्यास के नाम थे: स्वयंभू, प्रजापति, उशना, बृहस्पति, सविता, मृत्यु, इंद्र, वशिष्ठ, सारस्वत, त्रिधामा, त्रिवृक्ष, भारद्वाज, अंतरिक्ष, वप्री, त्रयारुण, धनंजय, कृतंजय, ऋणज्य, भारद्वाज, गौतम, हर्यात्मा, वेन, त्रिनविंदु, ऋक्ष, शक्ति, पराशर। जातुकर्ण और कृष्ण द्वैपायन। अब आप इस मन्वन्तर में प्रकट होने वाले विभिन्न व्यासों के बारे में कुछ विस्तार से जानेंगे और यह भी कि शाखाओं में विभाजन कैसे होता है।

इस वैवस्वत मन्वन्तर में प्रत्येक उत्तरवर्ती द्वापर युग के दौरान महान ऋषियों द्वारा वेदों का अट्ठाईस बार विभाजन किया गया है। प्रत्येक द्वापर युग में वेदों को चार भागों में व्यवस्थित करने वाले अट्ठाईस वेद-व्यास, जो सर्वश्रेष्ठ ऋषि थे, पहले ही हो चुके हैं। पहले द्वापर में, वेदों को स्वयंभू देवता ब्रह्मा ने व्यवस्थित किया था। दूसरे में, वेद-व्यास कुलपिता मनु थे। तीसरे में, व्यवस्थाकर्ता उषानस थे, और चौथे में बृहस्पति। सविता पाँचवें में व्यवस्थाकर्ता थीं, और छठे में मृत्यु के देवता मृत्यु थे। सातवें में इंद्र, आठवें में वशिष्ठ, नौवें में सारस्वत और दसवें में त्रिधाम हुए। ग्यारहवें में त्रिवृषण थे, और उनके बाद भारद्वाज हुए। तेरहवें में अंतरिक्ष, चौदहवें में वर्णिन, पंद्रहवें में त्रय्यारुण, सोलहवें में धनंजय, सत्रहवें में कृतंजय और अठारहवें में ऋंजय हुए। अगले व्यास भारद्वाज थे, और उनके बाद गौतम हुए। गौतम के बाद व्यास उत्तम थे, जिन्हें हर्यत्मन भी कहा जाता है। हर्यात्मा के बाद वेन या वाजश्रवा हुए, फिर सोम सुष्मायन या तृणबिंदु। फिर भृगु के वंशज ऋक्ष हुए, जिन्हें वाल्मीकि भी कहा जाता है। उनके बाद मेरे पिता, शक्ति ऋषि हुए, और उनके बाद मैं व्यास हुआ। मेरे बाद जाटूकर्ण हुए, फिर कृष्ण द्वैपायन। ये प्राचीन काल के अट्ठाईस वेद-व्यास हैं। उन्होंने प्रत्येक द्वापर युग में एकल वेद को चार भागों में विभाजित किया। अगले द्वापर में, द्रोण के पुत्र द्रौणी व्यास बनेंगे जब मेरे पुत्र, ऋषि कृष्ण द्वैपायन, का निधन हो जाएगा।

ब्रह्म और चारों वेदों का सार ॐ शब्द में समाहित है। ब्रह्म सर्वत्र व्याप्त है, परन्तु विभिन्न लोगों को भिन्न-भिन्न रूपों में प्रकट होता है। ॐ को एक शाश्वत अक्षर के रूप में निरपेक्ष (ब्रह्म) के रूप में परिभाषित किया गया है। इसे इसकी महानता (बृहत्त्व) और इसकी प्रबलता (बृहणत्व) की क्षमता के कारण यह नाम दिया गया है। मैं ऋग्वेद, यजुर्वेद, सामवेद और अथर्ववेद में ' पृथ्वी, आकाश और स्वर्ग ' (भूर्, भुवः, स्वः) के रूप में आह्वान किए गए शाश्वत अक्षर, ॐ के रूप में निरपेक्ष को नमन करता हूँ। मैं उस निरपेक्ष को नमन करता हूँ, जिसे संसार की रचना और संहार का कारण, महत् का गहनतम रहस्य, महानता का

सिद्धांत माना जाता है। अथाह, असीम और अविनाशी, यह संसार में भ्रम का स्रोत है। अपनी चमक और प्रभाव के साथ, यह वह कारण है जिसके द्वारा सर्वोच्च आत्मा का उद्देश्य पूरा होता है। सांख्य विद्या को जानने वालों के लिए परम तत्व ही मुकुट है, और स्वयं को शांत और संयमित करने वालों के लिए लक्ष्य है। यह अव्यक्त, अविनाशी प्रभाव है। इसे सार, आत्मा का उद्गम, समस्त वास्तविकता का हृदय भी कहा जाता है। यह अविभाज्य, शुद्ध, अविनाशी और अनेक है। मैं उस शाश्वत, सर्वोच्च परम तत्व को, जो वासुदेव का एक रूप है, बारंबार नमन करता हूँ, जो स्वयं परम आत्मा का एक रूप है।

चार वेद, ऋग्, यजुर्वेद, साम और अथर्ववेद, कुल मिलाकर एक लाख श्लोक हैं। वेदों से ही दस प्रसिद्ध यज्ञों की उत्पत्ति हुई है। जब कृष्ण द्वैपायन वेदव्यास ने चारों वेदों का विभाजन करने का प्रयास किया, तो उन्होंने सबसे पहले अपने चार शिष्यों को एकत्रित किया जो वेदों के ज्ञाता थे। पैल को ऋग्वेद, वैशम्पायन को यजुर्वेद, जैमिनी को सामवेद और सुमन्तु को अथर्ववेद की शिक्षा दी गई। कृष्ण द्वैपायन ने अपने शिष्य रोमहर्षण को पुराणों की शिक्षा दी।

3. याज्ञवल्कय

पराशर ने कहा, व्यास के बुद्धिमान शिष्य वैशम्पायन ने यजुर्वेद रूपी वृक्ष को सत्ताईस भागों में विभाजित किया। फिर उन्होंने उन प्रत्येक शाखाओं को अपने शिष्यों को प्रदान किया, जिन्होंने उन्हें बारी-बारी से स्वीकार किया। उनके शिष्य ब्रह्मराट के पुत्र याज्ञवल्क्य उनके गुणों को समझते थे और गुरु, ब्राह्मण की सेवा में सदैव समर्पित रहते थे।

एक बार की बात है, प्रसिद्ध ऋषियों ने एक सभा करने का निश्चय किया। उन्होंने यह भी निश्चय किया कि जो कोई इस सभा में नहीं आएगा, उसे सात दिनों के बाद ब्रह्महत्या का पाप लगेगा। सभी ऋषि इस सभा में आए, लेकिन वैशम्पायन नहीं आए। सात दिनों के बाद, वैशम्पायन ने गलती से अपने भतीजे पर पैर रख दिया और उसकी हत्या कर दी। यह एक भयंकर पाप था और इसका प्रायश्चित आवश्यक था।

वैशम्पायन ने यजुर्वेद को सत्ताईस भागों में विभाजित किया था और इन भागों को विभिन्न शिष्यों में बाँट दिया था। इन्हीं शिष्यों में से एक थे याज्ञवल्कय। वैशम्पायन ने अपने शिष्यों को एकत्रित किया और कहा, "मैंने ब्रह्महत्या का पाप किया है। कृपया एक यज्ञ का आयोजन करें ताकि मैं इस पाप का प्रायश्चित कर सकूँ।"

यह सुनकर याज्ञवल्कय ने कहा, "इन अन्य विद्याओं की चिंता करने की कोई आवश्यकता नहीं है। इनमें कोई विशेष शक्ति नहीं है। मैं स्वयं यज्ञ का प्रबंध करूँगा।"

इससे वैशम्पायन क्रोधित हो गए। "याज्ञवल्कय, तुमने अन्य शिष्यों का अपमान किया है," उन्होंने कहा। "जो मैंने तुम्हें सिखाया है, वह मुझे लौटा दो। मुझे तुम्हारे जैसे शिष्य की आवश्यकता नहीं है।"

याज्ञवल्कय ने उत्तर दिया, "मैंने जो कहा, वह इसलिए कहा क्योंकि मैं तुम्हारा सम्मान करता था। लेकिन चूँकि तुमने गलत समझा है, इसलिए मुझे भी तुम्हारे जैसे गुरु की आवश्यकता नहीं है। मैंने जो सीखा है, वह यहाँ है। मैं उसे लौटा रहा हूँ।"

तब याज्ञवल्कय ने यजुर्वेद उगल दिया और अन्य विद्याओं ने पक्षियों के रूप में उसे खा लिया। इसीलिए यजुर्वेद की इस शाखा को तित्तिर पक्षी के नाम पर तैत्तिरीय कहा जाता है।

लेकिन याज्ञवल्कय अभी भी यजुर्वेद सीखना चाहते थे। इसलिए उन्होंने सूर्य की प्रार्थना शुरू की। अंततः सूर्य ने घोड़े के रूप में उन्हें दर्शन दिए और उन्हें यजुर्वेद की वे शाखाएँ सिखाईं जो वैशम्पायन भी नहीं जानते थे।

अब व्यास के शिष्य जैमिनी मैत्रेय के बारे में सुनिए, जिन्होंने सामवेद के वृक्ष की शाखाओं को विधिवत रूप से व्यवस्थित किया। जैमिनी के पुत्र सुमन्तु और उनके पुत्र सुकर्मण थे। इन दोनों बुद्धिमान पुरुषों ने एक-एक संकलन में महारत हासिल की। सुमन्तु के पुत्र सुकर्मण ने सहस्र संहिता की रचना की, जो एक हज़ार श्लोकों का संकलन है। इसे उनके दो शिष्यों ने अपनाया, जो दोनों ही महान व्रतों के अनुयायी थे: हिरण्यनाभ कौशल्य और पौषपिन्जी, जो ब्राह्मणों में श्रेष्ठ थे। हिरण्यनाभ के पंद्रह शिष्य थे जिन्हें सामवेद के उत्तरी गायक के रूप में जाना जाता था। हिरण्यनाभ से पंद्रह संकलन प्राप्त करने वाले प्रतिभाशाली ब्राह्मणों को बुद्धिमान लोग उस परंपरा के पूर्वी गायक के रूप में जानते हैं। लोकाक्षी, कुथुमि, कुशीदिन और लांगलि पौषपिन्जी के शिष्य थे। उनके अनुयायियों और उनके अनुयायियों के शिष्यों ने संकलनों की संख्या और बढ़ा दी। हिरण्यनाभ के बुद्धिमान शिष्य, कृति नामक, ने अपने शिष्यों को चौबीस संकलन सिखाए। उन्होंने भी सामवेद को अनेक शाखाओं में विभाजित किया। अब मैं अथर्ववेद के संकलनों का वर्णन करूँगा। सुमन्तु एक प्रखर ऋषि थे। उन्होंने अथर्ववेद अपने शिष्य कबंध को पढ़ाया, जिन्होंने उसे दो भागों में विभाजित करके देवदर्श और पथ्य को दे दिया। देवदर्श के शिष्यों में मौद्ग, ब्रह्मबली, शौल्कायनि और पिप्पलाद नामक श्रेष्ठ ऋषि सम्मिलित थे। पथ्य के तीन शिष्य थे जिन्होंने संकलन भी किया, ब्राह्मण: जाजलि, कुमुदादि, और शौनक तीसरे ब्राह्मण थे। शौनक ने अपना भाग दो भागों में विभाजित किया और आधा बभ्रु को दिया, और दूसरा उन्होंने अपने अनुयायी सैंधव को दिया। मंजकेश ने सैंधव से प्राप्त वेद को आगे दो भागों में

विभाजित किया। ज्योतिष, यज्ञ के नियम, मंत्र, चौथा मंत्र और पाँचवाँ मंत्र जो बुराई को दूर करने के लिए हैं—ये अथर्ववेद के प्रमुख विभाग हैं।

4. पुराण

पुराणों के अर्थ में निपुण व्यास ने मिथकों, किंवदंतियों, श्लोकों और ऐतिहासिक वृत्तांतों से इन ग्रंथों का संकलन किया। तत्पश्चात, महान ऋषि ने यह पौराणिक संकलन अपने प्रसिद्ध शिष्य, रोमहर्षण को प्रदान किया। रोमहर्षण के छह शिष्य थे: सुमति, अग्निवर्चस, मित्रायु, शांशपायन, अकृतव्रण और सावर्णि। कश्यप के वंशज अकृतव्रण, सावर्णि और शांशपायन तीन मूल संकलनों के रचयिता थे, और रोमहर्षण का चौथा संकलन था।

विष्णु पुराण बताता है कि पुराण क्या हैं और इनकी रचना कैसे हुई। इसमें कहा गया है कि मूल ग्रंथ पुराण संहिता वेदव्यास ने अपने शिष्य रोमहर्षण (जिन्हें लोमहर्षण भी कहा जाता है) को पढ़ाया था। रोमहर्षण के छह शिष्य थे, सुमति, अग्निवर्चा, मित्रायु, शमशपायन, अकृतव्रण और सावर्णि। इनमें से प्रत्येक शिष्य ने पुराण संहिता के आधार पर एक पुराण की रचना की। इन्हीं के आधार पर विष्णु पुराण की रचना हुई। यह पद्म पुराण के बाद लिखा गया था और भगवान विष्णु की महिमा को समर्पित है। यह, विष्णु पुराण, इन चार संकलनों पर आधारित है, ऋषिवर। सभी पुराणों में सबसे पहला ब्रह्म पुराण कहा जाता है, लेकिन अठारह पुराणों की गणना इस क्षेत्र के विशेषज्ञों द्वारा की गई है: ब्रह्म, पद्म, विष्णु, शिव और भागवत। नारद एक और पुराण है, मार्कण्डेय सातवाँ, अग्नि आठवाँ, भविष्य नौवाँ, ब्रह्मवैवर्त दसवाँ और लिंग ग्यारहवाँ है। वराह बारहवाँ और स्कंद तेरहवाँ है। चौदहवाँ वामन और कूर्म पंद्रहवाँ है। इनके बाद मत्स्य, गरुड़ और ब्रह्माण्ड पुराण आते हैं। इन सभी ग्रंथों में सृष्टि की प्रथम रचना, उसके बाद की पुनर्रचनाएँ, कुलपिताओं की वंशावलियाँ, मन्वन्तर और राजसी राजवंशों का विवरण मिलता है। आप जिस पुराण का पाठ कर रहे हैं, उसे विष्णु पुराण कहते हैं और यह पद्म के बाद सूचीबद्ध है। भगवान विष्णु का उल्लेख सृष्टि, पुनर्रचना, वंशावलियों, मन्वंतरों और शेष श्रेष्ठ ब्राह्मणों सहित हर चरण में किया गया है। चार वेद, छह वेदांग, मीमांसा, न्याय, पुराण और धर्मशास्त्र मिलकर ज्ञान की चौदह शाखाएँ बनाते हैं। आयुर, धनुर और गांधर्व वेद, जिनमें चौथा वेद अर्थशास्त्र है, कुल अठारह वेद हैं। तुम्हें पता होना चाहिए कि ऋषि तीन प्रकार के होते हैं: पहले ब्राह्मण ऋषि, फिर दिव्य ऋषि और उनके बाद राजर्षि। इस प्रकार, मैंने वेदों की शाखाओं और उनकी उपशाखाओं, प्रत्येक के रचयिता और उनके विभाजन के कारण का वर्णन किया है।

प्रत्येक मन्वन्तर में शाखाओं में यही विभाजन होता है। चूँकि आदि वेद सनातन है, इसलिए ये शाखाएँ केवल दिखावे के भेद हैं, ब्राह्मण। वेदों के बारे में तुमने जो कुछ पूछा था, वह सब मैंने तुम्हें बता दिया। अब मैं तुम्हें और क्या बताऊँ, मैत्रेय?

5. यम

जब लोग मरते हैं, तो वे यम के अधीन हो जाते हैं और यम उन्हें विभिन्न नरकों में भेज देते हैं। जब वे अपने पापों का प्रायश्चित कर लेते हैं, तो उनका पुनर्जन्म होता है। मैत्रेय जानना चाहते थे कि क्या कोई ऐसा तरीका है जिससे मनुष्य मृत्यु के बाद यमलोक जाने से बच सकें।

पराशर ने उन्हें बताया कि नकुल ने भी अपने पितामह भीष्म से यही प्रश्न पूछा था। और भीष्म ने उन्हें बताया था कि कलिंग में उनका एक ब्राह्मण मित्र था। इस मित्र ने एक जतिस्मर ऋषि से ज्ञान की बातें सीखी थीं। ऋषि ने भीष्म के मित्र को यम और उनके सेवक के बीच हुई एक बातचीत के बारे में बताया था।

यम ने अपने सेवक से कहा, "जो लोग विष्णु के भक्त हैं, उन्हें मत छुओ। मैं इनके अलावा बाकी सभी का स्वामी हूँ। मैं वास्तव में स्वतंत्र नहीं हूँ, मैं विष्णु के अधीन कार्य करता हूँ। वे मुझे दंड देने में भी सक्षम हैं। देवता भी विष्णु के चरणकमलों की पूजा करते हैं। विष्णु के भक्तों से दूर रहो।"

"कोई विष्णु का भक्त कैसे बनता है?" सेवक ने पूछा।

यम ने उत्तर दिया, "जो लोग अपने निर्धारित वर्ण से विचलित नहीं होते, जो मित्र और शत्रु में भेद नहीं करते, जो चोर नहीं हैं, जो अहिंसक हैं और जिनका हृदय शुद्ध और क्रोध से मुक्त है, वे विष्णु के भक्त हैं। वे हर समय विष्णु का चिंतन करते हैं। और चूँकि वे हर समय विष्णु का चिंतन करते हैं, इसलिए उनका स्वरूप मनोहर होता है। जब विष्णु हृदय में होते हैं, तो व्यक्ति कोई पाप नहीं करता। ऐसे लोगों के पास मत जाओ। क्योंकि विष्णु के चक्र की शक्ति ऐसी है कि तुम्हारी या मेरी शक्तियाँ तुरंत नष्ट हो जाएँगी।"

6. चार वर्ण और चार अवस्थाएँ

विष्णु का अनुसरण करने का सबसे महत्वपूर्ण तरीका शास्त्रों (पवित्र ग्रंथों) में वर्णित चार वर्णों (वर्ण) और चार अवस्थाओं (आश्रम) के नियमों का पालन करना है।

चार वर्ण हैं: ब्राह्मण, क्षत्रिय, वैश्य और शूद्र। ब्राह्मण का कर्तव्य है कि वह दान दे, यज्ञों द्वारा देवताओं की पूजा करे और वेदों का अध्ययन करें। उसे सभी जीवों के साथ अच्छा व्यवहार करना चाहिए और किसी को भी हानि नहीं पहुँचानी चाहिए। एक ब्राह्मण

के पास सबसे महत्वपूर्ण धन दूसरों की मित्रता है। एक क्षत्रिय को ब्राह्मणों को दान देना चाहिए, अध्ययन करना चाहिए और विष्णु के लिए यज्ञ करना चाहिए। लेकिन उसका सबसे महत्वपूर्ण कर्तव्य पृथ्वी की रक्षा के लिए शस्त्र धारण करना है। राजा का कर्तव्य दुष्टों को दंड देना और सज्जनों की रक्षा करना है। वैश्यों को पशुपालन, व्यापार और कृषि करनी चाहिए। इसके अतिरिक्त, उन्हें अध्ययन करना चाहिए, दान देना चाहिए और यज्ञ करना चाहिए। शूद्र का कर्तव्य अन्य वर्णों की सेवा करना है। यदि इससे जीविका चलाना असंभव हो, तो शूद्र व्यापार या हस्तशिल्प के माध्यम से जीविका चला सकता है।

चारों वर्णों के सामान्य कर्तव्य हैं: दया, स्वच्छता, परिश्रम, सत्य, मैत्री और कष्ट सहने की क्षमता। यदि किसी कारणवश ब्राह्मण निर्धारित विधियों से जीविका नहीं चला पाता, तो वह शस्त्र धारण कर क्षत्रिय के कर्तव्य निभा सकता है। या वह कृषि, पशुपालन या व्यापार कर सकता है। एक क्षत्रिय भी कृषि, पशुपालन या व्यापार कर सकता है। परन्तु एक ब्राह्मण या क्षत्रिय को कभी भी शूद्र के कर्तव्य नहीं अपनाने चाहिए। ऐसा केवल अत्यधिक संकट के समय या जब कोई अन्य उपाय न हो, तभी करने की अनुमति है। सभी को यह सुनिश्चित करना चाहिए कि चारों वर्णों के कर्तव्य आपस में न मिलें।

पहला आश्रम ब्रह्मचर्य (ब्रह्मचर्य) है। जनेऊ धारण करने के बाद, पुत्र को वेदों का अध्ययन करने के लिए अपने गुरु के घर भेज देना चाहिए। वहाँ वह पवित्र जीवन व्यतीत करेगा और कर्मकांडों पर ध्यान देगा। वह अपने गुरु की सेवा करेगा और वेदों का अध्ययन करेगा। प्रातः और सायंकाल वह सूर्य और अग्नि की पूजा करेगा और प्रार्थना समाप्त होने के बाद अपने गुरु को प्रणाम करेगा। शिष्य गुरु के बैठने के बाद ही बैठेगा, गुरु के चलने के बाद ही चलेगा। वह अपने गुरु का कभी विरोध नहीं करेगा। जब गुरु उसे ऐसा करने के लिए कहेंगे, तब वह बैठकर वेदों का अध्ययन करेगा। प्रतिदिन प्रातः, शिष्य अपने गुरु के लिए जल और पुष्प लाएगा। अंततः, शिष्य वेदों का अध्ययन कर लेगा और ज्ञान प्राप्त कर लेगा। फिर वह गुरु को ज्ञान की दक्षिणा देगा, गुरु की अनुमति लेगा और अगले आश्रम, अर्थात् गृहस्थ आश्रम, में प्रवेश करने की तैयारी करेगा।

यह विवाह करने और उचित जीवन जीने का समय है। ऐसे व्यक्ति को यज्ञों द्वारा देवताओं की, भोजन द्वारा अतिथियों की, वेदों के पठन द्वारा ऋषियों की, संतान प्राप्ति द्वारा ब्रह्मा की और सत्यनिष्ठा द्वारा समस्त जगत की सेवा करनी होती है। कई मायनों में, गृहस्थ आश्रम अन्य आश्रमों से श्रेष्ठ है। ब्राह्मणों और ब्रह्मचर्य का पालन करने वालों को भिक्षा के माध्यम से भोजन प्राप्त करना पड़ सकता है। गृहस्थ आश्रम में रहने वाला व्यक्ति ही उन्हें यह प्रदान करता है। जब अतिथि आते हैं, तो गृहस्थ उन्हें भोजन, आसन और शयन के रूप में

जो कुछ भी दे सकता है, वह प्रदान करता है। यदि कोई अतिथि असंतुष्ट होकर चला जाता है, तो वह गृहस्थ का पुण्य (पुण्यों का भंडार) ले जाता है और अपने पाप गृहस्थ के पास छोड़ जाता है। अतिथि को कभी भी अस्वीकार नहीं करना चाहिए।

गृहस्थ के रूप में पूर्ण जीवन व्यतीत करने के बाद, व्यक्ति वनवासी अवस्था, वानप्रस्थ, में जा सकता है। वह अपनी पत्नी को अपने साथ ले जा सकता है या उसे अपने पुत्र की देखभाल में छोड़ सकता है। वह वन में फल, मूल और पत्ते खाकर रहेगा, वह भूमि पर सोएगा और वह अपने बाल नहीं कटवाएगा या दाढ़ी नहीं बनाएगा। वह देवताओं की पूजा करेगा, अतिथियों की सेवा करेगा और जरूरतमंदों को भिक्षा देगा। उसका मुख्य कर्तव्य ध्यान करना है।

अंतिम आश्रम संन्यास है। एक व्यक्ति इसमें प्रवेश के लिए तभी तैयार होता है जब वह अपने पुत्रों, पत्नी और सभी भौतिक संपत्तियों का त्याग कर सके। उसके लिए सभी जीव मित्र होंगे और वह किसी भी जीव को हानि नहीं पहुँचाएगा। वह एकाकी रहेगा और योग (मनुष्य को ईश्वर से जोड़ने वाली क्रियाएँ) करेगा। वह किसी गाँव में एक रात से ज़्यादा और किसी शहर में पाँच रातों से ज़्यादा नहीं रुकेगा। एक संन्यासी या साधु अपना भोजन भिक्षा माँगेगा। लेकिन वह किसी घर में भिक्षा माँगने तभी जाएगा जब उसे यकीन हो जाए कि घर के सभी लोग भोजन कर चुके हैं।

7. कर्मकांड

पुत्र के जन्म के समय कुछ कर्मकांड किए जाते हैं और श्राद्ध कर्म के समय कुछ अन्य कर्मकांड किए जाते हैं। पिता जन्म के दसवें दिन पुत्र का नामकरण करता है। विवाह आठ प्रकार के होते हैं। इनके नाम हैं: ब्राह्मण, दैव्य, आर्ष, प्रजापत्य, असुर, गंधर्व, राक्षस और पैशाच। प्रत्येक वर्ण या वर्ग के लिए विवाह के विशिष्ट प्रकार निर्धारित हैं।

गृहस्थ के लिए कुछ कर्मकांड निर्धारित हैं। उसे प्रतिदिन देवताओं, गायों, ब्राह्मणों, ऋषियों और वृद्ध गुरुओं की पूजा करनी चाहिए। उसे कभी चोरी नहीं करनी चाहिए, कभी झूठ नहीं बोलना चाहिए और दूसरों के दोषों के प्रति कभी अप्रिय बातें नहीं कहनी चाहिए। उसे दूसरों की संपत्ति से ईर्ष्या नहीं करनी चाहिए। न ही उसे बुरे लोगों की संगति करनी चाहिए। उसे कभी भी जलते हुए घर में प्रवेश नहीं करना चाहिए और न ही किसी पेड़ की चोटी पर चढ़ना चाहिए। जम्हाई लेते समय उसे अपना मुँह ढकना चाहिए। उसे देवताओं, ध्वजों और पूजनीय व्यक्तियों की छाया पर पैर रखने से सावधान रहना चाहिए। घर में अकेले नहीं रहना चाहिए, न ही जंगल में अकेले जाना चाहिए। जंगली जानवरों के पास जाने से बचना चाहिए।

एक अच्छा गृहस्थ किसी धार्मिक वस्तु, पुष्प, रत्न, घी या किसी सम्मानित व्यक्ति को प्रणाम किए बिना घर से बाहर नहीं निकलता। जब वह रात में यात्रा करता है या जंगल में जाता है, तो वह हाथ में एक छड़ी रखता है। वह हमेशा चप्पल पहनता है और जब बारिश होती है या धूप निकलती है, तो छाते का उपयोग करता है। वह सभी प्राणियों का मित्र है। वह हमेशा सच बोलता है। लेकिन जब सच दूसरों को नुकसान पहुँचाता है, तो वह चुप रहता है।

जब बेटे या बेटी का विवाह होता है, जब नए घर में प्रवेश करना होता है, जब बेटे का नामकरण करना होता है या जब नवजात शिशु को पहली बार देखना होता है, तो कई अनुष्ठान करने पड़ते हैं।

जब किसी की मृत्यु होती है, तो शव को नहलाना और माला पहनाना चाहिए। शव को हमेशा गाँव के बाहर जलाना चाहिए। ब्राह्मण के लिए श्राद्ध कर्म दस दिन बाद, क्षत्रिय के लिए बारह दिन बाद, वैश्य के लिए पंद्रह दिन बाद और शूद्र के लिए एक महीने बाद होता है। अंतिम संस्कार में विषम संख्या में ब्राह्मणों को भोजन कराना चाहिए। यदि अंतिम संस्कार में ब्राह्मणों को साधारण भोजन दिया जाए, तो पूर्वज एक महीने तक तृप्त रहते हैं। लेकिन मछली देने पर वे दो महीने तक, खरगोश देने पर तीन महीने तक तृप्त रहते हैं। पक्षियों का मांस देने पर चार महीने तक, सूअर का मांस देने पर पांच महीने तक, भेड़ का मांस देने पर छह महीने तक, हिरण का मांस देने पर सात महीने तक, विशेष प्रकार के हिरण का मांस देने पर आठ महीने तक, गयाल का मांस देने पर नौ महीने तक, भेड़ का मांस देने पर दस महीने तक, गाय का मांस देने पर ग्यारह महीने तक, और वर्धिनस पक्षी के मांस देने पर सदा के लिए। श्राद्ध करने के लिए सर्वोत्तम स्थान गया है।

8. मायामोह

कई वर्ष पहले देवताओं और असुरों के बीच एक युद्ध हुआ था जो एक वर्ष तक चला। युद्ध के अंत में, ह्रद नामक कुछ दैत्यों ने देवताओं को पराजित कर दिया। देवता समुद्र के उत्तरी तट पर भाग गए और वहाँ विष्णु की आराधना करने लगे।

हे विष्णु! हे समस्त लोकों के स्वामी! आप ही तो हैं, जो प्राणियों में प्रथम हैं। आपके ही तो गुणगान में हम यह गीत गाते हैं। इस स्तुति से आप प्रसन्न हों, यही हमारी कामना है। आप ही वह महान सत्ता हैं, जो इस समस्त सृष्टि का मूल हैं और अंत में यह सब आप में ही विलीन हो जाता है। कौन है जो आपकी महिमा का पूर्ण रूप से गान कर सके? यह युद्ध, जिसमें हमारी शक्ति सुख की इच्छा से क्षीण हो गई है, फिर भी हम आपकी स्तुति करते हैं। आपका वास्तविक स्वरूप तो शब्दों की पहुँच से भी परे है।

आप ही पृथ्वी हैं, आप ही जल, अग्नि, वायु और आकाश हैं। आप ही मन हैं, आप ही मूल द्रव्य और इन सबसे परे सर्वोच्च आत्मा भी आप ही हैं। यह समस्त सृष्टि, ब्रह्मा से लेकर घास के एक तिनके तक, साकार और निराकार, आपका ही एक विराट शरीर है। समय और स्थान की सीमाओं में बँधा यह जगत, वास्तव में आपका ही एक अखंड स्वरूप है।

हे प्रभु! हम आपको उस ब्रह्मा के रूप में प्रणाम करते हैं, जो संसार की रचना के लिए आपकी नाभि के कमल से सर्वप्रथम उत्पन्न हुए। हम आपके उस दिव्य रूप को भी नमन करते हैं, जो शक्तिशाली इंद्र, सूर्य, रुद्र, वसु, अश्विन, मरुत, चंद्रमा और अनगिनत अन्य देवताओं के रूप में स्वयं को विभाजित करता है।

हे गोविंद! हम आपको दैत्यों के रूप में भी नमन करते हैं—जो कपटी हैं, अज्ञानी हैं, अधीर और अनियंत्रित हैं। हम आपको यक्षों के रूप में भी प्रणाम करते हैं, जिनके तुच्छ हृदय में विवेक का अभाव है और जो ध्वनि जैसी इंद्रियों के सुखों के लिए लालायित रहते हैं।

हे सर्वोच्च आत्मा! हम आपको रात्रिचर राक्षसों के रूप में भी नमन करते हैं—जो क्रूर हैं, कपटी हैं, भयंकर हैं और अंधकारमय हैं। हे जनार्दन! हम आपको धर्म के रूप में भी प्रणाम करते हैं, जो स्वर्ग में निवास करने वाले पुण्यात्माओं को उनके सच्चे पुण्य का फल प्रदान करता है।

आप ही सिद्धि स्वरूप हैं, सिद्धों के रूप में, उन सिद्धों को जो शुद्ध आनंद से परिपूर्ण हैं और सभी प्रस्थानों के लक्ष्य हैं, हम आपको नमन करते हैं। हम आपको नागों के रूप में भी नमन करते हैं—जो द्विज हैं, दृढ़ हैं, क्रूर हैं और भोग-विलास में डूबे रहते हैं।

हे विष्णु! हम आपको ऋषियों के रूप में भी प्रणाम करते हैं—जो ज्ञानी हैं, शांत हैं, शुद्ध हैं और दोषरहित हैं। हे कमल-नयन देवता! हम आपको काल के रूप में भी नमन करते हैं—जो अजेय हैं और प्रत्येक कल्प के अंत में सभी प्राणियों को निगल जाते हैं।

हम आपको रुद्र के रूप में प्रणाम करते हैं, जिन्होंने देवताओं सहित समस्त सृष्टि को निगल लिया है और संसार के विनाश पर नृत्य करते हैं। हे जनार्दन! हम आपको मानवजाति के रूप में भी नमन करते हैं, जो ऊर्जा से किए जाने वाले कार्यों की प्रेरक शक्ति है।

हम आपको उस सर्वव्यापी सत्ता के रूप में भी प्रणाम करते हैं, जो पशु जीवन के रूप में है और जिसका अंत अट्ठाईस प्रकार की मृत्यु में होता है और जो मूर्खता से चिह्नित होकर प्रायः भटक जाती है। हम आपको उस सर्वोपरि, उस विविध सत्ता के रूप में भी नमन करते

हैं, जो वृक्षों और अन्य प्रकार के पौधों में विभेदित है, जो यज्ञ का आधार प्रदान करते हैं और जो बदले में संसार की पूर्णता की अनुमति देते हैं।

हम आपको उस सर्वव्यापी सत्ता के रूप में भी प्रणाम करते हैं, जिसका प्रारंभिक रूप आकाश और ध्वनि जैसी संवेदनाओं सहित तत्व हैं, जिनका अनुभव पशु, मनुष्य, देवता और अन्य सभी करते हैं। हम आपको उस सर्वोच्च सत्ता के रूप में भी नमन करते हैं, जो प्रत्येक कारण का कारण है, जिसका परम रूप हमसे और पदार्थ, बुद्धि आदि से युक्त सभी चीज़ों से भिन्न है और जिसका कोई समान नहीं है।

हे प्रभु! हम उस रूप को नमन करते हैं जिसका कोई रंग नहीं जैसे सफेद, कोई आयाम नहीं जैसे लंबाई और कोई गुण नहीं जैसे घनत्व, जो वर्णन की सीमा से परे है, जो शुद्धतम है और केवल सर्वोच्च ऋषियों को ही बोधगम्य है। हम उस परम स्वरूप को नमन करते हैं जो हमारे शरीर में, दूसरों में, और सभी वस्तुओं में है, जो अजन्मा है, अपरिवर्तनीय है और जिसके परे कुछ भी नहीं है।

हम निष्कलंक भगवान वासुदेव को नमन करते हैं, जो सर्वोच्च अवस्था हैं, शाश्वत अजन्मा सत्ता हैं, जिनका रूप संपूर्ण ब्रह्मांड है, जिनका कोई अंत नहीं है और जो समस्त सृष्टि का बीज हैं।

इस स्तुतिगान के समापन पर देवताओं ने गरुड़ पर आरूढ़, शंख, चक्र, गदा और पद्म धारण किए हुए परम भगवान हरि को देखा। भूमि पर गिरकर देवताओं के समूह ने अपनी रक्षा की याचना करते हुए उनसे विनती की: 'हे प्रभु, हम पर दया कीजिए और इन दैत्यों से हमारी रक्षा कीजिए।'

विष्णु देवताओं के समक्ष प्रकट हुए और उनके लिए अपने शरीर से मायामोह नामक एक प्राणी की रचना की। मायामोह के नेतृत्व में, देवता असुरों से युद्ध करने गए।

असुर नर्मदा नदी के तट पर तपस्या कर रहे थे। मायामोह पत्तों के वस्त्र पहने और मुंडा सिर के साथ उनके समक्ष प्रकट हुए। उन्होंने उन्हें बताया कि असुरों की मनोकामनाओं की प्राप्ति का सर्वोत्तम मार्ग मायामोह द्वारा प्रचारित धर्म ही है। मायामोह ने असुरों को वेदों का मार्ग छोड़ने के लिए प्रेरित किया। जिन असुरों ने इस नए धर्म को अपनाया, वे अर्हत कहलाए। वे वेदों और देवताओं की आलोचना करने लगे। कुछ अन्य ने यज्ञों और ब्राह्मणों की आलोचना की।

इस प्रकार असुर धर्म-पथ से विमुख हो गए और देवताओं ने उन पर पुनः आक्रमण किया। इस बार देवता असुरों को पराजित कर सके, क्योंकि असुर अपने धर्म की शक्ति खो चुके थे।

चूँकि दैत्यों ने पहले उनकी रक्षा करने वाले सच्चे धर्म के कवच को त्याग दिया था, इसलिए वे पराजित हो गए। इसीलिए, मैत्रेय, जिन्होंने सत्य का मार्ग अपनाया, किन्तु व्यर्थ ही त्रिविध वेदों की सुरक्षा को त्याग दिया, उन्हें 'नग्न' कहा गया है। विद्यार्थी, गृहस्थ और वनवासी, और चौथा है भ्रमणशील भिक्षुक—ये जीवन की अवस्थाएँ हैं। वह दुष्ट व्यक्ति जो विवाहित जीवन का त्याग कर देता है, किन्तु वन में नहीं जाता या भिक्षुक नहीं बनता, मैत्रेय, वह भी नग्न है। जो व्यक्ति, आपात स्थिति को छोड़कर, अपने नियमित अनुष्ठानों की उपेक्षा करता है, वह सच्चे मन से प्रायश्चित करने के एक पखवाड़े के बाद ही अपनी पवित्रता पुनः प्राप्त कर पाता है।

9. शतधनु और शैव्या

कई साल पहले शतधनु नाम का एक राजा हुआ करता था। उसकी पत्नी शैव्या एक धार्मिक महिला थी। विश्वासयोग्य, भाग्यशाली, सत्यनिष्ठ, शुद्ध और दयालु, शैब्या को मर्यादा और अन्य सभी गुणों का आशीर्वाद प्राप्त था वे दोनों भागीरथी नदी के तट पर भगवान विष्णु की पूजा-अर्चना किया करते थे।दम्पति ने देवों के देव भगवान जनार्दन की गहरी भक्ति के साथ पूजा की। प्रतिदिन, वे केवल उन्हीं पर ध्यान केंद्रित करते हुए, श्रद्धापूर्वक हवन, प्रार्थना, दान, व्रत और अनुष्ठान करते रहे, उन्हें अन्य चीजों में कोई रुचि नहीं थी। एक दिन एक धोखेबाज गुरु उनके पास आया। शतधनु ने उससे बात की, लेकिन शैव्या ने नहीं। कुछ साल बाद, शतधनु की मृत्यु हो गई और शैव्या भी उसके साथ चिता पर जलकर मर गई।

उपवास के समय एक झूठे गुरु से बात करने के अपराध के कारण, राजा का जन्म कुत्ते के रूप में हुआ। शतधनु अगले जन्म में कुत्ते के रूप में पैदा हुआ और शैव्या काशी के राजा की विवेकशील पुत्री के रूप में पैदा हुई। जब काशी के राजा ने अपनी बेटी का विवाह करना चाहा, तो शैव्या ने मना कर दिया। उसे पता चला था कि उसका पति कुत्ते के रूप में पैदा हुआ था और विशिसा नगरी में रह रहा था। इसलिए वह वहाँ गई और कुत्ते से मिली। उसने उसे खाने के लिए अच्छा खाना दिया। कुत्ते ने बस अपनी पूंछ हिलाई। इस पर शैव्या को शर्मिंदगी महसूस हुई और उसने कुत्ते को उसके पिछले जन्म की याद दिलाने की कोशिश की।

अंततः कुत्ते को अपना पिछला जन्म याद आ गया और इससे वह बहुत दुखी हुआ। वह शहर छोड़कर एक पर्वत शिखर पर चढ़ गया। वहाँ से वह रेगिस्तान में गिर पड़ा और मर गया। इस बार उसने सियार के रूप में जन्म लिया और फिर से शैव्या कोलाहल नामक

पर्वत पर सियार से मिली। उसने सियार को उसके पिछले जन्म की याद दिलाई। इस प्रकार याद दिलाए जाने पर, सियार जंगल में मर गया और भेड़िये के रूप में जन्म लिया। शैव्या भेड़िये से मिली और उसे उसके पिछले जन्म की याद दिलाई। जब भेड़िया मर गया, तो उसने गिद्ध के रूप में जन्म लिया। शैव्या उससे मिलने गई। इस बार, गिद्ध की मृत्यु के बाद, शतधनु ने कौवे के रूप में जन्म लिया। कौवे ने अगली बार मोर के रूप में जन्म लिया। शैव्या ने मोर से मित्रता की।

राजा जनक अश्वमेध यज्ञ कर रहे थे। यज्ञ के समय मोर ने स्नान किया। जब शैव्या ने मोर को उसके पूर्वजन्म का स्मरण कराया, तो वह मर गया। अब वह जनक के पुत्र के रूप में जन्मा और शैव्या उससे विवाह करने को तैयार हो गई। जनक की मृत्यु के बाद, उनका पुत्र विदेह राज्य का शासक बना। इस जन्म में शतधनु ने अनेक यज्ञ किए और अनेक दान दिए। उसके कई पुत्र हुए और उसने राज्य तथा पृथ्वी पर सुशासन किया। जब उसकी मृत्यु हुई, तो शैव्या भी उसके साथ चिता पर जलकर मर गई। पति-पत्नी स्वर्ग गए।

यह कथा वेदों का त्याग करने वाले कपटी लोगों से बात करने के दुष्परिणामों को दर्शाती है। ऐसे लोगों के साथ रहने वाला व्यक्ति सीधे नरक में जाता है।

हे ब्राह्मण, मैंने जिस विधर्मी से बात करने का वर्णन किया है, वह पाप है और अश्वमेध यज्ञ के समापन पर अनुष्ठान स्नान का प्रभाव भी।इसलिए दुष्ट धर्मत्यागियों से कभी बात नहीं करनी चाहिए और न ही उनसे संपर्क करना चाहिए, खासकर अनुष्ठानों के दौरान या किसी यज्ञ के लिए दीक्षा लेते समय। यदि एक विवेकशील व्यक्ति को किसी ऐसे व्यक्ति को देखकर सूर्य की ओर देखना पड़ता है जिसके अनुष्ठान एक महीने से उपेक्षित रहे हों,तो उस पापी से संपर्क करने पर कितना अधिक पश्चाताप होगा जो पूरे मन से त्रिविध वेदों का त्याग करता है, या वैदिक शिक्षाओं का विरोध करता है? विधर्मियों, अवैधानिक कार्यों करने वालों, प्रसिद्ध कहानी की बिल्ली जैसे झूठे संतों, पौराणिक बगुले जैसे ढोंगियों, संशयवादियों या पाखंडियों का कभी सम्मान नहीं करना चाहिए, और न ही उनसे बात करनी चाहिए। दुष्टों, विधर्मियों और संदिग्ध आचरण वाले लोगों से दूरी बनाए रखनी चाहिए और उनकी संगति से बचना चाहिए। इसलिए उनसे दूर रहना ही बेहतर है। मैंने तुम्हें 'नग्न' कहे जाने वाले लोगों का वर्णन किया है, जिनके दर्शन मात्र से श्राद्ध नष्ट हो जाता है। ऐसे धर्मत्यागियों से बात करने से पूरे दिन का पुण्य नष्ट हो जाता है।

❒

अंश-4

मैत्रेय: गुरुदेव, मेरे गुरु के रूप में, आपने मुझे बताया है कि सदाचारी लोगों को कौन-कौन से नियमित और सामयिक अनुष्ठान करने चाहिए। आपने चारों समुदायों और जीवन अवस्थाओं के कर्तव्यों का भी वर्णन किया है। अब मैं ऐतिहासिक वंशों के बारे में सुनना चाहता हूँ, गुरुदेव। कृपया मुझे उनके बारे में सब कुछ बताएँ।

पराशर: मैत्रेय, अब आप मनु के वंश के बारे में सुनेंगे, जिसका आरंभ ब्रह्मा से हुआ है और जिसमें अनेक यज्ञकर्ता, वीर, योद्धा और राजा हुए हैं। जैसा कि कहा जाता है, 'जो व्यक्ति प्रतिदिन ब्रह्मा से उत्पन्न मनु के कुल का चिंतन करता है, उसका वंश कभी नहीं टूटता।' इसलिए, मैत्रेय, आपको इस वंश को शुरू से अंत तक सुनना चाहिए, क्योंकि यह सभी पापों को धो देगा।

1. वंश

मनु के वंश में अनेक महान पुरुष हुए। इस वंश के प्रथम पुरुष ब्रह्मा थे। सृष्टि के आरंभ में, विष्णु अपने ब्रह्म रूप में ब्रह्माण्ड से प्रकट हुए। ब्रह्मा की अंगुलियों से दक्ष प्रजापति का जन्म हुआ। दक्ष की पुत्री अदिति थीं, अदिति के पुत्र सूर्य और सूर्य के पुत्र मनु थे। मनु को पुत्र की प्राप्ति हुई, इसलिए उन्होंने मित्र और वरुण देवताओं की आराधना की। यज्ञ से इला नामक एक पुत्री उत्पन्न हुई। लेकिन मनु वास्तव में एक पुत्र चाहते थे। इसलिए, कुछ समय के लिए इला सुद्युम्न नामक पुत्र बन गई।

चंद्र के पुत्र बुध थे। सुद्युम्न एक दिन कन्या इला के रूप में बुध के आश्रम में विचरण कर रहे थे। बुध ने उनसे विवाह किया और उनका पुरुरवा नामक पुत्र हुआ। पुरुरवा के जन्म के बाद, सुद्युम्न ने पुनः पुरुष बनने के लिए यज्ञ किए। पुरुष बनने के बाद, उनके उत्कल, गय और विनता नामक तीन पुत्र हुए।

इस वंश में मरुत्त नाम का एक राजा था। मरुत्त ने एक अद्भुत यज्ञ किया। उसके बाद से ऐसा कोई यज्ञ नहीं हुआ। इस अनुष्ठान में प्रयुक्त प्रत्येक वस्तु सोने की बनी थी। इंद्र ने खूब सारा सोमरस पिया और तृप्त हुए। ब्राह्मण भी तृप्त हुए। देवताओं ने ही भोजन परोसा।

वंशवृक्ष में आगे शर्याति नाम का एक राजा हुआ। शर्याति की एक पुत्री सुकन्या थी।

सुकन्या का विवाह च्यवन ऋषि से हुआ था। शर्याति का एक पुत्र आनर्त था और आनर्त का एक पुत्र रेवत था। रेवत के सौ पुत्र थे, जिनमें सबसे बड़ा ककुद्मी था। ककुद्मी की पुत्री रेवती थी। ककुद्मी को समझ नहीं आ रहा था कि इस सुंदर पुत्री का विवाह किससे करें। उन्होंने ब्रह्मा से सलाह लेने के लिए ब्रह्मलोक जाने का निश्चय किया। जब वे ब्रह्मलोक पहुँचे, तो गंधर्व गायन कर रहे थे और ककुद्मी ने कुछ देर गीत सुनने का निश्चय किया। जब गीत समाप्त हो गए, तो उन्होंने ब्रह्मा से पूछा कि रेवती का विवाह किससे करें।

"तुम्हारी क्या राय है?" ब्रह्मा ने पूछा।

ककुद्मी ने कई राजाओं के नाम बताए जो उनके विचार से रेवती के लिए अच्छे पति हो सकते थे। लेकिन ब्रह्मा ने उन्हें बताया कि जब वे ब्रह्मलोक में गीत सुन रहे थे, तब पृथ्वी पर कई हज़ार वर्ष बीत चुके थे। ये राजा और उनके पुत्र-पौत्र सभी मर चुके थे। वास्तव में, ककुद्मी की राजधानी कुशस्थली अब द्वारका नामक नगरी थी। और विष्णु ने वहाँ बलदेव के रूप में जन्म लिया था। रेवती के लिए इससे बेहतर कोई पति नहीं हो सकता था।

ककुद्मी पृथ्वी पर लौटे और उन्होंने देखा कि अब पुरुष पहले की तुलना में बहुत छोटे हो गए हैं। उन्होंने रेवती का विवाह बलदेव से कर दिया। लेकिन रेवती बहुत लंबी थी। इसलिए बलदेव ने अपने हल से रेवती को सही आकार में खींच लिया।

2. इक्ष्वाकु, युवनाश्व और सौभरि

एक बार मनु को छींक आ गई। छींक के परिणामस्वरूप, उनकी नाक से इक्ष्वाकु नामक एक पुत्र उत्पन्न हुआ। इक्ष्वाकु के पुत्र का नाम विकुक्षि था। इक्ष्वाकु श्राद्ध कर्म करना चाहते थे और उन्होंने अपने पुत्र को श्राद्ध कर्म के लिए मांस लाने के लिए वन भेजा। विकुक्षि ने कई हिरणों को मार डाला और भूख और थकान महसूस करने लगे। अपनी भूख मिटाने के लिए उन्होंने एक खरगोश खाया और दूसरा मांस अपने पिता के पास ले आए, जिन्होंने वह मांस उस अनुष्ठान की देखरेख कर रहे वशिष्ठ को दिया।

"यह मांस अशुद्ध है", ऋषि ने कहा, "तुम्हारा पुत्र पहले ही खरगोश का मांस खा चुका है।"

इक्ष्वाकु ने विकुक्षि को निर्वासित कर दिया, हालाँकि इक्ष्वाकु की मृत्यु के बाद विकुक्षि ने राज्य पर शासन किया। विकुक्षि का एक बहुत ही वीर पुत्र था जिसका नाम परंजय था। एक बार देवताओं और असुरों के बीच भयंकर युद्ध हुआ और देवता असुरों को पराजित नहीं कर सके। देवताओं ने भगवान विष्णु से प्रार्थना की और विष्णु ने उन्हें बताया कि वे पृथ्वी पर परंजय के रूप में जन्म लेंगे। परंजय के नेतृत्व में, देवता असुरों को पराजित कर

सकेंगे। इसलिए देवता परंजय के पास आए और उनसे इस युद्ध में अपना नेतृत्व करने का अनुरोध किया। परंजय तभी ऐसा करने के लिए सहमत हुए जब वे इंद्र के कंधों पर बैठकर युद्ध लड़ सकें। इंद्र ने बैल का रूप धारण किया। परंजय ने बैल पर बैठकर युद्ध लड़ा। राक्षस पराजित हुए। लेकिन ककुट शब्द, जिसका अर्थ कंधा होता है, के कारण परंजय को आगे चलकर ककुत्स्थ के नाम से जाना जाने लगा।

ककुत्स्थ के वंशजों में युवनाश्व नामक एक राजा थे। युवनाश्व का कोई पुत्र नहीं था। उन्होंने पुत्र प्राप्ति के लिए ऋषियों को एक यज्ञ करने के लिए प्रेरित किया। आधी रात को अनुष्ठान समाप्त हुआ और ऋषियों ने यज्ञ के पवित्र जल को रात भर के लिए एक पात्र में रख दिया। उद्देश्य यह था कि सुबह युवनाश्व की पत्नी को यह पवित्र जल पिलाया जाए। इससे उन्हें एक बलवान पुत्र की प्राप्ति होगी। लेकिन युवनाश्व को रात में बहुत प्यास लगी। और अनजाने में कि पात्र का जल पवित्र है, उन्होंने गलती से उसे पी लिया। इस प्रकार युवनाश्व के शरीर में एक शिशु का जन्म हुआ और वह बड़ा होता गया। जब शिशु के जन्म का समय आया, तो वह राजा के दाहिने अंग से बाहर निकल आया, हालाँकि राजा की मृत्यु नहीं हुई। लेकिन समस्या यह थी कि उस शिशु की माँ कौन बनेगी? विशिष्ट परिस्थितियों को देखते हुए, इंद्र ने माता बनने के लिए हामी भर दी। उन्होंने आकर कहा, "माम् धाता", जिसका अर्थ है "मैं धात्री बनूँगा।" इस प्रकार वह शिशु मान्धाता कहलाया। चूँकि इंद्र उसका पालन-पोषण कर रहे थे, इसलिए वह एक ही दिन में पूर्ण विकसित हो गया। उसने सूर्योदय से लेकर सूर्यास्त तक पूरे संसार पर शासन किया।

मान्धाता के शासनकाल में, सौभरि नामक एक ऋषि बारह वर्षों तक जल के नीचे रहे। वे मत्स्यराज को अपने बच्चों और पौत्रों के साथ जल में क्रीड़ा करते हुए देखते थे। इससे सौभरि को लगा कि उनके भी बच्चे और पौत्र होने चाहिए। लेकिन इसके लिए उन्हें विवाह करना आवश्यक था।

मान्धाता की पचास पुत्रियाँ थीं। सौभरि मान्धाता के पास गए और उनमें से एक पुत्री का विवाह करना चाहा। मान्धाता को सौभरि का रोगग्रस्त शरीर पसंद नहीं आया। साथ ही, उन्हें यह भी भय था कि यदि उन्होंने मना किया तो उन्हें श्राप मिल जाएगा। इसलिए उन्होंने कहा कि उनके परिवार की प्रथा है कि पुत्रियाँ उन्हीं वर से विवाह करती हैं जिन्हें वे स्वयं चुनते और स्वीकार करते हैं। सौभरि को एहसास हुआ कि यह मान्धाता की एक चाल मात्र है ताकि वे अपनी पुत्री का विवाह एक रोगग्रस्त वृद्ध से न करवाएँ। इसलिए सौभरि ने प्रार्थना की कि उन्हें मान्धाता की पुत्रियों से मिलने का एक अवसर दिया जाए। यदि उनमें से कोई भी उनसे विवाह करना चाहे, तभी वे विवाह करेंगे। यदि सभी ने उससे विवाह करने से

इनकार कर दिया, तो वह चला जाएगा और इस मामले की फिर कभी सुनवाई नहीं होगी।

यह एक उचित अनुरोध प्रतीत हुआ और मान्धाता सहमत हो गए। लेकिन सौभरि एक शक्तिशाली ऋषि थे। पुत्रियों से मिलने से पहले, उन्होंने स्वयं को एक अत्यंत सुंदर पुरुष का रूप दे दिया। वह इतने सुंदर थे कि सभी पुत्रियाँ उनसे विवाह करना चाहती थीं। परिणाम यह हुआ कि सौभरि ने सभी पचास पुत्रियों से विवाह कर लिया और उन्हें अपने आश्रम ले आए। फिर उन्होंने विश्वकर्मा को बुलाया और विश्वकर्मा से पचास पत्नियों के लिए अलग-अलग महल बनवाने को कहा। प्रत्येक महल में कमल और हंसों के समान एक महल होना था, प्रत्येक महल में एक आनंद उद्यान और सुंदर शयन कक्ष, आसन और रत्न होने थे। विश्वकर्मा ने वैसा ही किया जैसा उन्हें निर्देश दिया गया था।

कुछ दिनों बाद, मान्धाता ने अपनी पुत्रियों का हालचाल जानना चाहा। वे आश्रम आए और सुंदर महलों और आनंद उद्यानों को देखा। वे एक महल में गए और वहाँ अपनी एक पुत्री से मिले। "बेटी, कैसी हो?", उन्होंने पूछा।

"मैं एक अद्भुत महल में रहती हूँ, पिताजी," बेटी ने उत्तर दिया। "इस रमणीय उद्यान को देखो, इन सुंदर पक्षियों और इस मनमोहक झील को देखो। मैं अच्छा खाना खाती हूँ और अच्छे कपड़े और गहने पहनती हूँ। मैं बहुत खुश हूँ। मेरी बस यही शिकायत है। मेरे पति अपना सारा समय मेरे साथ बिताते हैं, वे मुझे कभी नहीं छोड़ते। इसका मतलब है कि वे मेरी बहनों की उपेक्षा कर रहे होंगे।"

मांधता इस महल से निकलकर दूसरे महल में चले गए। उन्हें यह देखकर बहुत आश्चर्य हुआ कि दूसरी बेटी ने भी ठीक यही बात कही। दरअसल, सभी बेटियों ने यही कहा था। क्योंकि हुआ यह था कि सौभरि ने अपनी शक्ति से अपने पचास अलग-अलग रूप बनाए थे।

अपनी तपस्या के फलस्वरूप। मान्धाता ने ऐसा पहले कभी नहीं देखा था। वह सौभरि के चरणों में गिर पड़ा और क्षमा याचना करने लगा।

सौभरि के डेढ़ सौ पुत्र थे जिनसे वह बहुत आसक्त था। लेकिन कुछ समय बाद उसे इस आसक्ति के खतरों का एहसास हुआ। इसने उसे अपनी तपस्या के मार्ग से भटका दिया था। उसे उन भ्रमों का एहसास हुआ जिनमें वह तब से जी रहा था जब से उसने मत्स्यराज को देखा था। उसने अपना शेष जीवन भगवान विष्णु को समर्पित कर दिया।

3. सगर

मान्धाता के वंशजों में कई शक्तिशाली राजा हुए। इनमें से एक थे पुरुकुत्स। कई वर्षों

पहले, पाताल लोक पर गंधर्वों का कब्ज़ा हो गया था। उन्होंने नागों के शासन को भंग कर दिया और उनके रत्न चुरा लिए। घिरे हुए नागों ने मुक्ति के लिए विष्णु से प्रार्थना की। विष्णु ने उनसे कहा कि वे पुरुकुत्स के शरीर में प्रवेश करेंगे और इस प्रकार गंधर्वों का नाश करेंगे। नागों ने नर्मदा नदी को पुरुकुत्स को पाताल लोक में लाने के लिए भेजा और पुरुकुत्स ने सभी गंधर्वों का नाश कर दिया। प्रसन्न नागों ने नर्मदा को वरदान दिया। जो कोई भी यह कहता है, "मैं सुबह-शाम नर्मदा की प्रार्थना करता हूँ; नर्मदा, मुझे सर्प विष से बचाओ", उसे कभी सर्प नहीं काटेंगे।

उसी वंश में राजा वाहु का जन्म हुआ। वाहु कुछ अन्य राजाओं से युद्ध हार गए और अपनी पत्नी के साथ वन में चले गए। वहाँ वाहु की पत्नी एक बच्चे को जन्म देने वाली थी। लेकिन वाहु की एक और पत्नी भी थी। ईर्ष्यावश दूसरी पत्नी ने पहली पत्नी को विष दे दिया। परिणाम यह हुआ कि बच्चा बाहर नहीं आया, बल्कि सात वर्षों तक माँ के गर्भ में ही रहा। राजा वाहु की मृत्यु ऊर्व ऋषि के आश्रम में हुई। और वाहु की पत्नी भी चिता पर जलकर मरना चाहती थी।

पर ऊर्व ने उससे कहा, "रानी, तुम यह क्या कर रही हो? तुम्हारे गर्भ में एक ऐसा पुत्र है जो वीरों में भी वीर होगा। वह अनेक भूमियों पर विजय प्राप्त करेगा और अनेक यज्ञ करेगा। चिता पर मत मरो।"

पुत्र का जन्म हुआ और ऊर्व ने उस बालक का नाम सगर रखा। उसने बालक को वेद, शास्त्र और युद्धकला की शिक्षा दी। जब वह बड़ा हुआ, तो सगर ने अपने पिता का खोया हुआ राज्य वापस पाने की इच्छा की। उसने शत्रु राजाओं को पराजित किया और पूरे विश्व पर शासन किया।

सगर की दो पत्नियाँ थीं, सुमति और केशिनी। इन दोनों ने ऊर्व से पुत्र प्राप्ति की प्रार्थना की। ऊर्व ने उन्हें वरदान दिया कि उनमें से एक को एक पुत्र होगा, जबकि दूसरी को साठ हज़ार पुत्र होंगे। ऐसा ही हुआ और केशिनी के पुत्र का नाम असमंजस पड़ा। लेकिन ये सभी पुत्र अत्यंत दुष्ट निकले। देवता कपिल मुनि के पास गए और उनसे सगर के पुत्रों के बुरे कर्मों से संसार को बचाने का अनुरोध किया।

उस समय, राजा सगर अश्वमेध यज्ञ कर रहे थे और उनके पुत्र यज्ञ के घोड़े के रक्षक थे। किसी ने इस घोड़े को चुरा लिया और उसे पाताल लोक ले गया। सगर के पुत्रों ने घोड़े की तलाश की और उसके निशान का पीछा करते हुए पाताल लोक पहुँच गए। उन्होंने घोड़े को पाताल लोक में भटकते हुए पाया और घर से कुछ ही दूरी पर, उन्होंने कपिल मुनि को देखा। उन्होंने निष्कर्ष निकाला कि कपिल ने ही घोड़ा चुराया होगा और अपने अस्त्रों से ऋषि पर

आक्रमण किया होगा। लेकिन कपिल मुनि की आँखों से एक भयंकर अग्नि निकली और सगर के पुत्रों को भस्म कर दिया।

असमंजस का एक पुत्र अंशुमान था। यह जानने पर कि यह पुत्र भस्म हो गया है, सगर ने अंशुमान को घोड़ा लाने के लिए भेजा। अंशुमान कपिल के पास गए और उनसे प्रार्थना करने लगे। कपिल प्रसन्न होकर अंशुमान को वरदान देने के लिए तैयार हुए और अंशुमान ने कामना की कि उनके चाचा स्वर्ग जाएँ।

कपिल ने कहा, "आपका पौत्र स्वर्ग से गंगा नदी को नीचे लाएगा। जब गंगा का जल आपके चाचाओं की अस्थियों को स्पर्श करेगा, तो वे स्वर्ग में चले जाएँगे।"

अंशुमान के पुत्र दिलीप थे और दिलीप के पुत्र भगीरथ थे। भगीरथ ही गंगा को स्वर्ग से नीचे लाए थे। इसीलिए गंगा को भागीरथी भी कहा जाता है।

4. सौदास

भगीरथ के वंश में सौदास या मित्रसह नामक एक राजा हुए। एक दिन राजा जंगल में शिकार खेलने गए और वहाँ दो बाघ देखे। उन्होंने उनमें से एक को अपने बाण से मार डाला और मरने से पहले, उसने एक भयंकर राक्षस का रूप धारण कर लिया। दूसरे बाघ ने कहा, "मैं अपना बदला लूँगा" और गायब हो गया।

कुछ दिनों बाद, राजा सौदास ने एक यज्ञ शुरू किया। इस यज्ञ के पुरोहित ऋषि वशिष्ठ थे। वशिष्ठ ने अपनी रसोइया विधि पूरी की और चले गए। लेकिन राक्षस ने वशिष्ठ का रूप धारण कर लिया और उनके स्थान पर बैठ गया। उसने कहा, "अनुष्ठान के अंत में मेरे लिए खाने के लिए चावल और मांस लाना। मैं थोड़ी देर में लौट रहा हूँ।" यह कहकर राक्षस चला गया। लेकिन उसने एक रसोइये का रूप धारण कर लिया और कुछ मानव मांस पका दिया। अनजाने में, राजा सौदास ने उस मांस को एक सोने के बर्तन में रख दिया और वशिष्ठ के लौटने की प्रतीक्षा करने लगे।

जब वशिष्ठ भोजन करने बैठे, तो उन्हें यह मांस परोसा गया। क्षण भर में उन्हें एहसास हुआ कि यह मानव मांस है, और उन्होंने सौदास को श्राप दे दिया कि वह राक्षस बन जाएगा। लेकिन अपनी मानसिक शक्तियों से वशिष्ठ को यह भी पता चल गया कि ज़्यादातर मुसीबत सौदास की वजह से नहीं, बल्कि राक्षस की वजह से आई थी। इसलिए उन्होंने श्राप की अवधि कम कर दी ताकि सौदास केवल बारह वर्षों तक ही राक्षस रहे।

लेकिन सौदास को अब भी लगा कि उसे अनुचित रूप से श्राप दिया गया है। इसलिए उसने हाथ में जल लिया और वशिष्ठ को श्राप देने की तैयारी की। इस पर सौदास की पत्नी मदयंती ने कहा, "आप क्या कर रहे हैं? वशिष्ठ को श्राप मत दीजिए। वे हमारे गुरु हैं।"

सौदास ने श्राप देने से परहेज़ किया। लेकिन हाथ में लिए गए जल का क्या किया जाए? चूँकि यह श्राप के लिए दिया गया जल था, इसलिए अगर इसे ज़मीन पर या आकाश में फेंक दिया जाए, तो अनाज और बादल नष्ट हो जाएँगे। सौदास ने उस जल को अपने पैरों पर डाल लिया और उनके पैर रोगग्रस्त और काले पड़ गए। उन्हें कल्माषपाद के नाम से जाना जाने लगा।

राक्षस के रूप में, कल्माषपाद वन में रहता था और लोगों को खाता था। वन में एक बार उसकी मुलाकात एक ब्राह्मण और उसकी पत्नी से हुई। उसने ब्राह्मण को खा लिया, हालाँकि उसकी पत्नी ने उससे दया की भीख माँगी। इस पर, ब्राह्मण की पत्नी ने उसे श्राप दिया कि जैसे ही वह अपनी पत्नी से मिलेगा, उसकी मृत्यु हो जाएगी।

बारह वर्षों के बाद राजा वशिष्ठ के श्राप से मुक्त हो गए। लेकिन दूसरे श्राप के कारण वह अपनी पत्नी के पास जाने से बचते रहे।

इसी वंश में राम का जन्म हुआ, जिन्होंने रावण का वध किया। राम के भाई लक्ष्मण, भरत और शत्रुघ्न थे। भरत ने तीन करोड़ गंधर्वों का नाश किया। शत्रुघ्न ने लवण नामक राक्षस को हराकर मथुरा नगरी का निर्माण किया। राम के पुत्र कुश और लव थे, लक्ष्मण के पुत्र तक्ष और पुष्कर थे और शत्रुघ्न के पुत्र सुवाहु और शरसेन थे।

5. निमि

इक्ष्वाकु के निमि नाम का एक पुत्र था। निमि ने एक बार एक हज़ार वर्षों तक चलने वाला यज्ञ शुरू किया। वह वशिष्ठ को मुख्य पुरोहित बनाना चाहते थे। लेकिन वशिष्ठ ने कहा कि वह पहले से ही उस यज्ञ में व्यस्त हैं जिसे इंद्र पाँच सौ वर्षों तक आयोजित करने की योजना बना रहे थे। उन्होंने निमि को प्रतीक्षा करने के लिए कहा। उन्होंने इंद्र का यज्ञ समाप्त होते ही निमि के यज्ञ में आने का वचन दिया।

निमि बिना कुछ कहे लौट गए और वशिष्ठ ने मान लिया कि निमि प्रतीक्षा करने के लिए सहमत हो गए हैं। लेकिन निमि ने गौतम और अन्य ऋषियों के साथ अपना अनुष्ठान शुरू कर दिया। इंद्र का यज्ञ समाप्त करने के बाद, वशिष्ठ निमि के यज्ञ में मुख्य पुरोहित बनने की आशा से आए। लेकिन उन्होंने पाया कि गौतम को मुख्य पुरोहित बनाकर यज्ञ पहले ही शुरू हो चुका था। अपमानित महसूस करते हुए, वशिष्ठ ने निमि को श्राप दिया कि अब से वह शरीरहीन हो जाएँ। निमि को यह श्राप अनुचित लगा। इसलिए उन्होंने भी वशिष्ठ को शरीरहीन होने का श्राप दिया। हालाँकि, वशिष्ठ को मित्र और वरुण देवताओं की कृपा से एक और शरीर प्राप्त हुआ।

इस बीच, राजा निमि का शरीर तेल और सुगंध से सना हुआ पड़ा रहा। यज्ञ समाप्त होने पर, एकत्रित देवताओं ने यज्ञ के यजमान को एक वरदान देने की इच्छा व्यक्त की। वे निमि को एक नया शरीर देना चाहते थे, लेकिन निमि ने कहा कि वह इसे स्वीकार नहीं करेंगे। इसके बजाय, उन्होंने लोगों की पलकों पर रहने की इच्छा व्यक्त की। यह वरदान उन्हें प्रदान किया गया। निमि सभी लोगों की पलकों पर रहते हैं और इसीलिए पलकों के झपकने को निमेष कहते हैं।

लेकिन निमि का कोई पुत्र नहीं था और पुत्र के अभाव में राज्य नष्ट हो जाता। इसलिए ऋषियों ने शव को लकड़ी से पीटा और एक पुत्र उत्पन्न हुआ। चूँकि वह अपने पिता के शरीर से इस प्रकार प्रकट हुआ, इसलिए उसे जनक (पिता) कहा जाने लगा। और चूँकि उसके पिता का कोई शरीर नहीं था, इसलिए जनक को वैध (शरीरहीन) भी कहा जाता था। जब राजा जनक पुत्र प्राप्ति के लिए धरती जोत रहे थे, तो धरती से एक पुत्री उत्पन्न हुई, जिसका नाम सीता रखा गया।

6. चन्द्रमा

सूर्यवंश के राजाओं के बारे में सुनकर, मैत्रेय चंद्रवंश के राजाओं के बारे में सुनना चाहते थे, और पराशर ने उनकी बात मान ली।

ब्रह्मा के पुत्र अत्रि थे और अत्रि के पुत्र चन्द्रमा थे। ब्रह्मा ने चन्द्रमा को तारों और जड़ी-बूटियों का अधिपति बनाया। चन्द्रमा ने राजसूय यज्ञ किया। लेकिन राजसूय यज्ञ सफलतापूर्वक संपन्न होने के कारण चन्द्रमा अहंकारी हो गए। सभी देवताओं के गुरु बृहस्पति थे और बृहस्पति की पत्नी तारा थीं। चन्द्रमा ने तारा का अपहरण कर लिया। बृहस्पति द्वारा तारा को वापस करने के बार-बार अनुरोध करने पर भी चन्द्रमा ने मना कर दिया। दोनों पक्षों के बीच युद्ध छिड़ गया। चूँकि शुक्र बृहस्पति को पसंद नहीं करते थे, इसलिए शुक्र ने चन्द्रमा का पक्ष लिया। चन्द्रमा के पक्ष में दानव भी थे। रुद्र और इंद्र ने बृहस्पति का साथ दिया।

चूँकि यह युद्ध तारा के लिए हुआ था, इसलिए इसे तारकामय युद्ध के रूप में जाना जाने लगा। यह एक भयानक युद्ध था और ऐसा लग रहा था मानो पूरी दुनिया नष्ट हो जाएगी। समस्त लोक ने ब्रह्मा से मध्यस्थता करके युद्ध रोकने का अनुरोध किया। ब्रह्मा ने युद्ध रोक दिया और तारा को बृहस्पति को लौटा दिया।

लेकिन चंद्र और तारा का एक पुत्र हुआ और इस पुत्र का नाम बुध था। बुध ने इला से विवाह किया और उनके पुत्र का नाम पुरुरवा था। मित्र और वरुण ने एक बार अप्सरा

उर्वशी को श्राप दिया कि उसे कुछ समय पृथ्वी पर ही रहना होगा। उर्वशी को अपनी पत्नी बनाने का श्राप उर्वशी ने एक शर्त पर स्वीकार कर लिया। दो भेड़ें हमेशा उसके बिस्तर के पास रहेंगी और अगर कभी भेड़ें चोरी हो जाएँगी, तो उर्वशी स्वर्ग लौट जाएगी। पुरुरवा तुरंत मान गए। वे साठ हज़ार वर्षों तक सुखपूर्वक रहे।

उर्वशी स्वर्ग लौटने की इच्छा नहीं रखती थी। लेकिन उर्वशी की अनुपस्थिति में स्वर्ग के गंधर्व बहुत अकेला महसूस करते थे; उन्होंने उर्वशी को वापस स्वर्ग ले जाने की योजना बनाई। एक रात उन्होंने दो भेड़ें चुरा लीं। और चूँकि शर्त टूट गई थी, उर्वशी वापस स्वर्ग चली गई। हालाँकि, पुरुरवा और उर्वशी के छह पुत्र थे, जिनमें सबसे बड़ा आयु था।

लेकिन पुरुरवा को उर्वशी की याद दिलाने के लिए, गंधर्वों ने उन्हें अग्नि का रहस्य समझाया और राजा को इस अग्नि को तीन प्रकारों में विभाजित करने का निर्देश दिया। पहले केवल एक ही प्रकार की अग्नि होती थी। लेकिन पुरुरवा ने तीन प्रकार की अग्नि का परिचय दिया, जिन्हें गार्हपत्य, आहवनीय और दक्षिणा कहा जाता है।

पुरुरवा के वंश में जह्नु का जन्म हुआ। एक बार जह्नु ने देखा कि उनके यज्ञ के पात्र में गंगा का जल भर गया था। तब उन्होंने पूरी गंगा को पी लिया और देवर्षियों के अनुरोध पर ही उसे पुनः स्थापित किया। इसीलिए गंगा को जाह्नवी भी कहा जाता है।

7. सत्यवती और ऋचीक

गाधि जह्नु के वंशज थे। गाधि की एक पुत्री थी जिसका नाम सत्यवती था। ऋषि ऋचीक सत्यवती से विवाह करना चाहते थे। लेकिन गाधि अपनी पुत्री का विवाह एक वृद्ध ब्राह्मण से नहीं करना चाहते थे, जो स्वयं भी बहुत क्रोधी था। इसलिए उन्होंने एक हज़ार घोड़ों की माँग की जो फुर्तीले, सफ़ेद रंग के और काले कानों वाले हों। लेकिन ऋचीक वरुण से ऐसे घोड़े प्राप्त करने में सफल रहे और इस प्रकार सत्यवती से विवाह कर लिया।

सत्यवती एक पुत्र चाहती थीं। इसलिए ऋचीक ने एक यज्ञ किया और फलस्वरूप कुछ चावल की खीर प्राप्त की। लेकिन सत्यवती चाहती थीं कि उनकी माँ को भी एक पुत्र हो। इसलिए ऋचीक ने खीर का एक और कटोरा तैयार किया। उन्होंने दोनों कटोरे सत्यवती को दिए और कहा, "यह तुम्हारे लिए है और यह तुम्हारी माँ के लिए।" फिर वे वन में चले गए।

लेकिन सत्यवती की माँ ने अपनी बेटी से कहा, "आमतौर पर लोग अपने लिए अच्छे बेटे चाहते हैं, वे एक अच्छा देवर पाने के लिए उत्सुक नहीं होते। इसलिए मुझे लगता है कि तुम्हारी खीर मेरी खीर से बेहतर है। आओ, हम कटोरे बदल लें। मैं एक रानी हूँ और मेरा

बेटा दुनिया पर राज करेगा। उसे बलवान होना होगा। तुम्हारा बेटा एक ब्राह्मण होगा। उसे इतना शक्तिशाली होने की ज़रूरत नहीं है।" उन्होंने कटोरे बदल लिए।

ऋचीक जंगल से वापस आया और उसने जो कुछ हुआ था, उसे सुना। वह बहुत क्रोधित हुआ। सत्यवती की माँ के कटोरे में उसने एक ऐसे पुत्र के लिए सामग्री डाली थी जो एक क्षत्रिय की तरह वीर और हिंसक होगा। और सत्यवती के धनुष में उसने एक ऐसे पुत्र के लिए सामग्री डाली थी जो एक ब्राह्मण की तरह शांत और अहिंसक होगा। अब सब कुछ उलट गया था।

यह सुनकर सत्यवती ने क्षमा याचना की और अनुरोध किया कि उसका पुत्र नहीं, बल्कि उसका पोता वीर और हिंसक हो। ऋचीक ने यह अनुरोध स्वीकार कर लिया। सत्यवती की माँ ने विश्वामित्र को जन्म दिया। और सत्यवती ने जमदग्नि को जन्म दिया। जमदग्नि ने रेणुका से विवाह किया। उनके पुत्र परशुराम ने कई क्षत्रियों का वध किया।

8. राजी

पुरुरवा के पुत्र आयु के पाँच पुत्र थे। उनके नाम थे नहुष, क्षत्रवृद्ध, रंभ, राजी और अनेनह। राजी के पाँच सौ वीर पुत्र थे। कई वर्ष पहले, देवताओं और असुरों के बीच युद्ध हुआ। देवता और असुर दोनों ब्रह्मा के पास गए और पूछा, "इस युद्ध में कौन जीतेगा?" ब्रह्मा ने उत्तर दिया कि राजा राजी जिस पक्ष की ओर से लड़ेंगे, वही जीतेगा।

असुर राजी के पास आए और उनसे अपनी ओर से लड़ने का अनुरोध किया। राजी ने कहा, "मैं लड़ूँगी, बशर्ते कि देवताओं की हार के बाद आप मुझे इंद्र बना दें।"

असुरों ने उत्तर दिया, "ऐसा हम नहीं कर सकते। हम आपको एक बात का वादा करके दूसरी बात नहीं कर सकते। प्रह्लाद हमारे इंद्र होंगे।"

देवता भी राजी के पास आए और उनसे अपनी ओर से लड़ने का अनुरोध किया। और जब उन्हें भी यही स्थिति दिखाई दी, तो उन्होंने उत्तर दिया, "हाँ, आप ही हमारे इंद्र होंगे।"

राजी ने देवताओं की ओर से युद्ध किया और राक्षसों का वध किया। शत्रुओं के परास्त होने के बाद, इंद्र ने राजी के चरण स्पर्श किए और कहा, "आपने हमारी रक्षा की है, इसलिए आप मेरे पिता तुल्य हैं। और चूँकि मैं इंद्र हूँ, इसलिए मेरे पिता ही संसार के सर्वोच्च शासक हैं।" हालाँकि राजी ने इस चापलूसी को भाँप लिया, फिर भी उन्होंने इंद्र को देवताओं का राजा बने रहने दिया और अपनी राजधानी लौट गए।

लेकिन राजी की मृत्यु के बाद, राजी के पुत्रों ने माँग की कि इंद्र उन्हें वह सब सौंप दें जो उन्हें देने का वादा किया गया था। इंद्र ने ऐसा करने से इनकार कर दिया। इसलिए राजी के पुत्रों ने इंद्र को पराजित कर दिया और स्वयं इंद्र की उपाधि धारण कर ली। कई वर्ष बीत

जाने के बाद, इंद्र बृहस्पति के पास गए और प्रार्थना की कि उनका राज्य उन्हें वापस मिल जाए। बृहस्पति ने इंद्र की शक्तियों को बढ़ाने के लिए यज्ञ किए और धीरे-धीरे राजी के पुत्रों को धर्म के मार्ग से विमुख कर दिया। उन्होंने उनसे बुरे कर्म करवाए और उनके मन को वेदों और ब्राह्मणों के विरुद्ध कर दिया। अब इंद्र आसानी से राजी के पुत्रों को पराजित और मार सकता था। अब इंद्र आसानी से राजी के पुत्रों को पराजित और मार सकता था। उसने इंद्र की उपाधि धारण की।

9. नहुष और ययाति

नहुष के छह पुत्र थे। उनके नाम थे यति, ययाति, संयाति, अयाति, विव्याति और कृति। यति को राजा बनने की कोई इच्छा नहीं थी, इसलिए नहुष के बाद ययाति राजा बने। ययाति की दो पत्नियाँ थीं। पहली शुक्र की पुत्री देवयानी और दूसरी वृषपर्वा की पुत्री शर्मिष्ठा थीं। देवयानी के पुत्र यदु और तुरनवसु थे। और शर्मिष्ठा के पुत्र द्रुह्य, अनु और पुरु थे।

शुक्र द्वारा दिए गए श्राप के कारण, ययाति समय से बहुत पहले ही वृद्ध हो गए। उन्होंने अपने ज्येष्ठ पुत्र यदु को अपने पास बुलाया और कहा, "मैं समय से बहुत पहले ही वृद्ध हो गया हूँ। मैं अभी भी भौतिक सुखों का आनंद लेना चाहता हूँ। कृपया मेरी वृद्धावस्था को एक हज़ार वर्ष के लिए ले लीजिए।" यदु ने मना कर दिया और ययाति ने उसे श्राप दिया कि यदु के वंश में राजा बनने योग्य कोई पुत्र कभी पैदा नहीं होगा। ययाति ने तुर्वसु, द्रुह्य और अनु से प्रार्थना की। लेकिन उन्होंने भी मना कर दिया और उनके पिता ने उन्हें भी वही श्राप दे दिया। ययाति ने पुरु से प्रार्थना की और पुरु ने तुरंत अपने पिता की प्रार्थना स्वीकार कर ली। उसने अपने पिता का बुढ़ापा अपने ऊपर ले लिया और अपनी युवावस्था भी अपने पिता को दे दी।

ययाति ने खुद को भौतिक सुखों में डुबो लिया। लेकिन जीवन के इतने वर्षों तक भोग विलास करने के बाद, वह इन सब से ऊब गया। उसने पुरु से अपना बुढ़ापा वापस ले लिया और पुरु की युवावस्था भी उसे लौटा दी। ययाति ने पुरु को राजा बनाया और वन में तपस्या करने चले गए। तुर्वसु, द्रुह्य और अनु को केवल पुरु के राज्य के चारों ओर बहुत छोटे-छोटे राज्य मिले।

यदु के वंश में अर्जुन का जन्म हुआ। इस अर्जुन ने दत्तात्रेय की आराधना की और उनसे कई वरदान प्राप्त किए। पहला वरदान यह था कि अर्जुन की एक हजार भुजाएँ होंगी। दूसरा यह कि वह अधर्म से लड़ेगा और धर्म की सेवा करेगा, दुष्टों से लड़ेगा और अच्छाई की सेवा करेगा। तीसरा वरदान यह था कि शत्रु उसे पराजित नहीं कर पाएँगे। और

चौथा तथा अंतिम वरदान यह था कि अर्जुन का वध किसी ऐसे व्यक्ति द्वारा होगा जो विश्वविख्यात होगा। यही अर्जुन कार्तवीर्यार्जुन कहलाया। उसने दस हज़ार यज्ञ किए और 85 हज़ार वर्षों तक शासन किया। उसकी राजधानी का नाम महिष्मती था। एक बार रावण ने इस नगरी पर आक्रमण किया और अर्जुन से पराजित होकर बंदी बना लिया गया। अंततः परशुराम ने अर्जुन का वध कर दिया। यदुवंशी सभी लोग यादव कहलाए।

10. स्यमंतक मणि

कृष्ण की पत्नी सत्यभामा थीं और सत्यभामा के पिता सत्राजित थे।

सत्राजित समुद्र तट पर बैठ गए और सूर्य की आराधना करने लगे। सूर्य उनकी प्रार्थना से प्रसन्न हुए और सत्राजित के सामने प्रकट हुए। सत्राजित सूर्य को ठीक से देख नहीं पा रहे थे और बोले, "हे प्रभु, आकाश में आप अग्नि के जलते हुए गोले के समान प्रतीत हो रहे हैं। फिर भी आप मेरे सामने प्रकट हुए हैं और मैं कुछ भी नहीं देख पा रहा हूँ।"

सूर्य ने अपने कंठ में स्यमंतक नामक एक रत्न धारण किया हुआ था। सत्राजित की बात सुनकर सूर्य ने वह रत्न उतारकर एक तरफ रख दिया। अब सत्राजित सूर्य को ठीक से देख पा रहे थे। सूर्य की आँखें भूरी-पीली थीं और उनका शरीर छोटा, ताँबे के रंग का था। सत्राजित ने सूर्य के समक्ष प्रणाम किया और सूर्य ने उन्हें वरदान देने का प्रस्ताव रखा। वरदान के रूप में, सत्राजित को वह रत्न चाहिए था और सूर्य ने उसकी इच्छा पूरी कर दी।

सत्राजित ने उसे अपने गले में पहना और द्वारका नगरी में प्रवेश किया। लेकिन चूँकि उन्होंने मणि धारण कर रखी थी, इसलिए उनका शरीर दीप्तिमान था और उनसे ऊर्जा प्रवाहित होती प्रतीत हो रही थी। द्वारका के नागरिकों ने पहले तो सोचा कि स्वयं सूर्य ही नगर में प्रवेश कर रहे हैं।

सत्राजित ने उस मणि को अपने घर में रखा। उससे प्रतिदिन सोना निकलता था। और उसके प्रभाव से राज्य से रोग, सूखा, जंगली जानवर, अग्नि और चोरी दूर हो गए। कृष्ण ने सोचा कि स्यमंतक मणि वास्तव में राजा उग्रसेन की होनी चाहिए। सत्रजित कृष्ण की इस इच्छा से अवगत था। इस भय से कि कहीं उसे मणि देने के लिए विवश न होना पड़े, उसने उसे अपने भाई प्रसेन को सुरक्षित रखने के लिए दे दिया। मणि की विशेषता यह थी कि यदि कोई पवित्र व्यक्ति इसे धारण करता, तो यह सोना उत्पन्न करती। लेकिन यदि कोई अपवित्र व्यक्ति इसे धारण करता, तो यह धारणकर्ता को मार देती।

एक दिन प्रसेन ने उस मणि को अपने गले में पहना और शिकार पर निकल गया। जंगल में उसे एक सिंह ने मार डाला। सिंह मणि लेकर भागने ही वाला था कि भालुओं के

राजा जाम्बवान वहाँ आ पहुँचे। जाम्बवान ने सिंह को मारकर मणि ले ली। वह अपने वतन लौट आया और उसे अपने छोटे बेटे को खेलने के लिए दे दिया।

इस बीच, द्वारका के नागरिकों ने देखा कि प्रसेन शिकार से वापस नहीं आ रहा है। आम धारणा थी कि कृष्ण की नज़र उस मणि पर थी। इसलिए यह अफवाह फैल गई कि कृष्ण ने ही प्रसेन को मारकर स्यमंतक चुरा लिया है। ऐसी अफवाहों को खत्म करने के लिए, कृष्ण प्रसेन के पीछे-पीछे जंगल में गए। वहाँ उन्हें प्रसेन का रास्ता मिल गया। वहाँ उन्हें दो शव मिले, प्रसेन के और एक शेर के। उन्होंने अनुमान लगाया कि क्या हुआ होगा। वह जाम्बवान के बिल तक गए और जाम्बवान के बेटे को मणि से खेलते हुए पाया। बच्चे की धाय ने कृष्ण को देखकर शोर मचाया और जाम्बवान तुरंत वहाँ पहुँच गए। कृष्ण और जाम्बवान के बीच भयंकर युद्ध हुआ। यह युद्ध इक्कीस दिनों तक चला। कई यादव सैनिक भी कृष्ण के पीछे-पीछे जाम्बवान के बिल तक गए थे। जब सात-आठ दिन बीत गए और कृष्ण का कोई पता नहीं चला, तो उन्होंने यह निष्कर्ष निकाला कि कृष्ण अवश्य ही मारे गए होंगे। इसलिए उन्होंने कृष्ण की मृत्यु का समाचार फैला दिया।

कृष्ण के मित्रों ने एक श्राद्ध समारोह का आयोजन किया और इस अंतिम संस्कार समारोह में अर्पित किए गए प्रसाद से कृष्ण की शक्ति में वृद्धि हुई। अंततः कृष्ण ने जाम्बवान को पराजित किया और जाम्बवान ने उनके सामने घुटने टेक दिए। दोनों मित्र बन गए और जाम्बवान ने अपनी पुत्री जाम्बवती का विवाह कृष्ण से कर दिया। उन्होंने स्यमंतक मणि भी लौटा दी।

द्वारका के नागरिक कृष्ण और जाम्बवती को देखकर प्रसन्न हुए। कृष्ण ने उन्हें पूरी घटना बताई और सत्राजित को मणि लौटा दी। सत्राजित को इस बात पर शर्मिंदगी हुई कि उसने कृष्ण पर कभी संदेह किया था। इसलिए उसने अपनी पुत्री सत्यभामा का विवाह कृष्ण से कर दिया।

लेकिन अक्रूर, कृतवर्मा और शतधन्वा जैसे अन्य यादव भी सत्यभामा से विवाह करना चाहते थे और वे इस घटनाक्रम से बिल्कुल भी खुश नहीं थे। उन्हें लगा कि उनका अपमान हुआ है। पांडवों के लाख के घर में जलकर मर जाने की सूचना पाकर कृष्ण वारणावत की यात्रा पर निकल पड़े। कृष्ण की अनुपस्थिति का लाभ उठाकर शतधन्वा ने सत्राजित को सोते समय मार डाला और मणि चुरा ली।

सत्यभामा अपने पिता की मृत्यु से क्रोधित हो गईं। वह अपने रथ पर सवार होकर वारणावत पहुँचीं और कृष्ण को घटना की जानकारी दी। कृष्ण द्वारका लौट आए और बलदेव से कहा कि वे दोनों मिलकर शतधन्वा का वध कर दें। शतधन्वा मदद के लिए

कृतवर्मा के पास दौड़ा, लेकिन कृतवर्मा ने कृष्ण और बलदेव का विरोध करने से इनकार कर दिया। शतधन्वा फिर अक्रूर के पास दौड़ा, लेकिन उसे फिर से इनकार का सामना करना पड़ा। तब शतधन्वा ने अक्रूर से अनुरोध किया कि वे कम से कम मणि उसके पास रख लें। अक्रूर ऐसा करने को तैयार हो गए, बशर्ते कि शतधन्वा किसी को यह न बताए कि मणि कहाँ है।

शतधन्वा एक तेज़ घोड़े पर सवार होकर भाग गया। लेकिन कृष्ण और बलदेव रथ पर सवार होकर उसके पीछे-पीछे चल दिए। लंबी यात्रा के बाद, शतधन्वा मिथिला के बाहरी इलाके के जंगलों में पहुँच गया। उसका घोड़ा मर गया। वह पैदल ही भागने लगा। इस पर कृष्ण ने कहा कि वे पैदल ही शतधन्वा का पीछा करेंगे। उन्होंने बलदेव से रथ पर उनकी प्रतीक्षा करने को कहा।

कृष्ण ने शतधन्वा को पकड़ लिया। और उसका सिर काट दिया। लेकिन शतधन्वा के सभी सामानों की तलाशी लेने के बावजूद, वह मणि नहीं पा सका। उसने आकर बलदेव को इसकी सूचना दी। लेकिन दुर्भाग्य से, बलदेव ने इस पर विश्वास नहीं किया। उसने कहा, "कृष्ण, तुम ऐसे भाई नहीं हो जिसके साथ मैं संबंध रखना चाहूँ। अपना रास्ता जाओ और मैं अपना। हम दोनों एक साथ नहीं हैं।" बलदेव विदेह के राज्य में चले गए और राजा जनक के यहाँ अतिथि के रूप में रहने लगे। तब दुर्योधन ने बलदेव से गदा से युद्ध करना सीखा। कृष्ण द्वारका लौट आए। तीन वर्ष बीत जाने के बाद, वभ्रु, उग्रसेन और अन्य यादव बलदेव को यह समझाने में सफल रहे कि कृष्ण ने वास्तव में मणि नहीं चुराई थी। बलदेव तब द्वारका लौट आए।

इस बीच, अक्रूर ने कई यज्ञ करने शुरू कर दिए अक्रूर ने तर्क दिया कि अगर कृष्ण को पता भी चल जाए कि उनके पास मणि है, तो भी जब तक वह यज्ञ कर रहे हैं, कृष्ण उन्हें नहीं मारेंगे। यज्ञ बासठ वर्षों तक चलते रहे। और चूँकि मणि द्वारका में थी, इसलिए नगर से रोग और अन्य बुरी चीज़ें गायब हो गईं।

लेकिन अक्रूर के कुछ रिश्तेदारों ने कुछ अन्य यादवों को मार डाला और नगर छोड़कर भाग गए। अक्रूर भी उनके साथ भाग गए। और जैसे ही यह हुआ, द्वारका में जंगली जानवर, सूखा और बीमारी फिर से आ गई। पहले तो लोगों ने सोचा कि ऐसा इसलिए हो रहा है क्योंकि अक्रूर जैसे पवित्र व्यक्ति नगर छोड़कर चले गए थे। इसलिए अक्रूर को वापस लाया गया और तुरंत जंगली जानवर, सूखा और बीमारी गायब हो गए।

हालांकि, कृष्ण ने तर्क दिया कि यह सब सिर्फ़ इसलिए नहीं हो सकता क्योंकि अक्रूर एक पवित्र व्यक्ति थे। इसके अलावा भी कुछ और ज़रूर होगा। अक्रूर एक के बाद एक

यज्ञ कैसे कर रहे थे? उन्हें धन कहाँ से मिला? वह कोई धनी व्यक्ति नहीं थे। इसलिए उनके पास मणि ज़रूर होगी।

कृष्ण ने अपने घर यादवों की एक सभा बुलाई। और वहाँ उन्होंने अक्रूर से कहा, "हम सभी जानते हैं कि शतधन्वा स्यमंतक मणि आपके पास छोड़ गया है। मणि आपके पास ही रहने दीजिए, इसमें कोई बुराई नहीं है। नगर में इसकी उपस्थिति से हम सभी को लाभ हो रहा है। लेकिन बलदेव को संदेह है कि मैंने इसे चुराया है। क्या आप कृपया उसे एक बार दिखाकर उसका संदेह दूर कर देंगे?"

अक्रूर ने सोचा कि अगर वह झूठ बोलेगा, तो वे उसके वस्त्रों की तलाशी ले सकते हैं और मणि प्राप्त कर सकते हैं। इसलिए उन्होंने अपने वस्त्रों के भीतर छिपाकर रखे एक स्वर्ण-संदूक से मणि निकाली। उन्होंने उसे उस यादव को भेंट किया जो इसके सबसे योग्य था।

मणि इतनी आकर्षक थी कि बलदेव भी उसे पाने के लिए लालायित हो गए। सत्यभामा भी, क्योंकि उसने सोचा कि अगर वह मणि उसके पिता की थी, तो अब वह पूरी तरह से उसकी है। कृष्ण को लगा कि झगड़ा होने वाला है और उन्होंने हस्तक्षेप किया। उन्होंने कहा, "यह मणि राज्य में तभी सुख लाती है जब कोई पवित्र व्यक्ति इसे धारण करे। यदि कोई अपवित्र व्यक्ति इसे धारण करता है, तो धारणकर्ता नष्ट हो जाता है। मुझे इसे धारण नहीं करना चाहिए, मैं वास्तव में पवित्र नहीं हूँ, मेरी सोलह हज़ार पत्नियाँ हैं। इसी कारण, सत्यभामा को इसे धारण न करने दिया जाए। न ही बलदेव को, क्योंकि वे हर समय शराब पीते रहते हैं। यह मणि अक्रूर के पास ही रहे।" और इस पर सहमति हो गई।

11. शिशुपाल

पूर्व जन्म में, शिशुपाल हिरण्यकश्यप था। बाद में वह चेदि के राजा दामघोष के पुत्र शिशुपाल के रूप में पैदा हुआ। उसकी माता श्रुतश्रवा थीं, जो कृष्ण के पिता वसुदेव की बहन थीं। जिस प्रकार हिरण्यकश्यप का वध विष्णु ने किया था, उसी प्रकार शिशुपाल का वध कृष्ण ने किया था। शिशुपाल का जन्म भी रावण के रूप में हुआ था और राम ने उसका वध किया था।

12. शांतनु और देवापि

कुरु वंश में प्रतीप नामक एक राजा हुआ करते थे। प्रतीप के तीन पुत्र थे, देवापि, शांतनु और वाह्लीक। देवापि बहुत छोटी उम्र में ही वन चले गए और शांतनु राजा बने।

शान्तनु के राज्य में बारह वर्षों तक वर्षा नहीं हुई। इसका कारण जानने के लिए, राजा

शांतनु ने सभी ब्राह्मणों को बुलाया। ब्राह्मणों ने बताया कि ऐसा इसलिए हो रहा था क्योंकि देवापि को राजा होना चाहिए था। ज्येष्ठ पुत्र ही शासन करता है, जब तक कि वह घोर पापी न हो। अतः वर्षा लाने के लिए यह आवश्यक था कि देवापि को पुनः राजा बनाया जाए।

शान्तनु के एक मंत्री थे जिनका नाम अश्मसारी था। इस मंत्री ने वन में देवापि के पास एक उपदेशक भेजा। उपदेशक ने वेदों के विरुद्ध उपदेश दिया। धीरे-धीरे उपदेशक ने देवापि का ध्यान पवित्र ग्रंथों से हटा दिया। जब ब्राह्मण और शांतनु देवापि को राज्य देने के लिए वन में गए, तो उन्होंने देखा कि देवापि अनेक वेद-विरुद्ध बातें कह रहा था। इस प्रकार देवापि पापी हो गया और उसे राज्य नहीं दिया गया। शांतनु राजा बने रहे और अब वर्षा होने लगी।

शांतनु और गंगा का विवाह हुआ और उनके भीष्म नामक पुत्र हुए। शांतनु ने सत्यवती से भी विवाह किया और उनके विचित्रवीर्य और चित्रांगद नामक दो पुत्र हुए। धृतराष्ट्र और पांडु विचित्रवीर्य के वंशज थे। पांडु के पाँच पुत्रों, पांडवों ने द्रौपदी से विवाह किया और द्रौपदी के पुत्र प्रतिविंध्य, सुतसोम, श्रुतकीर्ति, शांतनीक और श्रुतकर्मा थे। पांडवों के अन्य पुत्र भी थे। युधिष्ठिर ने यौधेयी से विवाह किया और उनका द्वाक नामक पुत्र हुआ। भीम ने हिडिम्बा से विवाह किया और उनका घटोत्कच नामक पुत्र हुआ। उन्होंने काशी से भी विवाह किया और उनका सर्वत्रग नामक पुत्र हुआ। नकुल ने करेणुमती से विवाह किया और निरमित्र नामक पुत्र उत्पन्न हुआ। सहदेव ने विजया से विवाह किया और सुहोत्र नामक पुत्र उत्पन्न हुआ। अर्जुन की कई पत्नियाँ थीं। उलूपी से उनका इरावन नामक पुत्र हुआ, चित्रांगदा से बभ्रुवाहन नामक पुत्र हुआ और सुभद्रा से अभिमन्यु नामक पुत्र उत्पन्न हुआ।

13. कलि

विष्णु पुराण कहता है कि भविष्य में महापद्मनद नामक एक राजा होगा। दूसरे परशुराम की तरह, वह सभी क्षत्रियों का नाश करेगा। फिर शूद्र राजा बनेंगे। महापद्म के आठ पुत्र होंगे और वह और उसके पुत्र सौ वर्षों तक पृथ्वी पर शासन करेंगे। लेकिन कौटिल्य नामक एक ब्राह्मण उन सभी का वध कर देगा, और मौर्य नामक शूद्र राजा शासन करेंगे। कौटिल्य चंद्रगुप्त को राजा बनाएगा।

मौर राजा एक सौ सैंतीस वर्षों तक शासन करेंगे। फिर शुंग राजा एक सौ बारह वर्षों तक शासन करेंगे। उसके बाद कण्व राजा पैंतालीस वर्षों तक शासन करेंगे। फिर आंध्र राजा चार सौ छप्पन वर्षों तक शासन करेंगे। इसके बाद आभीर, गर्दभिल्ल, शक, यवन,

तुखार, मुंडा, मौन, पौर, कैलाकिला, वाह्लीक, निषाद, नाग, मगध और गुप्त नामक विभिन्न राजवंशों का उदय होगा।

कलियुग एक भयंकर काल होगा। प्रजा पहाड़ों पर भाग जाएगी क्योंकि वे राजाओं द्वारा लगाए गए करों का भुगतान नहीं कर पाएँगे। उनके पास खाने के लिए भोजन और पहनने के लिए वस्त्र नहीं होंगे। धर्म का नाश होगा। सभी दुष्टों का नाश करने के लिए विष्णु कल्कि के रूप में पुनः जन्म लेंगे। इसके बाद धर्म की स्थापना होगी। कलियुग तीन लाख साठ हज़ार वर्षों तक चलेगा।

❐

अंश-5

मैत्रेय:आपने सभी राजसी वंशों का विस्तार से वर्णन किया है और प्रत्येक के कर्मों का विधिवत वर्णन किया है। अब मैं विष्णु के उस स्वरूप के बारे में सुनना चाहता हूँ, जो पवित्र ऋषि हैं, जो पृथ्वी पर आए और यदु वंश में प्रकट हुए। मुझे परम पुरुष भगवान कृष्ण द्वारा किए गए कार्यों के बारे में बताइए, जब वे विष्णु के स्वरूप के रूप में संसार में प्रकट हुए।

पाराशर: मैत्रेय, इस वृत्तांत को सुनिए, जिसके बारे में आपने मुझसे प्रश्न किया है, कृष्ण के कर्मों के बारे में, जो संसार के कल्याण के लिए विष्णु के स्वरूप के रूप में प्रकट हुए थे।

1. वसुदेव और देवकी

बहुत समय पहले, वसुदेव ने महाऋषि देवल की पुत्री, सौभाग्यशाली देवकी, जो एक देवी के समान थीं, से विवाह किया था। उनके विवाह के बाद, कंस ने दंपत्ति के रथ का सारथी बनकर सेवा की। जैसे ही वे आगे बढ़े, आकाश में एक तेज़ आवाज़ गूँजी, जो गरज के समान गूँजी, और कंस से ये शब्द कहे: मूर्ख! मूर्ख कंस, तू किसे रथ पर हाँक रहा है? इस स्त्री से उत्पन्न आठवाँ बच्चा, जिसे तू अपने रथ में अपने पति के साथ ले जा रहा है, तेरा जीवन समाप्त कर देगा।

यह सुनकर कंस ने अपनी तलवार उठाई और देवकी को मारना चाहा। लेकिन वसुदेव ने कहा, "वीर योद्धा, देवकी को मत मार। निश्चिंत रह, मैं जो भी संतानें उत्पन्न होंगी, उन्हें तुझे सौंप दूँगा।" कंस इस व्यवस्था के लिए सहमत हो गया।

उस समय, पृथ्वी (पृथ्वी) सुमेरु पर्वत पर देवताओं के पास गई और शिकायत की। उसने कहा कि पृथ्वी पर उत्पन्न हुए दैत्य वहाँ उत्पात मचा रहे हैं। कई वर्ष पूर्व, कालनेमि नामक एक दैत्य का भगवान विष्णु ने वध किया था। यही कालनेमि अब उग्रसेन के पुत्र कंस के रूप में जन्मा था। वह अरिष्ट, धेनुका, केशी, प्रलम्ब, नरक, सुन्द और वाणासुर जैसे अन्य दुष्ट और शक्तिशाली राजाओं के साथ मिल गया था। यह सारा अत्याचार पृथ्वी के लिए असहनीय साबित हो रहा था।

पृथ्वी ने दृवित होकर कातर स्वर में कहा, "जिस प्रकार अग्नि स्वर्ण पर और सूर्य गौओं पर अधिपति है, उसी प्रकार नारायण मेरे अधिपति हैं, क्योंकि वे समस्त लोकों के

अधिपति हैं। वे ब्रह्मा हैं, कुलपिताओं के अधिपति, जो आदि प्राणियों से भी पहले उत्पन्न हुए थे। वे निराकार काल हैं, जो पल, क्षण और समय से बना है। हे देवश्रेष्ठ, आपकी समस्त सभा उन्हीं का स्वरूप है। आदित्य, मरुत, साध्य, रुद्र, वसु, अश्विन, वह्नि और अत्रि आदि पूर्वज जिन्होंने लोकों की रचना की— ये सभी भगवान विष्णु के रूप हैं, जो महानता के अथाह हृदय हैं। यक्ष, राक्षस और दैत्य, पिशाच, नाग और दानव, गंधर्व और अप्सराएँ, ये सभी पराक्रमी विष्णु के ही रूप हैं। चमकते ग्रहों, नक्षत्रों, तारों, अग्नि, जल, वायु से युक्त आकाश, मैं स्वयं पृथ्वी, इंद्रियों के विषय और यह सारा जगत उसी से बना है। इस बहुरूपी सत्ता के रूप दिन-रात एक-दूसरे को खण्डित करते रहते हैं, फिर स्वयं खण्डित हो जाते हैं, जैसे समुद्र की लहरें। इस समय, कालनेमि के नेतृत्व में दैत्यों ने मानव जगत पर कब्ज़ा कर लिया है और निरंतर जनता पर अत्याचार कर रहे हैं। महाबली विष्णु द्वारा मारे गए महान देवता कालनेमि का पुनर्जन्म उग्रसेन के पुत्र कंस के रूप में हुआ है। अरिष्ट, धेनुका, केशिन, प्रलम्ब, नरक, सुन्द देवता और बलि के पुत्र भयंकर बाण—मैं इन और अन्य शक्तिशाली, दुष्ट प्राणियों की संख्या नहीं गिन सकती जिन्होंने मनुष्यों के घरों में जन्म लिया है। हे दिव्य रूप वाले देवताओं! बलवान और तेजस्वी दैत्य राजाओं की अनेक सेनाएँ मुझ पर दबाव डाल रही हैं। इस भारी बोझ के बोझ तले दबे हुए, मैं अब अपना भरण-पोषण नहीं कर सकती। इसीलिए, हे अमर देव-वृन्द, मैं तुमसे कह रही हूँ। हे भाग्यशाली प्राणियों, मुझे इस बोझ से मुक्त करो, इससे पहले कि मैं दुखों में डूबकर निम्न लोकों में गर्त होती चली जाऊँ।

ब्रह्मा ने पृथ्वी की बात की पुष्टि की। उन्होंने कहा, "आओ हम सब महासागर के उत्तरी तट पर जाएँ और वहाँ विष्णु से प्रार्थना करें। जब भी ऐसा कुछ होता है, विष्णु धर्म की रक्षा के लिए पृथ्वी पर जन्म लेते हैं।"

यह प्रार्थना सुनकर, विष्णु ब्रह्मा और अन्य देवताओं के सामने प्रकट हुए। उन्होंने देवताओं की बात सुनी और अपने सिर से दो बाल नोच लिए। उन्होंने कहा, "मेरे ये दो बाल असुरों का नाश करने के लिए पृथ्वी पर जन्म लेंगे।" "और ये सभी अन्य देवता भी असुरों से युद्ध करने के लिए पृथ्वी पर जन्म लेंगे।" अंतर्ध्यान होने से पहले, उन्होंने यह भी कहा, "मैं देवकी की आठवीं संतान के रूप में जन्म लूँगा।"

कंस ने नारद मुनि से यह सब सुना। वह क्रोधित हो गया और उसने वसुदेव और देवकी को कारागार में डाल दिया। केवकी के एक-एक करके छह पुत्र हुए और कंस ने उनमें से प्रत्येक को मार डाला। वसुदेव की एक और पत्नी थी जिसका नाम रोहिणी था और वह गोकुल में रहती थी। सातवें पुत्र को जादुई तरीके से देवकी से रोहिणी में स्थानांतरित कर दिया गया ताकि कंस को उसे मारने का मौका न मिले। यही पुत्र बड़ा होकर संकर्षण हुआ।

जब विष्णु ने देवकी के शरीर में प्रवेश किया, तो देवकी इतनी तेजस्वी दिखीं कि कोई भी उनकी ओर देख भी नहीं सकता था। अंततः कृष्ण का जन्म श्रावण मास में वर्षा ऋतु में हुआ। (विभिन्न पुराणों के विवरण हमेशा एकमत नहीं होते। कुछ अन्य विवरणों में कहा गया है कि कृष्ण का जन्म भाद्रपद माह में हुआ था।) वास्तविक तिथि कृष्णपक्ष की अष्टमी थी। उनका जन्म ठीक मध्यरात्रि को हुआ था। इस जन्म पर सभी ऋषि प्रसन्न हुए, हवाएँ और नदियाँ शांत हो गई। गंधर्वों ने गीत गाए और अप्सराएँ नाचीं। देवताओं ने आकाश से पुष्प वर्षा की।

चूँकि कंस द्वारा शिशु को मार दिए जाने का खतरा था, इसलिए वसुदेव ने शिशु को कहीं और छोड़ देने का प्रस्ताव रखा। पहरेदार सो गए, कारागार का द्वार खुल गया और विष्णु की कृपा से बेड़ियाँ खुल गईं। उस रात ज़ोरदार बारिश हो रही थी। लेकिन एक विशाल सर्प ने वसुदेव और शिशु की रक्षा के लिए अपना फन उठा रखा था। वसुदेव को यमुना नदी पार करनी थी जो बहुत गहरी थी। लेकिन विष्णु की कृपा से पानी उनकी जाँघों से ऊपर नहीं उठा। वसुदेव नदी पार करके नंद और अन्य ग्वालों से मिले। यशोदा ने योगमाया नाम की एक पुत्री को जन्म दिया था। वसुदेव ने कृष्ण को यशोदा के बिस्तर पर लिटा दिया और योगमाया को वहाँ से हटा दिया। फिर वे योगमाया को लेकर कारागार लौट आए।

पहरेदारों ने जागकर कंस को सूचना दी कि देवकी ने एक बच्चे को जन्म दिया है। कंस दौड़कर कारागार पहुँचा, शिशु को उठाया और उसे पत्थरों पर पटक दिया ताकि वह मर जाए। लेकिन युगमाया वास्तव में एक देवी थीं जिन्हें विष्णु ने भेजा था। जब कंस ने उन्हें नीचे फेंका, तो शिशु हवा में ऊपर उठ गया और देवी का अष्टभुजा रूप धारण कर लिया। "मूर्ख कंस।" उसने कहा, "जो व्यक्ति तुम्हें मारेगा, वह पहले ही पैदा हो चुका है। पिछले जन्म में जिसने तुम्हें मारा था, वही तुम्हें मारेगा।" इतना कहकर योगमाया आकाश में अंतर्ध्यान हो गई।

कंस ने अपने सभी दुष्ट मित्रों को इकट्ठा किया और कहा, "मित्रो, दुष्ट देवता मुझे मरवाने की कोशिश कर रहे हैं, लेकिन मैं वीर हूँ, इसलिए इस पर ध्यान नहीं दूँगा। क्या तुमने नहीं देखा कि कैसे इंद्र मेरे बाणों के आगे कायरों की तरह भाग गए? इस पूरी दुनिया में मैं अपने गुरु जरासंध के अलावा किसी और के लिए पूजनीय नहीं हूँ। देवताओं के इन प्रयासों को देखकर मुझे हँसी आ गई। फिर भी, सावधान रहना होगा क्योंकि मुझे बताया गया है कि देवकी का पुत्र मुझे मार डालेगा। हमें ऐसे किसी भी बालक को मारना होगा जो अत्यधिक बलवान प्रतीत हो।"

वासुदेव और देवकी को अब और रोकने का कोई मतलब नहीं था। उसने उन्हें छोड़ दिया और कहा, "मैंने तुम्हारे बच्चों को अनावश्यक रूप से मार डाला है, लेकिन यही उनका भाग्य रहा होगा। मुझे मारने वाला व्यक्ति कहीं और पैदा हुआ होगा।"

2. पूतना की मृत्यु और अन्य घटनाएँ

नंद और अन्य ग्वाले राजा को कर चुकाने मथुरा आए थे। रिहाई के बाद, वसुदेव ने नंद के पुत्र के जन्म पर उन्हें बधाई दी। उन्होंने नंद को यह नहीं बताया कि वह पुत्र वास्तव में उनका था। उन्होंने नंद से कहा कि वह शीघ्र ही गोकुल लौट जाएँ और नंद के पुत्र के साथ-साथ वसुदेव के दूसरे पुत्र, जो रोहिणी के साथ था, की भी देखभाल करें।

ग्वाले गोकुल लौट आए। एक रात गोकुल में, पूतना बालक कृष्ण को भोजन कराने आई। पूतना दुष्ट थी। रात में जिस भी बच्चे को वह भोजन कराती, उसके अंग नष्ट हो जाते। लेकिन कृष्ण ने पूतना को पकड़ लिया और उसके प्राण पीने लगे। एक ज़ोरदार आवाज़ के साथ पूतना गिर पड़ी और मर गई।

एक और बार, बालक कृष्ण एक गाड़ी के नीचे लेटे हुए थे। उन्हें बहुत भूख लगी थी और वे रो रहे थे और अपने पैर हवा में उछाल रहे थे। उनके लात मारने से गाड़ी पलट गई और गाड़ी पर रखे सभी बर्तन और कुंड टूट गए। सब लोग दौड़कर आए और देखा कि क्या हुआ था। उन्हें यह देखकर बहुत आश्चर्य हुआ कि इतने छोटे बच्चे ने एक बड़ी गाड़ी पलट दी। यशोदा ने दही, फूल और फलों से गाड़ी की पूजा की।

गर्ग ऋषि गोकुल आए और दोनों पुत्रों का नाम रखा। रोहिणी के पुत्र का नाम राम और यशोदा के पुत्र का नाम कृष्ण रखा गया। जल्द ही दोनों बच्चे रेंगना सीख गए और गोबर से लिपटे हुए, हर जगह घूमने लगे। वे गौशालाओं में जाकर बछड़ों की पूँछ खींचते।

एक दिन यशोदा इन सब से थक गईं। उन्होंने कुछ रस्सियाँ लीं और कृष्ण को एक थ्रेसर से बाँध दिया। फिर वह घर का काम करने चली गईं। कृष्ण थ्रेसर को खींचते और खींचते रहे। पास ही दो बड़े अर्जुन के पेड़ थे। कृष्ण थ्रेसर को घसीटते हुए उन पेड़ों के पास ले गए और उनके बीच से निकलने की कोशिश की। लेकिन थ्रेसर दो अर्जुन के पेड़ों के बीच में फँस गया। और जैसे ही कृष्ण ने उन्हें खींचा, विशाल वृक्ष ज़मीन पर उखड़ गए। और कृष्ण वहीं मलबे के बीच मुस्कुराते हुए बैठे रहे। यशोदा ने उनके पेट में जो रस्सी बाँधी थी, वह अभी भी वहीं थी। चूँकि रस्सी को दाम कहा जाता है, इसलिए कृष्ण दामोदर कहलाए।

लेकिन गोकुल के ग्वाले अपशकुन समझकर चिंतित थे। पहले पूतना की मृत्यु हुई,

फिर विशाल गाड़ी का पलटना और अंत में पेड़ों का उखड़ना। उन्हें पता नहीं था कि कृष्ण इन सबके लिए ज़िम्मेदार थे। उन्होंने सोचा कि गोकुल पर कोई भयानक संकट आने वाला है। इसलिए अपनी गाड़ियों और अपने मवेशियों के साथ, वे वृंदावन के लिए रवाना हो गए।

राम और कृष्ण वहीं पले-बढ़े। वे बछड़ों की देखभाल करते थे, खेतों में खेलते थे, सिर पर मोर पंख लगाते थे और बांसुरी बजाते थे। उनके घनिष्ठ मित्रों में शाखा और विशाखा भी थीं।

3. कालिया दमन

यमुना नदी का एक हिस्सा कालिया के स्थान के रूप में जाना जाता था। कालिया एक विशाल साँप था जो पानी में रहता था। चूँकि वह साँप उस स्थान पर रहता था, इसलिए किनारे के सभी पेड़ झुलस जाते थे। और अगर कोई पक्षी उस क्षेत्र के ऊपर से उड़ता और पानी की फुहार उन पर पड़ती, तो वे तुरंत मर जाते। कृष्ण को एहसास हुआ कि उनका साँप कोई और नहीं, बल्कि वही साँप था जिसे गरुड़ ने समुद्र में पराजित किया था। वह अब समुद्र से भाग गया था और यमुना में अपना घर बना लिया था। परिणाम यह हुआ कि उस स्थान पर कोई भी यमुना का पानी नहीं पी सकता था।

कृष्ण ने साँप को मारने का संकल्प लिया। उन्होंने अपने वस्त्र शरीर पर कसकर बाँधे और एक कदम्ब के पेड़ से पानी में कूद पड़े। जैसे ही कृष्ण नदी में कूदे, फुहार किनारे के पेड़ों पर लगी और चूँकि फुहार साँप के विष से विषाक्त थी, पेड़ जलने लगे।

कृष्ण पानी में तैरने लगे। आवाज सुनते ही कालिया तुरंत वहाँ पहुँच गया। उसकी आँखें क्रोध से लाल थीं और उसके मुँह से ज्वालाएँ निकल रही थीं। वे चारों ओर से विषैले साँपों से घिरे हुए थे और उन साँपों की पत्नियाँ भी उनके साथ थीं। सभी साँप कृष्ण के शरीर के चारों ओर लिपट गए और उन्हें काटने और विष देने लगे।

कुछ ग्वालों ने कृष्ण को पानी में साँपों से घिरे देखा। वे वृंदावन वापस दौड़े और उन्होंने जो कुछ देखा था, वह सबको बताया। नंद, यशोदा, राम और अन्य सभी नदी के किनारे दौड़े आए। "कृष्ण कहाँ हैं, कृष्ण कहाँ हैं?", यशोदा चिल्लाया।

सभी ने कृष्ण को पानी में साँपों के बीच देखा। स्त्रियाँ रोने लगीं। उनमें से कुछ ने कहा कि अगर कृष्ण सचमुच मर गए हैं तो उन्हें भी आत्मदाह कर लेना चाहिए। यह सब शोर सुनकर, बलराम ने कृष्ण को संकेत दिया कि अब समय आ गया है कि वे साँप को मार डालें।

तब कृष्ण ने साँप की कुंडलियाँ झटक दीं। उन्होंने कालिया का फन नीचे किया और

उसके ऊपर चढ़ गए। वहाँ वे नाचने लगे। इससे फन से खून बहने लगा। जब भी साँप अपना फन उठाने की कोशिश करता, कृष्ण उसे पैरों से कुचल देते। साँप बेहोश हो गया और खून की उल्टियाँ करने लगा। उसका सिर और गर्दन टूट गई और इन हिस्सों से भी खून बहने लगा।

तब कालिया की पत्नियों ने कृष्ण से प्रार्थना की। उन्होंने दया की भीख माँगी। उन्होंने कालिया के प्राण बख्शने का अनुरोध किया। कालिया भी कृष्ण से प्रार्थना करने लगा। इस पर कृष्ण ने साँप को छोड़ दिया। लेकिन शर्त यह थी कि कालिया, उसके सेवक और रिश्तेदार यमुना का जल छोड़कर वापस सागर में चले जाएँगे। अब से, कृष्ण के पैरों का निशान कालिया के फन पर बना रहेगा। और यह निशान देखकर गरुड़ कालिया को और परेशान नहीं करेंगे।

यमुना का जल शुद्ध हो गया।

4. धेनुकासुर का वध

एक दिन, बलराम और कृष्ण वन में विचरण कर रहे थे और एक उपवन में पहुँचे जहाँ बहुत सारे ताल वृक्ष थे। वहाँ गधे जैसा दिखने वाला एक दैत्य रहता था जो हिरण के मांस पर जीवित रहता था। उसका नाम धेनुका था।

ताल वृक्ष फलों से लदे हुए थे और अन्य ग्वाले उनसे फल लेना चाहते थे। लेकिन समस्या धेनुकासुर की थी, जो ताल वृक्षों की रखवाली करता था। इसलिए ग्वालों ने बलराम और कृष्ण से उनके लिए कुछ फल तोड़ने का अनुरोध किया। दोनों भाइयों ने ऐसा ही किया। लेकिन जैसे ही फल ज़मीन पर गिरे, उसकी आवाज़ सुनकर क्रोधित धेनुका वहाँ पहुँच गया। गधे ने अपने पिछले पैरों से बलराम की छाती पर लात मारी। लेकिन बलराम ने उन पैरों को पकड़ लिया और गधे को गोल-गोल घुमाने लगे। इससे गधा मर गया और बलराम ने उसके शव को ताल वृक्षों पर फेंक दिया।

गधों के रूप में कई अन्य दैत्य भी वहाँ पहुँचे। लेकिन कृष्ण और बलराम ने उन सभी का वध कर दिया।

ताल वन सुरक्षित हो गया और वहाँ फिर से मवेशी चरने लगे।

5. प्रलम्ब का वध

धेनुकासुर का वध करने के बाद, कृष्ण और बलराम एक बरगद के पेड़ के पास पहुँचे। वे खेलते और फूल तोड़ते रहे। उन्होंने मालाएँ पहनीं। उनके कंधों पर मवेशियों को बाँधने की रस्सियाँ थीं। उनके वस्त्र सुनहरे और काले रंग के थे।

कभी वे झूलों पर झूलते, कभी कुश्ती लड़ते, कभी पत्थर फेंकते।

प्रलम्ब नामक एक असुर ने ग्वाले का रूप धारण किया और खेलों में शामिल हो गया। प्रलम्ब ने सोचा कि कृष्ण बहुत शक्तिशाली हैं, इसलिए उसने बलराम को मारने का निश्चय किया। उस समय लड़के एक विशेष प्रकार की दौड़ खेल रहे थे। दो लड़के एक निश्चित बिंदु तक दौड़ लगाते थे और जो हारता था उसे विजेता को अपने कंधों पर उठाकर फिर से दौड़ना पड़ता था। इस दौड़ में कृष्ण ने श्रीदामा को हरा दिया। और जब बलराम और प्रलम्ब दौड़ते थे, तो बलराम प्रलम्ब को हरा देते थे। इसका मतलब था कि प्रलम्ब को बलराम को अपने कंधों पर उठाना होगा। लेकिन जैसे ही बलराम प्रलम्ब के कंधों पर चढ़ते, प्रलम्ब भागने लगता। उसने एक विशाल पर्वत का आकार धारण कर लिया और उसकी आँखें गाड़ी के पहियों जितनी बड़ी थीं।

बलराम चिल्लाए, "कृष्ण, मेरा अपहरण हो रहा है। मैं क्या करूँ?"

"मुझसे क्यों पूछते हो," कृष्ण ने उत्तर दिया। "तुम तो बहुत बलवान हो। असुर का वध करो।"

बलराम की आँखें क्रोध से लाल हो गईं। उन्होंने असुर के सिर पर मुक्कों से प्रहार किया और वह मर गया। उसके मुँह से खून बहने लगा।

6. गोवर्धन

यह एक शरद ऋतु की घटना है।

ग्वालों ने इंद्र के सम्मान में एक यज्ञ करने का निश्चय किया। इंद्र जल के अधिपति थे और उन्होंने ही बादलों को भेजा था। बादलों के बिना वर्षा नहीं होगी और वर्षा के बिना अन्न भी नहीं होगा। ऐसे में मवेशी क्या खाएँगे? यही कारण था कि ग्वाले इंद्र की पूजा करना चाहते थे।

लेकिन कृष्ण ने नंद से कहा, "पिताजी, हम किसान या व्यापारी नहीं हैं। हम पशुपालन करके अपना जीवन यापन करते हैं, हम जंगलों में रहते हैं। हमारे देवता मवेशी और पहाड़ होने चाहिए। आइए हम इंद्र की यह पूजा बंद करें और इसके बजाय गोवर्धन पर्वत की पूजा करें।"

नंद और अन्य ग्वाले इस पर सहमत हो गए और इस प्रकार गिरि यज्ञ (पर्वत समारोह) शुरू हुआ। पर्वत को दही, चावल की खीर और मांस अर्पित किया गया। सैकड़ों-हजारों ब्राह्मणों और अतिथियों को भोजन कराया गया।

लेकिन इंद्र अपने यज्ञ के रुक जाने से बहुत क्रोधित हुए और उन्होंने बादलों को अपने

पास बुलाया। “मेरी बात सुनो”, उन्होंने उन्हें निर्देश दिया। “वर्षा और वायु से पशुओं का नाश करो। मैं ऐरावत पर सवार होकर आऊँगा और वर्षा भी करूँगा।”

आँधी और वर्षा शुरू हो गई। चारों ओर बादल छा गए। बिजली चमकने लगी। गरज और तेज़ वर्षा हुई। संसार अंधकारमय हो गया और चारों ओर जल ही जल हो गया। गायें और बछड़े मरने लगे।

कृष्ण को इन अभागे प्राणियों की रक्षा के लिए कुछ करना ही था। इसलिए उन्होंने गोवर्धन पर्वत को उखाड़कर छतरी की तरह ऊपर उठा लिया। इस प्रकार पूरा पर्वत कृष्ण के एक हाथ पर टिका हुआ था। ग्वालों और पशुओं ने पर्वत के नीचे और वहाँ बने गड्ढों में शरण ली। सात रातों तक इंद्र ने वर्षा की। लेकिन उसके बाद उन्होंने हार मान ली और कृष्ण ने पर्वत को उसके मूल स्थान पर लौटा दिया।

अपने उद्देश्य में असफल होने पर, इंद्र कृष्ण के सामने प्रकट हुए। उन्होंने कहा, “आपने पशुओं की रक्षा की है। आप उनके इंद्र के समान हैं। इसलिए, अब से, आपको गोविंदा के नाम से जाना जाएगा।”

इंद्र ने ऐरावत के गले से एक घंटी उतार ली। उन्होंने उसे पवित्र जल से भरकर कृष्ण का अभिषेक किया। और कहा, “मेरा पुत्र अर्जुन पृथ्वी पर जन्म ले चुका है। कृपया उसकी देखभाल और देखभाल करना।”

कृष्ण ने इंद्र को आश्वासन दिया कि वह ऐसा करेंगे। दोनों ने गले मिलकर विदा ली।

7. विभिन्न लीला

तब तक ग्वालों को यह एहसास हो गया था कि कृष्ण कोई साधारण व्यक्ति नहीं हैं। वे थोड़े डरे हुए थे, लेकिन कृष्ण ने उन्हें दिलासा दिया और बताया कि वह उनके मित्र हैं।

एक दिन, अरिष्टा नामक एक असुर वहाँ आया। इस असुर का रूप बैल जैसा था। बैल बादलों के समान काला था। सींग तीखे और नुकीले थे और उसकी आँखें सूर्य के समान चमकीली थीं। वह अपने खुरों से ज़मीन को चीर रहा था। वह इतना ऊँचा था कि उस पर चढ़ना असंभव था। यह बैल बछड़ों और ऋषियों को मार डालता था।

अरिष्टा के आगमन पर सभी भयभीत हो गए। लेकिन कृष्ण ने ताली बजाई। ताली की आवाज़ सुनते ही अरिष्टा अपने सींग नीचे करके कृष्ण पर झपटा। कृष्ण ने सींग पकड़कर बैल को रोक लिया। फिर उन्होंने अपनी जाँघों से अरिष्टा पर प्रहार किया। अंत में, उन्होंने उसका एक सींग फाड़ दिया और उससे अरिष्टा पर हमला कर दिया। दैत्य ने खून की उल्टी की और मर गया।

नारद ने कंस को कृष्ण के सारे कारनामे सुनाए और कंस क्रोधित हो गया। उसने निश्चय किया कि बलराम और कृष्ण को वयस्क होने से पहले ही मार देना चाहिए। कंस के दो बलवान पहलवान थे, चाणूर और मुष्टिक। उसने बलराम और कृष्ण के बीच मल्लयुद्ध कराने और इन दोनों पहलवानों को मार डालने की योजना बनाई। इस मल्लयुद्ध का अवसर कंस द्वारा आयोजित एक यज्ञ होगा। इसलिए वह अक्रूर को बलराम और कृष्ण को मथुरा लाने के लिए गोकुल भेजेगा। इसके अलावा, वह केशी नामक एक असुर को गोकुल में ही दोनों भाइयों को मारने के लिए भेजेगा। कुबलयापीड़ नामक एक बलवान हाथी भी दोनों भाइयों पर छोड़ दिया जाएगा।

केशी ने घोड़े का रूप धारण किया और वृंदावन चला गया। उसने अपने खुरों से पृथ्वी को चीर डाला, पृथ्वी ने अपनी अयाल से बादलों को हिला दिया और वृंदावन जाते हुए उसने सूर्य और चंद्रमा पर आक्रमण किया। ग्वाले स्वाभाविक रूप से भयभीत थे।

लेकिन कृष्ण उनकी रक्षा के लिए वहाँ मौजूद थे। उसने घोड़े के मुँह में हाथ डालकर उसके दाँत तोड़ डाले। सफ़ेद बादलों की तरह, एक-एक करके दाँत ज़मीन पर गिर पड़े। उसके बाद, कृष्ण ने उस असुर के होंठ फाड़ दिए और वह असुर खून की उल्टी करने लगा। उसकी आँखें गिर गईं। फिर कृष्ण ने अपने हाथों से केशी को दो टुकड़ों में फाड़ दिया। चूँकि कृष्ण ने केशी का वध किया था, इसलिए उन्हें केशव के नाम से जाना जाने लगा।

इस बीच, अक्रूर गोकुल पहुँचे और उन्होंने बलराम और कृष्ण को कंस के निमंत्रण के बारे में बताया। दोनों भाइयों ने निमंत्रण स्वीकार कर लिया और मथुरा जाने का निश्चय किया। कृष्ण को जाते देख ग्वालों को स्वाभाविक रूप से दुःख हुआ। उन्होंने सोचा कि वह अब कभी गोकुल नहीं लौटेंगे। एक रथ पर सवार होकर, अक्रूर, बलराम और कृष्ण मथुरा के लिए निकल पड़े।

8. मथुरा और कंस

वे शाम को मथुरा पहुँचे। अक्रूर रथ पर सवार होकर महल की ओर आगे बढ़े, जबकि बलराम और कृष्ण पैदल ही नगर में प्रवेश कर गए। रास्ते में उन्हें एक धोबी मिला। उन्होंने धोबी से कुछ अच्छे कपड़े माँगे। लेकिन धोबी कंस का सेवक था। उसने न केवल उन्हें कपड़े देने से इनकार कर दिया, बल्कि उन दोनों भाइयों को गालियाँ भी दीं। इसलिए कृष्ण ने उस दुष्ट धोबी पर अपनी हथेली से प्रहार किया और उसका सिर दो टुकड़ों में फाड़ दिया। बलराम और कृष्ण ने जो भी कपड़े चाहे, ले लिए। बलराम ने नीले और कृष्ण ने पीले वस्त्र पहने। फिर वे एक माला बेचने वाले के घर गए। माला बेचने वाले ने सोचा कि ये दोनों

भगवान हैं। और जब बलराम और कृष्ण ने फूल माँगे, तो उसने न केवल उन्हें ढेर सारे फूल दिए, बल्कि उनकी पूजा भी की। कृष्ण ने माला बेचने वाले को आशीर्वाद दिया।

रास्ते में उन्हें एक युवती भी मिली। वह युवती सुंदर थी, लेकिन उसकी पीठ पर एक कूबड़ था। उसका नाम कुब्जा था। उसके हाथों में चंदन का लेप लगा हुआ था।

"यह लेप किसके लिए है?", कृष्ण ने पूछा।

"यह कंस के लिए है", उत्तर मिला। "उसने मुझे उसके लिए सुगंधित लेप बनाने के लिए नियुक्त किया है।"

"कृपया हमें लेप दे दीजिए", कृष्ण ने कहा। "यह लेप हमारे शरीर के लिए उपयुक्त है।"

कुब्जा ने आज्ञा मान ली और बलराम और कृष्ण ने लेप को अपने शरीर पर मल लिया। फिर कृष्ण ने अपनी तर्जनी और मध्यमा उँगलियों से कुब्जा की ठुड्डी पकड़ ली। उन्होंने अपने पैरों से उसके पैरों को नीचे दबा दिया ताकि वे हिलें नहीं। जैसे ही उन्होंने ऊपर की ओर दबाव डाला, कुब्जा का शरीर सीधा हो गया और कूबड़ गायब हो गया। कुब्जा एक सुंदर स्त्री बन गई।

कंस द्वारा आयोजित यज्ञ में, एक धनुष की पूजा की जानी थी। कृष्ण और बलराम ने विभिन्न पहरेदारों से पूछा कि यह धनुष कहाँ रखा है। वे उस कक्ष में पहुँचे और कृष्ण ने धनुष पर डोरी बाँधनी शुरू की। लेकिन धनुष टूट गया और धनुष के टूटने की आवाज़ पूरे महल में सुनाई दी। पहरेदारों ने आकर कृष्ण और बलराम पर हमला कर दिया, लेकिन दोनों भाइयों ने सभी पहरेदारों को मार डाला।

तब तक कंस को पता चल गया था कि कृष्ण और बलराम मथुरा आ चुके हैं। इसलिए उसने चाणूर और मुष्टिक को बुलाया और उन्हें दोनों भाइयों से कुश्ती लड़ने और उन्हें मार डालने का आदेश दिया। उसने महल के मुख्य द्वार पर अपने कुबलयापीड़ नामक हाथी के प्रभारी सेवक को भी बुलाया। रात हो चुकी थी। ये निर्देश देने के बाद, कंस सुबह होने का इंतज़ार करने लगा।

सुबह होने पर, कुश्ती के लिए व्यवस्था की गई। जिस अखाड़े में कुश्ती होनी थी, उसके चारों ओर आम नागरिकों के लिए साधारण आसन थे। राजाओं और विशिष्ट अतिथियों के लिए विशेष आसन आरक्षित थे। कंस सबसे ऊँचे आसन पर बैठा। स्त्रियाँ एक दीवार के पीछे बैठी थीं। दर्शकों में नंद और ग्वाल, वसुदेव, अक्रूर और देवकी भी थे।

विवाह संगीत बजने लगा। चाणूर और मुष्टिक अखाड़े के बीच में खड़े होकर अपनी शक्ति का प्रदर्शन कर रहे थे। कृष्ण और बलराम अखाड़े में दाखिल हुए। मुख्य द्वार पर

उन्होंने कुबलयापीड़ नामक हाथी का वध कर दिया था और उनके हाथों में उसके रक्तरंजित दाँत थे।

तय हुआ कि कृष्ण चाणूर से और बलराम मुष्टिक से युद्ध करेंगे। कृष्ण और चाणूर के बीच पहला मल्लयुद्ध शुरू हुआ। यह देखने में बहुत ही भयानक था। दोनों ही शक्तिशाली योद्धा थे। लेकिन अंततः, कृष्ण ने चाणूर के शरीर को ऊपर उठाया और उसे सौ बार घुमाया, फिर चाणूर को ज़मीन पर पटक दिया। चाणूर की मृत्यु हो गई। इस बीच, बलराम ने मुष्टिक से युद्ध शुरू कर दिया। उन्होंने मुष्टिक के सिर और छाती पर अपनी मुट्ठियों और जाँघों से प्रहार किया। उन्होंने मुष्टिक को इतनी ज़ोर से जकड़ा कि मुष्टिक के शरीर से प्राण निकल गए। कृष्ण ने एक और पहलवान तोषलक को भी मार डाला।

कंस बहुत क्रोधित हुआ। उसने अपने रक्षकों को कृष्ण और बलराम को पकड़कर लोहे की ज़ंजीरों से बाँधने का आदेश दिया। रक्षकों को वासुदेव और ग्वालों को भी ज़ंजीरों से बाँधना था।

लेकिन कृष्ण केवल हँसे। वे मंच पर कूद पड़े जहाँ कंस बैठा था और उसके बाल पकड़ लिए। उन्होंने कंस को ज़मीन पर पटक दिया और उग्रसेन का पुत्र कंस मर गया। कृष्ण ने शव को अखाड़े में खींच लिया। कंस का शरीर इतना भारी था कि जहाँ शव रखा गया था वहाँ एक बड़ा गड्ढा बन गया था।

कंस का एक भाई था जिसका नाम सुमाली था और सुमाली ने कृष्ण और बलराम पर हमला किया। लेकिन बलराम ने सुमाली को बड़ी आसानी से मार डाला। इसके बाद कृष्ण और बलराम वहाँ गए और वसुदेव और देवकी से मिले।

कंस ने अपने पिता उग्रसेन को बंदी बना लिया था। कृष्ण ने उग्रसेन को कारागार से मुक्त कराया और उन्हें राजा बनाया। कृष्ण ने इंद्र से सुधर्मा नामक एक सुंदर सभा भवन भी प्राप्त किया। इसे उन्होंने राजा उग्रसेन को भेंट किया।

चूँकि कंस अब मर चुका था, इसलिए कृष्ण और बलराम के लिए अपने गुरु के घर शिक्षा ग्रहण करने जाने का समय आ गया था। उनके गुरु काशी में रहने वाले संदीपनी नामक एक ऋषि थे। वहाँ कृष्ण और बलराम ने अन्य बातों के अलावा युद्धकला भी सीखी। यह सब सीखने में उन्हें केवल चौंसठ दिन लगे। शिष्य की शिक्षा पूरी होने के बाद उसे अपने गुरु को दक्षिणा देनी होती है। संदीपनी के पुत्र की मृत्यु हो गई थी और गुरु दक्षिणा के रूप में, संदीपनी ने इच्छा व्यक्त की कि उनके मृत पुत्र को पुनर्जीवित किया जाए।

मृत्यु के बाद उस दिन, ऋषि सांदीपनि का पुत्र महासागर में चला गया था। कृष्ण और बलराम अपने अस्त्र-शस्त्र लेकर पुत्र की मांग करने सागर गए। सागर ने उन्हें बताया कि पुत्र

वास्तव में पंचजन नामक एक दैत्य के पास था, जिसका आकार शंख के समान था। कृष्ण ने सागर में प्रवेश किया और उसका वध कर दिया। दैत्य के कंकाल से पंचजन्य शंख बना, जिसे कृष्ण बजाते हैं। मृत पुत्र को वापस पाने के लिए, कृष्ण और बलराम को यम के लोक जाकर यम को भी पराजित करना पड़ा। उन्होंने ऐसा किया और पुत्र को ऋषि सांदीपनि को लौटा दिया।

फिर वे मथुरा लौट आए।

9. जरासंध

कंस ने जरासंध की दो पुत्रियों से विवाह किया था। ये पुत्रियाँ अस्ति और प्राप्ति कहलाती थीं। कृष्ण द्वारा अपने दामाद का वध किए जाने की सूचना पाकर, जरासंध ने एक विशाल सेना तैयार की और यादवों पर आक्रमण कर दिया। मथुरा नगरी मगध के राजा के कब्ज़े में थी।

जरासंध की विशाल सेना की तुलना में कृष्ण और बलराम के पास बहुत कम सैनिक थे। फिर भी वे युद्ध के लिए निकल पड़े। आकाश से शार्ङ्ग नामक धनुष, दो तीर रहित तरकश और कौमोदकी नामक गदा कृष्ण के हाथों में गिरे। बलराम के हथियार एक हल और सौनंद नामक एक गदा थे। जरासंध दोनों भाइयों से हार गया और भाग गया।

कुछ दिनों बाद जरासंध ने फिर आक्रमण किया और फिर से पराजित हुआ। यह सिलसिला चलता रहा। अठारह बार ऐसा हुआ जब जरासंध ने आक्रमण किया और यादवों से पराजित हुआ।

10. कालयवन

गार्ग्य नाम का एक ब्राह्मण था जिसका यादवों ने अपमान और उपहास किया था। यह ब्राह्मण दक्षिणी सागर के तट पर गया और तपस्या करने लगा। उसकी इच्छा एक ऐसे पुत्र की थी जो यादवों का अभिशाप बने। तपस्या के दौरान, उसने भोजन में केवल लौह चूर्ण ग्रहण किया। तपस्या बारह वर्षों तक चली और उसके अंत में महादेव प्रसन्न हुए। ब्राह्मण को मनचाहा वरदान प्राप्त हुआ।

जो पुत्र उत्पन्न हुआ वह श्याम वर्ण का था। यवनों के राजा का कोई पुत्र नहीं था और ब्राह्मण के पुत्र को यवन राजा ने गोद ले लिया। अंततः, यह पुत्र यवनों का राजा बना और कालयवन के नाम से जाना गया।

कालयवन नारद से पृथ्वी के सभी शक्तिशाली राजाओं के नाम जानना चाहता था। उसे यादव राजाओं के नाम बताए गए। इसलिए उसने यादवों पर आक्रमण करने का निश्चय

किया। उसने हजारों-हजारों रथ, घोड़े, हाथी और पैदल सेनाएँ एकत्र कीं। फिर वह युद्ध करने मथुरा आए।

कृष्ण चिंतित थे। उन्हें एहसास हुआ कि कालयवन से युद्ध के कारण यादव कमज़ोर हो जाएँगे। और अगर उसके बाद जरासंध का आक्रमण हुआ, तो यादव जरासंध के हाथों हार भी सकते थे। दूसरी ओर, अगर जरासंध से युद्ध के कारण यादव कमज़ोर हो गए, तो वे कालयवन से युद्ध हार सकते थे। दोनों ओर से खतरा था। इसलिए एक मज़बूत किला बनाना ज़रूरी था जहाँ से यादव कृष्ण की अनुपस्थिति में भी लंबा युद्ध लड़ सकें। इसलिए, कृष्ण ने समुद्र के तट पर द्वारका नगरी बसाई। द्वारका में कई उद्यान और झीलें थीं। लेकिन इससे भी महत्वपूर्ण बात यह थी कि यह चारों ओर से दीवारों और खाइयों से घिरा हुआ था और नगर के अंदर कई किले थे। मथुरा के सभी नागरिकों को द्वारका लाया गया।

तब कृष्ण कालयवन के सामने प्रकट हुए। कृष्ण को देखते ही, कालयवन युद्ध की इच्छा से उनके पीछे चलने लगा। कृष्ण के पास एक योजना थी। वह गुफा के अंदर गया जहाँ मुचुकुंद नामक एक शक्तिशाली राजा सो रहा था। कालयवन कृष्ण के पीछे गुफा के अंदर गया। अंदर अंधेरा था इसलिए कालयवन यह नहीं पहचान सका कि जो व्यक्ति सो रहा है वह कृष्ण नहीं बल्कि मुचुकुंद है। इसलिए, कृष्ण समझकर कालयवन ने कालयवन के शरीर पर लात मारी। जब राजा जागा, तो उसके अंदर का क्रोध उसकी आँखों से आग के रूप में निकला और इस आग ने कालयवन को जलाकर राख कर दिया।

कई साल पहले, राजा मुचुकुंद ने देवताओं और असुरों के बीच युद्ध में भाग लिया था। कई असुरों का वध करने के बाद मुचुकुंद थक गया था। उसने देवताओं से वरदान माँगा कि वह लंबे समय तक सो सके। देवताओं ने वरदान दिया और यह भी कहा कि जो कोई भी मुचुकुंद को जगाएगा, वह राजा के शरीर से निकलने वाली ज्वालाओं से जलकर राख हो जाएगा।

कालयवन को जलाने के बाद राजा मुचुकुंद गुफा से बाहर आए और उन्होंने देखा कि लोग अब पहले की तुलना में बहुत छोटे हो गए हैं। उन्हें एहसास हुआ कि कलियुग आ गया है और वे गंधमादन पर्वत पर तपस्या करने चले गए।

कालयवन के सैनिक कृष्ण से पराजित हो गए।

11. बलराम और यमुना नदी

अब जब शांति हो गई, तो बलराम गोकुल की यात्रा पर निकल पड़े। वहाँ उन्होंने अपने सभी पुराने मित्रों से मुलाकात की और खूब आनंद उठाया।

एक दिन उन्होंने देखा कि एक कदम्ब के पेड़ से मदिरा निकल रही है। बलराम ने खूब मदिरा पी ली और नशे में धुत हो गए। नशे में होने के कारण वे अपनी इंद्रियों पर नियंत्रण खो बैठे थे। इसलिए उन्होंने यमुना नदी से कहा, "यमुना नदी, मुझे स्नान करने की इच्छा हो रही है। अपना मार्ग बदलो और यहाँ आओ ताकि मैं अपनी इच्छा पूरी कर सकूँ।"

यमुना ने इस निर्देश की अवहेलना की। इस पर बलराम क्रोधित हो गए और उन्होंने अपना हल उठा लिया। अपने हल से उन्होंने नदी को पकड़कर अपनी ओर खींचते हुए कहा, "तुम नहीं आओगी, है ना?" "देखता हूँ तुम अपनी इच्छानुसार कैसे बह सकती हो।"

नदी का मार्ग बदल गया।

यमुना बलराम के सामने प्रकट हुईं और क्षमा याचना की।

यह स्वीकार कर लिया गया।

बलराम के स्नान के बाद, लक्ष्मी प्रकट हुईं और उन्हें कभी न मुरझाने वाली कमल की माला दी। उन्होंने उन्हें दो नीले वस्त्र भी दिए।

गोकुल में दो महीने बिताने के बाद बलराम द्वारका लौट आए। उन्होंने राजा रैवत की पुत्री रेवती से विवाह किया और उनके दो पुत्र हुए जिनका नाम निशथ और उल्मुक था।

12. रुक्मिणी और रुक्मी

कुंडिन राज्य में भीष्मक नाम का एक राजा राज करता था। राजा के एक पुत्र रुक्मी और एक पुत्री रुक्मिणी थी। कृष्ण और रुक्मिणी एक-दूसरे से विवाह करना चाहते थे। लेकिन रुक्मी को कृष्ण पसंद नहीं थे, इसलिए उन्होंने अपनी बहन का विवाह कृष्ण से करने से इनकार कर दिया।

भीष्मक भी जरासंध के सहयोगी थे। इसलिए उन्होंने रुक्मी की बात मान ली और अपनी पुत्री का विवाह शिशुपाल से करने का निश्चय किया। जरासंध के ये सभी सहयोगी विवाह देखने के लिए कुंडिन गए और कृष्ण तथा यादव भी वहाँ गए। लेकिन विवाह से एक दिन पहले, कृष्ण ने रुक्मिणी का अपहरण कर लिया।

इसके बाद पौंड्रक, दंतवक्र, विदुरथ, शिशुपाल, जरासंध और शाल्व जैसे कई राजाओं ने कृष्ण को मारने के लिए यादवों पर आक्रमण किया। लेकिन बलराम और अन्य यादवों ने उन्हें पराजित कर दिया।

रुक्मी ने निश्चय किया, "मैं कृष्ण का वध किए बिना कुंडिना नहीं लौटूँगा।" वह अनेक सैनिकों, घोड़ों, हाथियों और रथों के साथ कृष्ण के पीछे-पीछे गया। लेकिन कृष्ण ने रुक्मी को आसानी से हरा दिया।

जब कृष्ण रुक्मी का वध करने ही वाले थे, तो रुक्मिणी ने कहा, "मेरा एक ही भाई है। कृपया उसके प्राण बख्श दें।"

कृष्ण ने रुक्मी के प्राण बख्श दिए। लेकिन रुक्मी ने निश्चय कर लिया था कि वह कृष्ण का वध किए बिना कुंडिना नहीं लौटेगा। इसलिए उसे भोजकट नामक एक नया नगर बसाना पड़ा जहाँ वह रहने लगा।

कृष्ण ने राक्षस विवाह पद्धति से रुक्मिणी से विवाह किया। उनका प्रद्युम्न नाम का एक पुत्र हुआ, जिसका जन्म होते ही शम्बरासुर ने अपहरण कर लिया था। लेकिन बाद में, प्रद्युम्न को शम्बरासुर का वध करना था।

"मुझे यह कथा सुनाओ", मैत्रेय ने पराशर से पूछा।

शम्बरासुर जानता था कि प्रद्युम्न उसका वध करने वाला है। इसलिए प्रद्युम्न के जन्म के छह दिन बाद, उसने नवजात शिशु का अपहरण कर लिया और उसे समुद्र में फेंक दिया। समुद्र शार्क और मगरमच्छों से भरा हुआ था। बच्चा मर सकता था, लेकिन एक मछली ने उसे निगल लिया और बच्चा बच गया। बाद में, कुछ मछुआरे उस मछली को पकड़कर शंबरासुर की रसोई में ले आए।

शंबरासुर की एक नौकरानी थी जिसका नाम मायावती था। जब मछली को काटा गया, तो मायावती को उसके अंदर बच्चा मिला। वह बहुत हैरान हुई। "यह बालक कौन है और यहाँ कैसे आया?", वह सोच रही थी। वह नारद के पास गई और बालक का पता लगाने गई। नारद ने उसे पूरी कहानी सुनाई। उन्होंने यह भी कहा कि बालक का पालन-पोषण उचित ढंग से हो।

मायावती ने ऐसा ही किया। वह माया की विद्याओं में पारंगत थी और उसने प्रद्युम्न को भी ये विद्याएँ सिखाईं। जब प्रद्युम्न बड़ा हुआ, तो उसने प्रद्युम्न को उसके जन्म और अपहरण की पूरी कहानी सुनाई। यह सुनकर प्रद्युम्न ने शम्बरासुर को द्वन्द्वयुद्ध के लिए ललकारा। शम्बरासुर माया का बहुत प्रयोग करता था, लेकिन मायावती की कृपा से प्रद्युम्न भी माया का प्रयोग सीख गया था। इसलिए वह शम्बरासुर का वध करने में सफल रहा।

इसके बाद प्रद्युम्न और मायावती कृष्ण और रुक्मिणी के पास लौट आए। सभी प्रसन्न हुए और प्रद्युम्न ने मायावती से विवाह कर लिया।

प्रद्युम्न के अलावा, कृष्ण और रुक्मिणी के आठ पुत्र और एक पुत्री थीं। और रुक्मिणी के अलावा, कृष्ण की सात अन्य प्रमुख पत्नियाँ थीं। उनके नाम थे: कालिंदी, मित्रविंदा, सत्या, जाम्बवती या रोहिणी, सुशीला, सत्यभामा और लक्ष्मणा। कृष्ण की कुल पत्नियाँ एक सौ आठ सोलह हज़ार थीं।

प्रद्युम्न ने राजा रुक्मी की पुत्री से विवाह किया और उन्हें अनिरुद्ध नामक पुत्र हुआ। अनिरुद्ध ने रुक्मी की पौत्री से विवाह किया। इस विवाह के अवसर पर, कृष्ण, बलराम और अन्य यादव रुक्मी की राजधानी भोजकट पहुँचे।

विवाह समाप्त होने के बाद, कुछ राजाओं ने रुक्मी से कहा, "बलराम को पासा खेलने की लत है, हालाँकि वह इसे बिल्कुल भी अच्छी तरह नहीं खेल पाते। क्यों न हम पासा-बाजी का आयोजन करें जिसमें हम बलराम को हरा सकें?"

रुक्मी इस प्रस्ताव पर सहमत हो गए और एक दंगल का आयोजन किया गया जिसमें रुक्मी ने बलराम के साथ खेला। पहली बार में रुक्मी ने बलराम से चार हज़ार स्वर्ण मुद्राएँ जीत लीं। ऐसा दूसरी बार और तीसरी बार भी हुआ। इस पर कलिंग के राजा और रुक्मी बलराम पर हँसने लगे।

बलराम क्रोधित हो गए और उन्होंने चार करोड़ स्वर्ण मुद्राएँ दांव पर लगा दीं। रुक्मी ने पासे फेंके, लेकिन इस बार बलराम जीत गए।

बलराम ने कहा, "मैं जीत गया।"

रुक्मी ने उत्तर दिया, "नहीं, तुम नहीं जीते। तुमने दांव लगाया था, लेकिन मैंने उसे स्वीकार नहीं किया। इसलिए तुम वास्तव में नहीं जीते।"

तभी आकाशवाणी हुई कि बलराम ही सही थे। हालाँकि रुक्मी ने मौखिक रूप से शर्त स्वीकार नहीं की थी, फिर भी उसके पासे फेंकने का अर्थ था कि शर्त उसे स्वीकार थी।

इससे बलराम क्रोधित हो गए और उन्होंने एक पासा उठाया और रुक्मी को मार डाला। उन्होंने कलिंग के राजा को भी पकड़ लिया और उसके दाँत तोड़ दिए। इन्हीं दाँतों से कलिंग के राजा ने बलराम पर हँसा था। इस अवसर पर बलराम ने और भी कई राजाओं का वध किया।

13. नरकासुर का वध

एक बार इंद्र ऐरावत हाथी पर सवार होकर द्वापरका आए। उन्होंने कृष्ण से मुलाकात की और नरकासुर नामक दैत्य के व्यवहार की शिकायत की।

यह नरकासुर पृथ्वी का पुत्र और प्राग्ज्योतिषपुर का राजा था। वह सभी जीवों पर अत्याचार कर रहा था। वह देवताओं, असुरों और राजाओं की पुत्रियों का अपहरण करके उन्हें अपने घर में कैद कर रहा था। नरकासुर ने वरुण का छत्र, जिससे वर्षा होती थी, और मंदराचल पर्वत की चोटी भी चुरा ली थी। इसके अलावा, उसने इंद्र की माता अदिति के कुंडल भी छीन लिए थे और अब ऐरावत को चुराने की धमकी दे रहा था।

कृष्ण ने नरकासुर के बारे में कुछ करने का निश्चय किया। उन्हें गरुड़ का ध्यान आया और तुरंत गरुड़ उनके सामने प्रकट हो गए। कृष्ण और सत्यभामा गरुड़ पर सवार होकर प्राग्ज्योतिषपुर की ओर उड़ चले। वहाँ मुरु नाम का एक असुर था जिसने नरकासुर के नगर के चारों ओर कई नुकीले खूँटे गाड़ दिए थे। लेकिन कृष्ण ने अपने सुदर्शन चक्र से इन खूँटियों को काट डाला। और जब मुरु ने उन पर आक्रमण किया, तो कृष्ण ने चक्र से मुरु और उसके सात हज़ार पुत्रों का वध कर दिया। उन्होंने दो अन्य पुत्रों, हयग्रीव और पंचजन का भी वध किया और प्रज्ञोतिषपुर पहुँचे।

नरकासुर और कृष्ण की सेनाओं के बीच भयंकर युद्ध छिड़ गया। कृष्ण ने हज़ारों असुरों का वध किया और अपने चक्र से नरकासुर के दो टुकड़े कर दिए।

नरकासुर के महल में कृष्ण को सोलह हज़ार एक सौ स्त्रियाँ मिलीं जिन्हें नरकासुर ने बंदी बना रखा था। वहाँ कई घोड़े और छह हज़ार हाथी भी थे जिनके चार-चार दाँत थे। इन सभी को कृष्ण ने द्वारका भेज दिया। कृष्ण ने नरकासुर द्वारा चुराई गई अन्य वस्तुएँ गरुड़ पर रख दीं और उन्हें उनके असली मालिकों को लौटाने के लिए स्वर्ग की ओर चल पड़े।

14. पारिजात का हरण

कृष्ण स्वर्ग के द्वार पर पहुँचे और उन्होंने अपना शंख बजाया। देवता कृष्ण की पूजा करने के लिए बाहर आए। कृष्ण सबसे पहले अदिति के घर गए और उनके कुंडल लौटा दिए। अदिति ने सत्यभामा को आशीर्वाद दिया और उन्हें वरदान दिया कि सत्यभामा कभी बूढ़ी या कुरूप नहीं होंगी, वे सदैव युवा अवस्था में रहेंगी।

अदिति ने इंद्र को भी कृष्ण की पूजा करने के लिए कहा। लेकिन इंद्र की पत्नी शची ने सत्यभामा को एक साधारण मनुष्य समझा, इसलिए उन्होंने सत्यभामा को पारिजात के फूल नहीं दिए, हालाँकि वे स्वयं उन्हें धारण करती थीं।

कृष्ण और सत्यभामा उद्यान में टहलने गए और वहाँ उन्होंने पारिजात वृक्ष देखा। वृक्ष के पत्ते ताँबे के रंग के और छाल सोने की थी। सत्यभामा ने कहा, "आप इस वृक्ष को द्वारका क्यों नहीं ले जाते?" और उन्होंने ज़िद की, "अगर आप सचमुच मुझसे प्रेम करते हैं, तो कृपया इस वृक्ष को हमारे घर ले आइए। मैं इसके फूल अपने बालों में लगाऊँगी।"

कृष्ण हँस पड़े। उन्होंने वृक्ष को उखाड़कर गरुड़ की पीठ पर रख दिया। पहरेदारों ने कहा, "कृपया इस वृक्ष को मत ले जाओ। यह इंद्र की पत्नी शची का है।" उन्होंने यह भी बताया कि वृक्ष को ले जाने से देवताओं का क्रोध भड़क उठेगा।

यह सुनकर सत्यभामा क्रोधित हो गईं। उन्होंने कहा, "इंद्र कौन है और शची कौन

है?" "यह वृक्ष समुद्र मंथन से निकला है, इसलिए यह सबका है। इसका आनंद केवल इंद्र ही क्यों लें? मेरे पति इस वृक्ष को ले जा रहे हैं, जाकर शची को बता दो। मैं देखती हूँ कि क्या उनके पति इसे रोक सकते हैं। जाकर शची को बता दो कि एक साधारण मनुष्य इस वृक्ष को ले जा रहा है।"

पहरेदारों ने जाकर शची को बताया कि क्या हो रहा है। शची के उकसावे पर, इंद्र ने सभी देवताओं के सैनिकों के साथ कृष्ण पर हमला कर दिया। इंद्र के पास वज्र था, जबकि अन्य देवताओं के पास गदा, तलवारें, गदाएँ और भाले थे। ऐरावत पर इंद्र को देखकर कृष्ण ने शंख बजाया और हज़ारों बाण छोड़े। देवताओं ने उन पर अनेक अस्त्र-शस्त्र चलाए, लेकिन कृष्ण ने उन सभी अस्त्रों को विफल कर दिया। गरुड़ ने भी युद्ध में सहायता की। कृष्ण ने गदा से यम के अस्त्र को नष्ट कर दिया। अपने चक्र से उन्होंने कुबेर की पालकी को नष्ट कर दिया। एक दृष्टि से उन्होंने सूर्य की सारी शक्ति छीन ली। कृष्ण के बाणों से अग्नि पराजित हो गई। वसुओं, रुद्रों, मरुतों और गंधर्वों को भागना पड़ा।

इंद्र और कृष्ण आपस में लड़े, जबकि गरुड़ ऐरावत से लड़े। अंततः इंद्र ने अपना वज्र और कृष्ण ने अपना चक्र उठाया। सभी लोक भयभीत हो गए क्योंकि लोकों का विनाश हो सकता था। लेकिन जब इंद्र ने अपना वज्र चलाया, तो कृष्ण ने केवल अस्त्र अपने हाथ में पकड़ लिया। उन्होंने चक्र नहीं फेंका। इंद्र भागने लगे।

सत्यभामा ने उन्हें ताना मारा। "देवताओं के राजा इंद्र, आप भाग क्यों रहे हैं?", उसने कहा। "क्या आप शची के पति नहीं हैं? भागना आपको शोभा नहीं देता! मत भागो। लो, पारिजात वृक्ष ले लो। देवताओं को शांति मिले।"

तब इंद्र ने जो कुछ हुआ था उसके लिए क्षमा मांगी। उन्होंने यह भी कहा कि कृष्ण से हारने में कोई शर्म नहीं है। क्योंकि कृष्ण तो विष्णु ही थे।

कृष्ण मुस्कुराए और पारिजात वृक्ष और इंद्र का वज्र लौटा दिया। लेकिन इंद्र ने वृक्ष वापस लेने से इनकार कर दिया। उन्होंने कृष्ण से वृक्ष को द्वारका ले जाने का अनुरोध किया। कृष्ण के मरते ही वृक्ष अपने आप स्वर्ग लौट जाएगा। कृष्ण ने ऐसा करने की हामी भर दी और द्वारका में कृष्ण की वाटिका में वृक्ष को गौरवपूर्ण स्थान मिल गया। सभी यादव उसे देखने आए।

नरकासुर के हाथी, घोड़े और अन्य धन-संपत्ति भी द्वारका ले आए गए थे। नरकासुर द्वारा बंदी बनाई गई सोलह हज़ार एक सौ स्त्रियाँ भी द्वारका आ गई थीं। कृष्ण ने उन सभी से विवाह किया।

15. उषा और वाणासुर

कृष्ण के एक लाख अस्सी हज़ार से भी ज़्यादा पुत्र थे। लेकिन उनमें से सबसे श्रेष्ठ प्रद्युम्न थे और प्रद्युम्न के पुत्र अनिरुद्ध थे।

वालि का पुत्र वाणासुर था और वाणासुर की पुत्री उषा थी। एक बार उषा की मुलाकात पार्वती और शिव से हुई। उन्होंने पार्वती से पूछा कि उनका पति कौन होगा। पार्वती ने उत्तर दिया कि वैशाख माह में उषा के स्वप्न में एक व्यक्ति प्रकट होगा। और यही व्यक्ति उनका पति होगा।

पार्वती के वचन के अनुसार, उषा ने स्वप्न में एक व्यक्ति को देखा। लेकिन वह नहीं जानती थी कि वह व्यक्ति कैसा है। उसने अपनी सखी चित्रलेखा को इस बारे में बताया। चित्रलेखा ने सोचा कि पता लगाने का एकमात्र तरीका उषा को देवताओं, गंधर्वों और असुरों के विभिन्न महत्वपूर्ण व्यक्तियों के चित्र दिखाना है। लेकिन इन चित्रों से आवश्यक व्यक्ति की पहचान नहीं हो सकी। फिर उषा को मनुष्यों के चित्र दिखाए गए और उसने तुरंत अनिरुद्ध को पहचान लिया।

कई साल पहले, वाणासुर ने महादेव से प्रार्थना की थी, "कृपया मुझे युद्ध प्रदान करें। मेरे पास दस हज़ार भुजाएँ हैं। अगर मुझे युद्ध का अवसर नहीं मिला, तो मैं इन सारी भुजाओं का क्या करूँगा?"

"धैर्य रखो", महादेव ने उत्तर दिया। "एक दिन तुम पाओगे कि तुम्हारा ध्वज टूटा हुआ है। जब ऐसा होगा, तो तुम्हें जितना चाहो युद्ध करने का अवसर मिलेगा।"

यह सुनकर वाणासुर प्रसन्न हुआ।

इस बीच, अनिरुद्ध की पहचान स्थापित हो जाने के बाद, चित्रलेखा सोचने लगी कि क्या किया जा सकता है। वह द्वारका गई और गुप्त रूप से अनिरुद्ध को उषा से मिलवाने ले आई। यही वह दिन था जब वाणासुर ने अपना ध्वज टूटा हुआ पाया। पहरेदार भी आए और उसे बताया कि अनिरुद्ध उषा के साथ है। वाणासुर ने अपने सैनिकों को अनिरुद्ध से युद्ध करने के लिए भेजा, लेकिन अनिरुद्ध ने उन सभी को गदा से मार डाला।

तब वाणासुर स्वयं युद्ध में उतरा। शुरुआत में, उसे अनिरुद्ध ने पीटा। लेकिन उसने अपनी माया से अनिरुद्ध को बाँध लिया।

नारद द्वारका गए और यादवों को यह बात बताई। तब कृष्ण, बलराम और प्रद्युम्न अनिरुद्ध को बचाने आए। नगर में प्रवेश करने से पहले कृष्ण ने कई सैनिकों को मार डाला। द्वार पर ज्वर नामक एक राक्षस भी था, जिसका शरीर विशाल, तीन भुजाओं और तीन पैरों वाला था। यह राक्षस महादेव के शरीर से उत्पन्न हुआ था। यह राक्षस इतना शक्तिशाली

था कि बलराम को भी इससे थोड़ी परेशानी हुई। लेकिन कृष्ण ने अपने शरीर से एक राक्षस उत्पन्न किया जिसने ज्वर राक्षस का वध कर दिया।

कृष्ण ने कई असुर सैनिकों का वध किया। वाणासुर स्वयं युद्ध करने के लिए आया। महादेव और कार्तिकेय ने वाणासुर की ओर से युद्ध किया और वाणासुर का रथ नंदी चला रहे थे। कृष्ण और महादेव के बीच भयानक युद्ध हुआ और सभी को लगा कि दुनिया का अंत हो जाएगा। लेकिन कृष्ण ने महादेव को थका दिया। प्रद्युम्न ने कार्तिकेय को पराजित किया और बलराम ने वाणासुर के कई सैनिकों को मार डाला। कृष्ण और वाणासुर ने एक-दूसरे पर बाण चलाए। तब कृष्ण ने सुदर्शन चक्र उठाया और वाणासुर की सारी भुजाएँ काट दीं। लेकिन जब वे वाणासुर का वध करने ही वाले थे, तभी महादेव ने हस्तक्षेप किया और वाणासुर के प्राणों की भीख माँगी। कृष्ण ने यह वरदान दे दिया।

युद्ध के अंत में, अनिरुद्ध और उषा भी अन्य यादवों के साथ द्वारका लौट आए।

16. पुंड्रक का वध

पौंड्रक नाम का एक राजा था जो इस भ्रम में था कि वह कृष्ण है, पृथ्वी पर विष्णु का अवतार है। उन्होंने वासुदेव नाम धारण किया और कृष्ण के पास एक दूत ने कहा, "विष्णु होने का ढोंग करना बंद करो। मैं ही वासुदेव हूं। मेरे पास आओ और अपने प्राणों की भीख मांगो।"

पौंड्रक काशी के राजा का मित्र था। कृष्ण ने दूत से कहा कि वह अगले दिन ही काशी प्रस्थान के लिए जाएंगे।

संदेश सुना, पौंड्रक की सेना तैयार हो गई है। कृष्ण गरुड़ पर सवार होकर काशी पहुँचे। कृष्ण ने अपने बाणों, गदा और चक्र से शत्रु सेनाओं का संहार किया। उन्होंने अपने चक्र से पौंड्रक के शरीर को प्रत्यारोपित किया और अंतत: गदा से उसका वध कर दिया। उन्होंने पौंड्रक के मित्र, काशी के राजा का भी वध कर दिया। उन्होंने अपने बाणों से राजा के सिर को काशी नगरी में फेंक दिया। इसके बाद, कृष्ण द्वारका लौट आये।

जब काशी के राजा का सिर नगर के अंदर गिरा, तो सभी निवासियों को इस विचित्र घटना से आश्चर्य हुआ। लेकिन राजा के पुत्र को पता चला कि इसके लिए कृष्ण ही जिम्मेदार हैं और उन्होंने महादेव से प्रार्थना की है। जब यज्ञ के परिणामस्वरूप महादेव उनके समरूप प्रकट हुए, तो पुत्र ने विनती की, "कृपया एक राक्षस बनें जो मेरे पिता के हत्यारे कृष्ण का वध करे।"

महादेव सहमत हो गए और उन्होंने यज्ञ की अग्नि से एक राक्षस उत्पन्न किया। यह

राक्षस कृष्ण को मारने की इच्छा से द्वारका आया। उसके मुँह से आग निकलने वाली जगह और उसके बाल भी अग्नि के समान थे। कृष्ण ने अपना सुदर्शन चक्र परिदृश्य पर राक्षस बनाया। राक्षस मुड़कर भाग गया, लेकिन जहाँ भी राक्षस जाता है, चक्र उसका पीछे की ओर दिखता है। अंततः राक्षस काशी पहुँच गये। परन्तु चक्र ने वहाँ भी अपना पीछा किया और सारे नगर को जला डाला। सभी राजा, सेवक, घोड़े, हाथी और हाथी जल गये।

अपना उद्देश्य पूरा करने के बाद, चक्र कृष्ण के पास लौट आया।

17. शम्ब का विवाह

कृष्ण का पुत्र शम्ब दुर्योधन की पुत्री से विवाह करना चाहता था। उसने उसका अपहरण कर लिया। लेकिन कर्ण, दुर्योधन, भीष्म, द्रोण और अन्य योद्धाओं ने शम्ब से युद्ध किया और उसे बंदी बनाने में सफल रहे। यह समाचार सुनकर यादव कौरवों से युद्ध करने के लिए तैयार हो गए।

लेकिन बलराम ने यादवों को रोक दिया। उन्होंने कहा, "इसे मुझ पर छोड़ दो। मुझे अकेला जाने दो। कौरव मेरी बात मानेंगे और शम्ब को जाने देंगे।" बलराम हस्तिनापुर गए, लेकिन नगर में प्रवेश नहीं किया। दुर्योधन और अन्य लोगों को यह बात पता चली और वे उनका सम्मान करने आए। तब बलराम ने उन्हें बताया कि राजा उग्रसेन ने शम्ब को रिहा करने का अनुरोध किया था।

लेकिन इस अनुरोध से कौरव क्रोधित हो गए। उन्होंने पूछा, "बलराम, आप क्या कह रहे हैं?" "यादवों की कौरवों को आदेश देने की हिम्मत कैसे हुई?" यह कुछ-कुछ ऐसा है जैसे कोई सेवक अपने स्वामी को आदेश दे रहा हो।

शम्ब को छोड़ने से इनकार करते हुए, कौरव हस्तिनापुर लौट गए। इससे बलराम क्रोधित हो गए। उन्होंने अपने हल से हस्तिनापुर नगर की नींव पकड़ ली और नगर को भागीरथी नदी में फेंकने की तैयारी की। इससे कौरवों को होश आया और उन्होंने क्षमा याचना की।

शम्ब और उसकी पत्नी को बलराम के पास लाया गया और उन्होंने कौरवों को क्षमा कर दिया।

तब से, हस्तिनापुर एक ओर नदी की ओर झुका हुआ है।

18. द्विविद की मृत्यु

नरक नामक असुर देवताओं का विरोधी था। नरक का एक वानर मित्र था जिसका नाम द्विविद था। कृष्ण द्वारा नरक के वध के बाद द्विविद ने देवताओं से युद्ध किया और

विशेष रूप से आक्रामक हो गया। उसने सभी यज्ञों का विध्वंस किया और ऋषियों को सताया। उसने नगरों, गाँवों और वनों को भी नष्ट कर दिया। उसने पहाड़ों को भी तोड़कर समुद्र में फेंक दिया। समुद्र उफान पर आ गया और नगरों और गाँवों में पानी भर गया।

एक दिन, बलराम एक बगीचे में पानी पीने में व्यस्त थे। द्विविद वहाँ पहुँच गया और उसने बलराम का हल और गदा उठा ली। बलराम की चेतावनी के बावजूद, वह उन पर हँसता रहा। क्रोधित होकर, बलराम ने अपनी गदा उठाई और बंदर ने भी एक विशाल शिलाखंड उठा लिया। बलराम ने अपनी गदा से बंदर की शिला को तोड़ दिया। फिर बंदर ने बलराम की छाती पर वार करना शुरू कर दिया। लेकिन बलराम ने अपनी मुट्ठियाँ बंदर के सिर पर मार दीं और बंदर मर गया।

19. यादवों का विनाश

पिंडारक नामक एक तीर्थस्थल था। एक बार कुछ यादव युवकों की वहाँ कण्व, विश्वामित्र और नारद ऋषियों से भेंट हुई। यादव युवकों ने शम्ब को स्त्री का वेश पहनाया और उसे ऋषियों के पास ले गए। उन्होंने पूछा, "ऋषियों, हमें बताइए कि इस स्त्री को पुत्र होगा या पुत्री।" ऋषियों ने इस खेल को समझ लिया और अपमान से क्रोधित हो गए। उन्होंने कहा, "यह स्त्री एक गदा को जन्म देगी। और वह गदा तुम्हारे कुल का नाश कर देगी।" समय के साथ शम्ब के शरीर से एक गदा निकली। लेकिन श्राप का पता चलने पर, राजा उग्रसेन ने उस गदा को चूर्ण-चूर्ण कर दिया और उसकी धूल को समुद्र में बिखेर दिया। लेकिन वह धूल नुकीले सरकंडों में बदल गई जो समुद्र के किनारे उग आए। गदा का एक छोटा सा हिस्सा कुचला नहीं जा सका। उसे वैसे ही समुद्र में फेंक दिया गया और एक मछली ने उसे निगल लिया। जब मछली पकड़ी गई तो गदा का यह टुकड़ा मछली के पेट से बाहर आ गया और जारा नामक एक शिकारी ने इस टुकड़े को हासिल कर लिया।

यह तो रही पृष्ठभूमि अब हम इस कथा का विस्तार आपको सुनाते हैं। इस कथा में आप यादवों के विनाश, कृष्ण के देह त्याग और अर्जुन की पीड़ा को जान सकेंगे। ध्यान से सुनिए।

पराशर बोले: "हे मैत्रेय, इस प्रकार भगवान कृष्ण ने अपने बड़े भाई बलराम के साथ मिलकर संसार के कल्याण के लिए दुष्ट राजाओं और शक्तिशाली राक्षसों का संहार किया। अर्जुन की सहायता से उन्होंने पृथ्वी का भार हल्का किया, अनगिनत सेनाओं का नाश किया। यह सब करने के बाद, जब सभी दुष्ट राजाओं का अंत हो गया, तो ब्राह्मणों के श्राप के कारण उन्होंने अपने ही कुल, यादवों का विनाश किया। फिर कृष्ण ने द्वारका का त्याग

कर दिया और अपना नश्वर शरीर भी त्याग दिया। यह स्वयं प्रकट हुई सत्ता, अपने सभी रूपों के साथ, फिर से भगवान विष्णु के रूप में अपनी वास्तविक, शाश्वत स्थिति में लौट गई।"

मैत्रेय ने पूछा: "हे पराशर, मैं जानना चाहता हूँ कि ब्राह्मणों के श्राप के कारण उन्होंने अपने कुल का नाश क्यों किया? और जनार्दन ने अपना नश्वर शरीर कैसे त्याग दिया?"

पराशर ने उत्तर दिया: "एक दिन, पिंडारक नामक पवित्र स्थान पर, यदुवंश के कुछ युवा बालकों ने महान ऋषि विश्वामित्र, कण्व और नारद को देखा। ये चंचल बालक जाम्बवती के पुत्र साम्ब को स्त्री वेश में तैयार करके उनके पास ले गए। वे ऋषियों के सामने आदरपूर्वक झुके और बोले, 'यह बभ्रु की पत्नी है और इसे एक पुत्र की कामना है। कृपया हमें बताएं कि इसे पुत्र होगा या पुत्री?"

"दिव्य बुद्धि से संपन्न ऋषियों ने स्वयं को इन बालकों द्वारा अपमानित महसूस किया। क्रोध में आकर उन्होंने घोषणा की, 'यह एक मूसल को जन्म देगी, जो यादवों के पूरे वंश का नाश कर देगा!"

"ऋषियों के ये शब्द सुनकर, युवक तुरंत उग्रसेन के पास गए और उन्हें सारी बात बताई। बाद में, साम्ब ने अपने पेट से एक मूसल निकाला। उग्रसेन ने उस लोहे के मूसल को पूरी तरह से पीसकर धूल में मिला दिया और उसे समुद्र में फेंक दिया। वह धूल समुद्र में सरकंडों के रूप में उग आई।"

"जब अंधक वंश के लोगों ने उस मूसल को नष्ट कर दिया, तो उसका एक धारदार टुकड़ा बच गया जिसे वे तोड़ नहीं सके। उसे भी उन्होंने समुद्र में फेंक दिया, जहाँ उसे एक मछली ने निगल लिया। बाद में, मछुआरों ने उस मछली को पकड़ा, और जरास नामक एक शिकारी को उसके पेट में वह टुकड़ा मिला।"

देवताओं का दूत

"यद्यपि भगवान कृष्ण, मधु के वधकर्ता, को अंतिम परिणाम का पूर्वाभास था, फिर भी उन्हें भाग्य के इस क्रम को बदलने की कोई इच्छा नहीं थी। उसी समय, देवताओं ने भगवान केशव के पास एक दूत भेजा। दूत ने भगवान को प्रणाम किया और कहा, 'हे प्रभु, मैं देवताओं द्वारा गुप्त रूप से भेजा गया दूत हूँ। वसु, अश्विन, मरुत, आदित्य, रुद्र, साध्य और अन्य देवताओं के साथ पराक्रमी इंद्र आपको यह संदेश देना चाहते हैं। कृपया ध्यान से सुनें।"

"'हे प्रभु, आपको पृथ्वी पर अवतरित हुए और पृथ्वी का भार हल्का किए हुए तेरह सौ वर्ष से भी अधिक हो गए हैं, जिससे देवता भी प्रसन्न हैं। दुष्ट राक्षसों का नाश हो गया है

और पृथ्वी का भार हल्का हो गया है। हम तेरह देवता, जो त्रिदेवों में स्थित हैं, सदैव आपको अपना नेता मानते हैं। हे विश्वव्यापी प्रभु, सौ वर्ष से भी अधिक समय बीत चुका है। अब, यदि आप चाहें तो स्वर्ग वापस लौट जाइए।' देवताओं ने यह भी कहा, 'यदि आप यहाँ प्रसन्न हैं, तो आपको तब तक यहीं रहना चाहिए जब तक आपके आश्रितों को आपकी आवश्यकता है।''

भगवान कृष्ण ने कहा: ''हे दूत, तुमने जो कुछ कहा है, वह मुझे ज्ञात है, और मैंने यादवों का विनाश शुरू कर दिया है। अभी भी, पृथ्वी का भार तब तक कम नहीं होगा जब तक यादवों का पूर्ण विनाश नहीं हो जाता। जाने से पहले, मैं उन सभी का सात छोटी रातों में विनाश कर दूँगा। जब समुद्र द्वारका के लिए मेरे द्वारा ली गई भूमि को पुनः प्राप्त कर लेगा, और मैं अपने कुल का विनाश कर दूँगा, तब मैं तेरह देवताओं के निवास पर लौट जाऊँगा। देवताओं के राजा और अन्य लोगों से कहो कि जब मैं यह नश्वर शरीर छोड़ दूँगा, तो मैं बलराम के साथ वापस आऊँगा। जरासंध और पृथ्वी पर बोझ बने अन्य राजा मारे जा चुके हैं, फिर भी एक भी यादव बालक उनसे कम बोझ नहीं है। देवताओं से कहो कि जब मैं पृथ्वी से यह भारी बोझ हटा लूँगा, तो मैं उनके राज्य की रक्षा के लिए लौट आऊँगा।''

पराशर बोले: ''वासुदेव के इस प्रकार कहने पर, स्वर्गीय दूत ने भगवान को प्रणाम किया, और देवताओं की गति से इंद्र के पास लौट आया।''

विनाश की शुरुआत

''भगवान ने दिन-रात आकाश में, धरती पर और हवा में अपशकुन देखे, जो द्वारका के विनाश का संकेत दे रहे थे। इन्हें देखकर, उन्होंने यादवों से कहा, 'इन भयानक अशुभों को देखो! हम उन्हें दूर भगाने के लिए तुरंत प्रभास तीर्थ जाएँगे।' उनके परम भक्त उद्धव ने हरि को प्रणाम करते हुए कहा, 'हे प्रभु, मुझे बताएं कि मुझे क्या करना चाहिए, क्योंकि मुझे संदेह है कि आप इस कुल को पुनः अपने में समाहित कर लेंगे। हे सनातन प्रभु, इसके विनाश के संकेत दिखाई दे रहे हैं।''

भगवान कृष्ण ने कहा: ''देवताओं की गति से जाओ, जो तुम्हें मेरी कृपा से प्राप्त होगी, गंधमादन पर्वत पर बदरीक के शुभ आश्रम में, जो नर और नारायण का निवास है और जिनका अस्तित्व संसार को पवित्र करता है। वहाँ मेरा चिंतन करो और मेरे आशीर्वाद से तुम्हें सिद्धि प्राप्त होगी। कुल को पुनः अपने में समाहित करने के बाद मैं स्वर्ग लौट जाऊँगा। जिस क्षण मैं द्वारका से प्रस्थान करूँगा, समुद्र उसे पुनः प्राप्त कर लेगा।''

पराशर बोले: ''यह सुनकर, उद्धव ने हरि को प्रणाम किया और नर और नारायण के

निवास स्थान की ओर प्रस्थान किया, जैसा कि सुझाव दिया गया था। तब सभी यादव तीव्र गति के रथों पर सवार होकर, कृष्ण, बलराम और अन्य लोगों के साथ प्रभास तीर्थ के लिए चल पड़े। उस स्थान पर पहुँचकर, कुकुर और अंधक वंश के लोगों ने स्नान किया और फिर, वासुदेव के प्रोत्साहन से, वे गंभीर रूप से पीने लगे। पीते समय उनके बीच मतभेद उत्पन्न हो गया। इस मतभेद ने एक बहस को जन्म दिया, और एक भयानक लड़ाई छिड़ गई, जिसके परिणामस्वरूप उनका विनाश हुआ। अपने भाग्य के शिकार, उन्होंने एक-दूसरे पर हथियारों से प्रहार किया, और जब हथियार समाप्त हो गए, तो उन्होंने पास में उगे सरकंडों को पकड़ लिया। उनके हाथों में वे सरकंडे वज्र के समान बन गए, जिनसे उन्होंने एक-दूसरे का वध कर दिया उस भयानक दंगे में। प्रद्युम्न और साम्ब, कृतवर्मन, सात्यकि, अनिरुद्ध, पृथु और विपृथु, चारुवर्मन, चारुक, अक्रूर और कई अन्य, ब्राह्मणों के नेतृत्व में, बिजली के समान सरकंडों से लड़े। हरि ने उन्हें रोकने की कोशिश की, लेकिन सभी यादवों ने सोचा कि वह उनकी सहायता के लिए आए हैं, इसलिए वे बिना परवाह किए युद्ध करते रहे।"

"क्रोधित कृष्ण ने कुछ सरकंडे पकड़े, जो यादवों के विनाश के लिए लोहे की एक गदा बन गए। इस अस्त्र का प्रयोग करते हुए, उन्होंने हत्यारे कुलों का वध कर दिया, किसी को भी जीवित नहीं छोड़ा, जबकि अन्य आपस में भिड़ गए और एक-दूसरे का वध कर दिया। चक्रधारी जैत्र का रथ, जो ब्राह्मणों में श्रेष्ठ था, अपने घोड़ों सहित समुद्र में डूब गया, जबकि उसका सारथी दारुक देख रहा था।"

"हरि के चक्र, गदा और धनुष, उनके तरकश, शंख और तलवार, सभी ने आदरपूर्वक उनकी परिक्रमा की, फिर सूर्य मार्ग से प्रस्थान किया। हे महामुनि, शीघ्र ही, शक्तिशाली कृष्ण और स्वयं दारुक को छोड़कर, एक भी यादव जीवित नहीं बचा।"

भगवान कृष्ण का देह त्याग

"बलराम और कृष्ण ने अपने नश्वर शरीर त्याग दिए। जब वे विचरण कर रहे थे, दारुक और कृष्ण ने बलराम को एक वृक्ष के पास बैठे देखा, और उनके मुख से एक विशाल सर्प निकल रहा था। वह विशाल कुंडलित प्राणी बलराम से प्रकट हुआ और सिद्धों और अन्य नागों द्वारा पूजित होकर समुद्र की ओर चल पड़ा। समुद्र आतिथ्य के उपहारों के साथ उसका स्वागत करने आया, और वह उसके जल में चला गया, जबकि प्रमुख नाग उसकी स्तुति गा रहे थे।"

"बलराम को वापस जाते देख, केशव ने दारुक से कहा, 'यह सब वसुदेव और उग्रसेन

को बताओ: बलराम चले गए हैं और यादव अब नहीं रहे। मैं योग में विश्राम करूँगा, फिर मैं अपना नश्वर शरीर त्याग दूँगा। आहुक और द्वारका के निवासियों से कहो कि समुद्र शीघ्र ही उनके नगर को पुनः प्राप्त कर लेगा। उन्हें अर्जुन के आगमन की तैयारी करनी चाहिए, क्योंकि वे द्वारका में नहीं रह सकते। जब पाण्डुपुत्र चले जाएँ, उन्हें उस कुरुवंशी का अनुसरण करना होगा, चाहे वह उन्हें कहीं भी ले जाए। जाओ और कुंतीपुत्र अर्जुन से मेरे ये शब्द दोहराओ: उसे इन लोगों, मेरे परिजनों की, अपनी पूरी शक्ति से रक्षा करनी होगी। अर्जुन के साथ, तुम उन सभी का द्वारका से नेतृत्व करोगे, और वज्र यदुओं का राजा बनेगा।"

"यह सुनकर, दारुक ने कृष्ण को बार-बार प्रणाम किया, आदरपूर्वक उनकी परिक्रमा की, फिर निर्देशानुसार चल पड़ा। जब बुद्धिमान सारथी चला गया, तो उसने द्वारका में कृष्ण के आदेशानुसार कार्य किया, अर्जुन को नगर में ले गया और वज्र को सिंहासन पर बिठाया।"

"भगवान गोविंद, जिन्होंने जीवों में वासुदेव का सर्वोच्च रूप धारण किया था, अब परम में विलीन हो गए। ब्राह्मण दुर्वासा के वचनों का सम्मान करते हुए, कृष्ण, ऋषियों में श्रेष्ठ, एक पैर घुटने पर रखकर योग में लीन हो गए। उस स्थान पर जरास नामक शिकारी प्रकट हुआ। उसके बाण की नोक पर मूसल का बचा हुआ लोहे का टुकड़ा लगा हुआ था। दूर खड़े होकर, उसने ब्राह्मणों में श्रेष्ठ कृष्ण के पैर को हिरण समझ लिया और उसी बाण से उनके तलवे में बाण मार दिया।"

"करीब आकर, जरास ने चतुर्भुज को देखा। वह ज़मीन पर गिर पड़ा और बार-बार दया की भीख माँगने लगा: 'मुझे नहीं पता था कि मैं क्या कर रहा हूँ और मैंने तुम्हें हिरण समझ लिया। मुझे क्षमा करें। मैं शर्म से चूर हूँ, इसलिए कृपया मुझे अब और दंड न दें।'"

पराशर बोले: "'डरो मत,' भगवान ने उत्तर दिया। 'हे शिकारी, मेरे आशीर्वाद से स्वर्ग जाओ जहाँ देवता निवास करते हैं।' उनके यह कहते ही एक दिव्य रथ प्रकट हुआ। शिकारी उस पर चढ़ गया और कृष्ण के आशीर्वाद से स्वर्ग लोक के लिए प्रस्थान कर गया। जरास के प्रस्थान के बाद, भगवान वासुदेव अपने सर्वोच्च, शाश्वत, अकल्पनीय, शुद्धतम रूप में विलीन हो गए, जो जन्महीन, अजर, अविनाशी, अपरिमेय और सर्वव्यापी है। फिर उन्होंने त्रिगुणात्मक अवस्था को पार कर लिया और अपने नश्वर रूप को त्याग दिया।"

अर्जुन द्वारका से स्त्रियों का नेतृत्व करते हैं

पराशर बोले: "कृष्ण और बलराम के अवशेष पाकर, अर्जुन ने उनके और अन्य

यादवों के लिए क्रमशः अनुष्ठान किए। कृष्ण की आठ पत्नियाँ, जिनका मैंने उल्लेख किया है, रुक्मिणी के नेतृत्व में, हरि के शव को गले लगा लिया और उनकी चिता पर चढ़ गईं। रेवती ने ऋषियों में श्रेष्ठ बलराम के शरीर को गले लगाया और धधकती हुई अग्नि में प्रवेश किया, जो उन्हें अपने पति के साथ आनंदमय मिलन के कारण शीतल लग रही थी। यह सुनकर उग्रसेन, वसुदेव, देवकी और रोहिणी भी आग की लपटों में प्रवेश कर गईं। अर्जुन द्वारा सभी के लिए विधिवत अनुष्ठान करने के बाद, वह वज्र सहित सभी लोगों को नगर से बाहर ले गया।"

"कृष्ण की असंख्य पत्नियों पर नज़र रखते हुए, वज्र और अन्य के साथ, जब वे द्वारका का परित्याग कर रहे थे, कुंतीपुत्र धीरे-धीरे आगे बढ़े। जब कृष्ण ने इस नश्वर लोक को छोड़ा, तो मैत्रेय, सभा भवन सुधर्मा और पारिजात वृक्ष दोनों स्वर्ग में चले गए। जिस दिन हरि ने पृथ्वी को छोड़कर स्वर्ग की ओर प्रस्थान किया, उसी दिन यह अंधकारमय और शक्तिशाली कलियुग संसार पर अवतरित हुआ। विशाल महासागर ने खाली द्वारका को जलमग्न कर दिया, केवल यदुदेव के निवास को ही बचाकर। अब भी, समुद्र इसे नहीं ले सकता, ब्राह्मण, क्योंकि भगवान केशव सदैव वहाँ निवास करते हैं। उस महान सौभाग्यशाली स्थान को देखकर, जहाँ समस्त दुष्टता को दूर करने वाले विष्णु विचरण करते हैं, मनुष्य पाप से मुक्त हो जाता है।"

"पाँच नदियों से सींची और अन्न से भरपूर भूमि में, पृथापुत्र अर्जुन ने, ऋषियों में श्रेष्ठ, सभी लोगों के लिए एक घर बनाया। धनुर्धर अर्जुन के नेतृत्व में, पतिविहीन स्त्रियों को देखकर, कुछ डाकुओं की कामवासना जागृत हो गई। वे दुष्ट पुरुष, जिनके हृदय लोभ से भरे हुए थे, भयंकर आभीर आदिवासियों से मिले और उनसे परामर्श किया: 'देखो, अकेला धनुर्धर अर्जुन, हमें परास्त करके, विधवा स्त्रियों को हमारी भूमि से होकर ले जा रहा है। तुम्हारी सेना को धिक्कार है! भीष्म, द्रोण, जयद्रथ, कर्ण और अन्य का वध करके, अर्जुन को घमंड हुआ, लेकिन वह नहीं जानता कि हम ग्रामीण कितने शक्तिशाली हो सकते हैं। आओ! आओ! अपनी लाठियाँ उठाओ! यह मूर्ख हमें नीचा देखता है। तुम्हारी बलवान भुजाएँ किस काम की हैं?'"

पराशर बोले: "लाठियों से लैस हज़ारों लूटपाट करने वाले डाकू उस निहत्थे भीड़ पर टूट पड़े। कुंतीपुत्र ने उन कबीलों को रोका और हँसते हुए कहा, 'अगर तुम मरना नहीं चाहते, तो अब पीछे हट जाओ—सदाचार से अनभिज्ञ।' लेकिन उन्होंने उसकी चेतावनी अनसुनी कर दी और मैत्रेय की स्त्रियों—जो कभी पराक्रमी कृष्ण की पत्नियाँ थीं—को उनकी संपत्ति सहित बंदी बना लिया। जब उस वीर अर्जुन ने अपने दिव्य धनुष, गांडीव,

जो युद्ध में कभी विफल नहीं होता था, पर प्रत्यंचा चढ़ाने की कोशिश की, तो उसने पाया कि यह असंभव था। उसने प्रत्यंचा कसने का प्रयास किया, लेकिन वह फिर से खुल गई। पांडुपुत्र ने जादुई हथियार बुलाने की कोशिश की, लेकिन उसकी स्मरण शक्ति भी विफल रही। गाण्डीवधारी अधीर अर्जुन ने अपने शत्रुओं पर बाण छोड़े, लेकिन वे मुश्किल से उनकी त्वचा को खरोंच पाए। अर्जुन के अग्निदेव द्वारा दिए गए अमोघ बाण, ग्वालों के साथ युद्ध में नष्ट हो गए, और अब उसके प्राण संकट में थे।"

"कुंतीपुत्र को स्मरण आया कि कैसे कृष्ण की शक्ति ने उसे बाणों की वर्षा से पृथ्वी के राजाओं की सेना को परास्त करने दिया था। जब पाण्डुपुत्र देख रहे थे, कुछ तेजस्वी स्त्रियों को आभीरों ने पकड़ लिया, जबकि अन्य स्त्रियाँ कामातुर होकर उनकी ओर दौड़ीं। जब उसके सभी बाण समाप्त हो गए, तब धनंजय ने डाकुओं पर अपने धनुष से प्रहार किया, मुनिवर, लेकिन उन्होंने केवल उसके प्रहारों का उपहास किया। जब अर्जुन देख रहा था, तब सभी ऋषि-मुनियों ने, उन सुंदर वृष्णि और अंधक स्त्रियों को साथ लेकर, प्रस्थान किया।"

अर्जुन का शोक और व्यास का उपदेश

"दुखी और विलाप करते हुए, अर्जुन चिल्लाया, 'हाय, हाय! मुझे भगवान ने त्याग दिया है। यह धनुष, ये हथियार, यह रथ और इसके घोड़े—सब कुछ एक ही पल में नष्ट हो गया है, जैसे किसी अयोग्य ब्राह्मण को दिया गया दान। हाय! भाग्य सचमुच शक्तिशाली है। मेरे साथ महान कृष्ण के बिना, भाग्य ने कमज़ोर पक्ष को विजय प्रदान की, भले ही वे कमज़ोर हों। ये मेरी भुजाएँ हैं, यह मेरी मुट्ठी है, यह मेरा स्थान है और मैं अर्जुन हूँ! लेकिन शुभ कृष्ण के बिना, यह सब व्यर्थ है। अर्जुन का अर्जुनत्व और भीम का भीमत्व निस्संदेह कृष्ण के कारण ही था। उनके बिना, मैं मात्र जनजातियों द्वारा पराजित हो गया हूँ। अन्यथा यह कैसे संभव हो सकता था?'"

पराशर बोले: "ऐसा कहकर, अर्जुन मथुरा नामक अद्भुत नगरी के लिए प्रस्थान कर गए। वहाँ उन्होंने यादवों के आनंददाता वज्र को सिंहासनारूढ़ किया। मथुरा में, अर्जुन ने व्यास को एक वन आश्रम में रहते हुए पाया और उस धन्य ऋषि के पास पहुँचकर, उनका आदरपूर्वक अभिवादन किया।"

'ऋषि ने अपने चरणों में लेटे हुए अर्जुन को देर तक देखा और पूछा,' तुम्हारे इस फीके रूप का क्या कारण है? क्या तुमने किसी रजस्वला स्त्री के साथ संभोग किया है? क्या तुमने किसी ब्राह्मण की हत्या की है? तुम इतने पीले पड़ गए हो कि तुमने अवश्य ही कोई त्रासदी झेली है। क्या पुत्र प्राप्ति या किसी और कामना के लिए आपकी सारी प्रार्थनाएँ विफल हो

गई हैं? क्या आपने किसी ऐसी स्त्री के साथ संभोग किया है जिसके पास नहीं जाना चाहिए? क्या इसीलिए आप इतने थके हुए लग रहे हैं? क्या आप अकेले ही स्वादिष्ट व्यंजन खाते रहे हैं, पहले ब्राह्मणों को नहीं देते? क्या आपने किसी गरीब का माल चुराया है, अर्जुन? क्या आप हवा के रुख में फटकने वाले पंखे से गिरे थे, या किसी की बुरी नज़र लग गई थी? वरना आप इतने पीले क्यों दिख रहे होते? क्या किसी के नाखूनों से निकले पानी ने आपको छुआ था, या किसी घड़े से पानी के छींटे पड़े थे? क्या यही आपके पीले रंग का कारण है? या क्या आप किसी निम्न प्रतिद्वंद्वियों से युद्ध हार गए हैं?'

पाराशर बोले: "पृथापुत्र अर्जुन ने आह भरी और कहा, 'सुनो', फिर व्यास को समझाया कि वह कैसे हार गए थे।"

अर्जुन बोले: "हरि, जो हमारी शक्ति, ऊर्जा, साहस, पराक्रम, वैभव और आभा थे, हमें त्यागकर चले गए हैं। उस महान ऋषि के बिना, जो हममें से एक थे और हमेशा हमें मुस्कुराते हुए संबोधित करते थे, हम केवल तिनके के समान हैं। वह सर्वोच्च आत्मा, जो मेरे अस्त्रों, बाणों और मेरे धनुष में निहित शक्ति थी, गांडीव, चले गए हैं। जब तक हम उन्हें देख सकते थे, हमारा वैभव, विजय, सौभाग्य और समृद्धि कभी कम नहीं हुई, लेकिन भगवान गोविंद हमें छोड़कर चले गए हैं। कृष्ण—जिनके पराक्रम से भीष्म, द्रोण, कर्ण, अंगराज दुर्योधन और अन्य कौरव भस्म हो गए—इस संसार को छोड़ गए हैं।"

"पृथ्वी भी मेरी तरह अपनी जवानी खो चुकी है, महिमा से वंचित है, सौंदर्य से वंचित है। प्रिय व्यास, न तो मैं और न ही शेष संसार उस चक्रधारी कृष्ण के बिना फिर से चमकेगा। उनमें मेरी आस्था के कारण, भीष्म और अन्य लोग पतंगों की तरह मेरी ज्वाला की ओर खिंचे चले आए थे, लेकिन कृष्ण की अनुपस्थिति में, मुझे कुछ चरवाहों ने पीटा है। तब कृष्ण में मेरी आस्था के कारण, मेरा धनुष, गांडीव, तीनों लोकों में प्रसिद्ध था, लेकिन, उसके बिना, वह आदिवासियों के डंडों के सामने भी नहीं टिकता। मेरे प्रयासों के बावजूद, महामुनि, मेरे अधीन महिलाओं को हज़ारों की संख्या में डंडों से लैस डाकुओं ने उठा लिया। कृष्ण के सभी आश्रितों को आभीरों ने बंदी बना लिया है, जिन्होंने मुझे डंडों के प्रहारों से पराजित किया और मेरी शक्ति छीन ली, व्यास। यह कोई आश्चर्य की बात नहीं है कि मैं पीला पड़ गया हूँ—यह आश्चर्यजनक है कि मैं अभी भी जीवित हूँ! निम्न पुरुषों द्वारा अपमानित, दादाजी, मुझमें कोई शर्म नहीं बची है।"

अर्जुन और अन्य पांडव वन में चले जाते हैं

व्यास बोले: "अब बहुत हो गई विनम्रता, अर्जुन। शोक करना तुम्हें शोभा नहीं देता।

तुम्हें यह समझना होगा कि कोई भी प्राणी काल के प्रकोप से अछूता नहीं है। पांडुपुत्र, काल सभी वस्तुओं को उत्पन्न करता है, फिर उन्हें नष्ट कर देता है। एक बार जब तुम समझ जाओ कि संसार काल द्वारा शासित है, अर्जुन, तब तक अपनी शक्ति को थामे रहो जब तक वह टिकी रहे। नदियाँ, समुद्र, पर्वत और देवताओं, मनुष्यों, पशुओं, वृक्षों, कीड़ों और सरीसृपों सहित सारा संसार काल द्वारा ही उत्पन्न हुआ है। और काल उन्हें फिर से समाप्त कर देगा। जब तुम देखोगे कि काल ही इसके केंद्र में है, तो तुम्हें शांति मिलेगी।"

"कृष्ण की महानता वैसी ही है जैसा तुमने वर्णन किया है, धनंजय। वे संसार का बोझ हल्का करने के लिए पृथ्वी पर आए थे। पूर्व काल में, भार से दबी हुई पृथ्वी देवताओं की सभा के पास पहुँची और जनार्दन, जो काल का रूप भी धारण करते हैं, उसकी ओर से इस संसार में अवतरित हुए। हे अर्जुन, वह कार्य पूर्ण हो गया है, क्योंकि सभी राजा मारे जा चुके हैं और अंधकों और वृष्णियों का वंश नष्ट हो गया है। इस संसार में, भगवान के पास करने के लिए और कुछ नहीं है और इसलिए, उनका कार्य पूरा हो जाने पर, वे अपनी इच्छा के अनुसार चले गए हैं।"

"सृजन के समय, देवों के देव जगत को उत्पन्न करते हैं; जब तक यह अस्तित्व में है, वे इसे धारण करते हैं और अंत में, वे इसका विनाश करने में सक्षम हैं, जैसा कि उन्होंने अभी-अभी दिखाया है। हे अर्जुन, पराजित होने पर ध्यान मत दो, क्योंकि मनुष्यों में पराक्रम केवल उनके जीवन के एक अंश तक ही होता है। भीष्म, द्रोण, कर्ण और अन्य राजाओं का वध केवल आपने ही किया था, लेकिन उनकी मृत्यु वास्तव में काल के कारण हुई थी। क्या तुच्छ लोगों द्वारा आपकी पराजय भी वैसी ही नहीं थी? जैसे आपने उन्हें विष्णु में अपनी आस्था से परास्त किया, वैसे ही डाकुओं द्वारा आपकी पराजय भी अंततः काल के कारण ही हुई।"

"वह देवता, ब्रह्मांड का स्वामी, विभिन्न रूप धारण करके, संसार की रक्षा करता है और अंततः सृष्टि का विनाश करता है। आपके अपने जीवनकाल में कुंतीपुत्र जनार्दन आपके सहयोगी थे, लेकिन अब आपका जीवन समाप्त हो रहा है, आपके शत्रुओं का शासन केशव के हाथों में है। कौन विश्वास करेगा कि आप कौरवों का, जिनमें गंगापुत्र भीष्म भी शामिल हैं, वध करेंगे? और कौन विश्वास करेगा कि आभीरों ने आपको पराजित किया? यह कि तुम, पृथा के पुत्र, कौरवों को पराजित कर गए, लेकिन स्वयं आभीरों से पराजित हुए, यह तो हरि, ब्रह्माण्ड के स्वामी की क्रीड़ा मात्र है। तुम डाकुओं द्वारा बंदी बनाई गई स्त्रियों के लिए शोक मना रहे हो, अर्जुन, लेकिन मैं तुम्हें बताता हूँ कि ऐसा क्यों हुआ।"

अष्टावक्र का श्राप

"बहुत समय पहले, पृथा के पुत्र, अष्टावक्र नामक एक ब्राह्मण ने जल में रहने की प्रतिज्ञा की थी, और उसने कई वर्ष शाश्वत परम की आराधना में बिताए। जब देवताओं की सेनाएँ पराजित हो गईं, तो मेरु पर्वत की तलहटी में एक महान उत्सव का आयोजन किया गया। कुछ दिव्य स्त्रियों ने उस ब्राह्मण को उस उत्सव में जाते हुए देखा। सैकड़ों-हज़ारों अप्सराएँ, जिनमें पाण्डुपुत्र रम्भा और तिलोत्तमा भी शामिल थीं, उस महान तपस्वी की स्तुति करने लगीं और उसकी स्तुति गाने लगीं। अपनी स्तुति में मग्न होकर, उन्होंने ऋषि के सामने श्रद्धापूर्वक प्रणाम किया, जब वह गर्दन तक पानी में खड़े थे, उनकी जटाएँ उनके सिर पर बंधी हुई थीं। कौरवों में श्रेष्ठ उन सभी अप्सराओं ने वह स्तुति गाई जो उन्हें लगा कि उस श्रेष्ठ ब्राह्मण को प्रसन्न करेगी।"

अष्टावक्र बोले: "हे धन्य स्त्रियों, तुमने मुझे प्रसन्न किया है। तुम जो चाहो मांग लो, मैं तुम्हें दे दूँगा, भले ही वह मिलना कठिन हो।' वेदों में विख्यात रम्भा, तिलोत्तमा और अन्य अप्सराओं ने उन्हें उत्तर दिया, 'क्या यह पर्याप्त नहीं है, ब्राह्मण, कि आप हमसे प्रसन्न हैं?' लेकिन उनमें से कुछ ने कहा, 'ब्राह्मण, यदि आप वास्तव में प्रसन्न हैं, तो हम चाहेंगी कि हमारे पति के रूप में मानवजाति का सर्वश्रेष्ठ भाग हमें प्राप्त हो।'"

व्यास बोले: 'जैसी आपकी इच्छा'

ऋषि ने जल से बाहर आते हुए उत्तर दिया, लेकिन तब अप्सराओं ने देखा कि अष्टावक्र बहुत कुरूप थे, क्योंकि उनका शरीर आठ प्रकार (अष्ट) से विकृत (वक्र) था।

यह देखकर, कुछ ने अपनी खुशी छिपाने की कोशिश की, लेकिन कुछ कौरवों की खुशी में ठहाके लगाकर हँस पड़ी, और ऋषि ने क्रोधित होकर उन्हें शाप दे दिया: 'क्योंकि तुम मुझे कुरूप समझते हो और मेरा मज़ाक उड़ाते हो, इसलिए मैं तुम्हें यह शाप देता हूँ: मेरे आशीर्वाद की वजह से, पुरुषों में श्रेष्ठ कृष्ण तुम्हारे पति होंगे, लेकिन मेरे शाप की वजह से तुम सब बर्बाद हो जाओगे और डाकुओं के हाथों में पड़ जाओगे।"

व्यास बोले: "यह सुनकर, अप्सराओं ने ऋषि को कुछ हद तक शांत हो जाने का प्रयत्न किया, इस पर उन्होंने वादा किया कि वे अंत में देवताओं के राजा इंद्र के राज्य को प्राप्त करेंगी। अष्टावक्र के शाप के कारण, उन तेजस्वी स्त्रियों ने पहले केशव को अपना पति बनाया, लेकिन बाद में डाकुओं ने उन्हें बंदी भी बना लिया।

इस कारण, पाण्डुपुत्र, तुम्हें उनके लिए बिल्कुल भी शोक नहीं करना चाहिए। यह सारा विनाश इस जग के पालन हार द्वारा ही किया गया था।"

जन्म लेने वाले प्रत्येक प्राणी की मृत्यु निश्चित है, जैसे कि उठ खड़े होने वालों का पतन निश्चित है। मिलन का अंत वियोग में होता है, और जो कुछ इकट्ठा हुआ है वह बिखर जाएगा। यह जानकर, बुद्धिमान लोग न तो शोक करते हैं और न ही प्रसन्न होते हैं, और जो लोग उनकी आदतें सीख लेते हैं, वे उनके जैसे हो जाते हैं। इसलिए, यह जानकर, हे श्रेष्ठ पुरुष, तुम्हें इस उलझे हुए जीवन को त्याग देना चाहिए और अपने भाइयों के साथ वन में तपस्या करने के लिए चले जाना चाहिए। जाओ और धर्मराज युधिष्ठिर को मेरी आज्ञा दो, और अपने भाइयों के साथ प्रस्थान करने की तैयारी करो—कल नहीं, बल्कि अगले दिन। यह सुनकर, अर्जुन पृथु के अन्य पुत्रों, युधिष्ठिर और भीम, और जुड़वां नकुल और सहदेव से मिले, और उन्हें वह सब बताया जो उन्होंने देखा और किया था। अर्जुन द्वारा कहे गए व्यास के वचनों को सुनकर, पाण्डु के पाँचों पुत्र परीक्षित को राजसिंहासन पर बिठाकर वन को चले गए। इस प्रकार, मैत्रेय, मैंने तुम्हारे लिए वासुदेव के कार्यों का विस्तार से वर्णन किया है जब वे यदुवंश में उत्पन्न हुए थे।

इस प्रकार विष्णु पुराण के पाँचवें अंश का यह प्रकरण यहीं समाप्त होता है।

❒

अंश-6

1. कलियुग

मैत्रेय ने अपने गुरु से बड़े आदर से कहा, "आपने सृष्टि की रचना, पितरों की वंशावली, मन्वंतरों की अवधि और राजवंशों के कर्मों का विस्तार से वर्णन किया है। अब मैं सृष्टि के विनाश, जिसे 'महाप्रलय' कहते हैं, और प्रत्येक युग के अंत में होने वाले प्रलय के बारे में सुनना चाहता हूँ, आशा है, गुरुवर मेरी जिज्ञासा शांत करेंगे।

पराशर: अब मैं स्पष्ट रूप से इन सब का वर्णन करूँगा कि युग के अंत में प्रलय कैसे होता है। मैत्रेय! यह भी बताऊँगा कि आदि प्रकृति कैसे लीन हो जाती है।

पितरों का एक दिन और रात मनुष्यों के लिए एक मास के समान है। मनुष्यों का एक वर्ष देवताओं के लिए एक दिन और रात के समान है। चार युगों के एक हजार चक्रों के दो समूह ब्राह्मणों में श्रेष्ठ ब्रह्मा के लिए एक दिन और रात के समान हैं। कृत, त्रेता, द्वापर और कलियुग हैं, और प्रत्येक चतुर्भुज चक्र में देवताओं के बारह हजार वर्ष लगते हैं।

मैत्रेय, हर चक्र एक जैसा है क्योंकि वे कृत से शुरू होकर कलियुग पर समाप्त होते हैं। आरंभ में, ब्रह्मा कृत युग में सृष्टि की रचना करते हैं और कलियुग में उसका प्रलय करते हैं।

मैत्रेय: हे स्वामी, कृपया इस कलियुग की प्रकृति का विस्तार से वर्णन करें, जिसमें चतुर्गुण भ्रष्ट हो जाते हैं।

कलियुग में, वेदों में वर्णित वर्ण और आश्रम के नियमों का पालन नहीं किया जाएगा। कोई भी देवताओं की पूजा नहीं करेगा। गुरु और शिष्य के बीच संबंध समाप्त हो जाएँगे। बल ही सब कुछ होगा। स्त्रियाँ हर समय अपने बालों की देखभाल करेंगी। धन ही सब कुछ होगा। धर्म पर धन खर्च करने के बजाय, लोग घर बनाने में धन खर्च करेंगे। धन अतिथियों के लिए नहीं, बल्कि अपने लिए खर्च किया जाएगा। पुरुष स्वार्थी होंगे। धन बुरे तरीकों से कमाया जाएगा। सूखा पड़ेगा।

पुरुष भोजन से पहले स्नान नहीं करेंगे। पुरुष और स्त्रियाँ दोनों ही मन के छोटे हो जाएँगे। स्त्रियाँ अपने पतियों की आज्ञा नहीं मानेंगी। राजा प्रजा का ध्यान नहीं रखेंगे, बल्कि केवल कर लगाएँगे। बारह वर्ष की आयु में लोग बूढ़े हो जाएँगे और कोई भी बीस वर्ष से

अधिक जीवित नहीं रहेगा। बुराई फलेगी-फूलेगी। कोई भी विष्णु की पूजा नहीं करेगा। सभी वर्ण शूद्रों के समान हो जाएँगे।

कलियुग की एक ही खूबी है। सत युग में कुछ पुण्य कमाने के लिए बहुत तपस्या करनी पड़ती थी। कलियुग में वही पुण्य थोड़े से तप से प्राप्त किया जा सकता है। तुल्यता इस प्रकार है। सत्य युग में दस वर्ष की तपस्या त्रेता युग के एक वर्ष की तपस्या, द्वापर युग के एक महीने की तपस्या और कलियुग के एक दिन की तपस्या के बराबर होती है।

व्यासदेव ने कहा कि शूद्र और स्त्रियाँ भाग्यशाली हैं। अन्य वर्णों को धर्म में प्रवेश पाने के लिए बहुत कुछ करना पड़ता है। लेकिन शूद्रों के लिए धर्म का मार्ग सरल है। उन्हें पुण्य प्राप्त करने के लिए केवल अन्य वर्णों की सेवा करनी होती है। इसी प्रकार पुरुषों को भी पुण्य प्राप्त करने के लिए बहुत कुछ करना पड़ता है। स्त्रियों के लिए, पुण्य प्राप्ति आसान है; उन्हें केवल अपने पति की सेवा करनी होती है।

2. प्रलय

प्रलय या विनाश तीन प्रकार का होता है, पहला ब्रह्म या नैमित्तिक प्रलय। नैमित्तिक प्रलय एक कल्प के बाद होता है, अर्थात ब्रह्मा के एक दिन और चौदह मनुओं के बीत जाने के बाद। इस प्रलय से पहले, पृथ्वी क्षीण हो जाती है और सौ वर्षों तक वर्षा नहीं होती। विष्णु रुद्र का रूप धारण करते हैं और नदियों, समुद्रों, सागरों और पर्वतों का सारा जल पी जाते हैं। सूर्य की सात किरणें सात अलग-अलग सूर्यों के रूप में प्रकट होती हैं। ये सूर्य तीनों लोकों को जला देते हैं। न केवल भूलोक जल जाता है, बल्कि भुवर्लोक और स्वर्लोक भी नष्ट हो जाते हैं। चारों ओर काले और घने बादल छा जाते हैं। सौ वर्षों तक वर्षा होती रहती है। चारों ओर अंधकार छा जाता है। सौ वर्षों तक हवाएँ चलती रहती हैं। और विष्णु तब तक सर्वत्र व्याप्त जल पर शयन करते हैं जब तक कि लोकों का पुनः निर्माण नहीं हो जाता।

दूसरे प्रकार के विनाश को प्राकृत प्रलय कहते हैं। जैसा कि आप जानते हैं, तीन मूल गुण सत्व, रज और तम हैं। इनका पूर्ण संतुलन प्रकृति कहलाता है। प्रलय के समय जब प्रकृति परमात्मा में लीन हो जाती है, उसे प्रकृति प्रलय कहते हैं। तीसरे प्रकार के प्रलय को आत्यंतिक प्रलय कहते हैं। यह तीन प्रकार के कष्टों, आध्यात्मिक, अधिदैविक और अधिभौतिक, के निवारण को दर्शाता है। आध्यात्मिक कष्ट में ज्वर और उदासी जैसी शारीरिक और मानसिक व्याधियाँ शामिल हैं। अधिदैविक कष्ट वह है जो शीतलता और गर्मी जैसे तत्वों के कारण होता है। आधिभौतिक कष्ट वह है जो मनुष्य को अन्य जीवों,

जैसे भूत-प्रेत और सर्प, से भोगना पड़ता है। आत्यंतिक प्रलय के समय, ये कष्ट भी समाप्त हो जाते हैं।

3. केशिध्वज और खांडिक्य

वैदिक पाठ और योग के माध्यम से सर्वोच्च आत्मा का बोध हो सकता है। इसीलिए उस अवस्था को प्राप्त करने के साधन, परम तत्व को एक सूत्र में वर्णित किया जा सकता है।यह सूत्र है 'तद् एतत्।' पाठ के बाद योग का अभ्यास करना चाहिए और योग के बाद पाठ का। दोनों में उत्कृष्टता से परम तत्व प्रकट होता है। वैदिक पाठ एक आँख है जिससे भगवान को देखा जा सकता है, और योग दूसरी आँख है, क्योंकि परम तत्व देह की आँख से परे है।

इस प्रकार जब गुरु जी ने अपने शिष्य के माध्यम से संसार को योग का उपदेश दिया तो शिष्य ने उत्कंठा पूर्वक आग्रह किया, "गुरुदेव, योग पर बोलिए, जैसा कि मैं इसे समझना चाहता हूँ। जब मैं इसे समझ लूँगा, तो मैं ब्रह्मांड के आधार, परम भगवान का बोध कर सकूँगा।"

गुरु पाराशर ने प्रत्युत्तर में एक कथा को दृष्टांत के रूप में प्रस्तुत करते हुए कहा, जिज्ञासु ऋषि, मैं आपके लिए योग का वर्णन उसी प्रकार करूँगा, जैसे केशिध्वज ने पूर्वकाल में खांडिक्य जनक को समझाया था।

मैत्रेय ने फिर पूछा, "खांडिक्य और केशिध्वज कौन थे? योग के बारे में उनकी बात कैसे शुरू हुई?

कई वर्ष पहले धर्मध्वज नाम का एक राजा था। उसके दो पुत्र थे, मितध्वज और कृतध्वज। कृतध्वज ज्ञान प्राप्ति में रुचि रखते थे और उनके पुत्र केशिध्वज भी आध्यात्मिक ज्ञान प्राप्त करने में रुचि रखने लगे। मितध्वज के पुत्र खांडिक्य एक राजा थे, जो कर्मयोग, अर्थात् कर्म के माध्यम से ईश्वर से मिलन में रुचि रखते थे।

खांडिक्य और केशिध्वज दोनों एक-दूसरे से आगे निकलने की कोशिश करते थे। खांडिक्य अंततः केशिध्वज से अपना राज्य हार गए और अपने पुरोहितों और मंत्रियों के साथ वन में चले गए। राजा बनने के बावजूद, केशिध्वज यज्ञ करते थे। एक बार यज्ञ के लिए रखी गई गाय को एक बाघ ने खा लिया। यह एक पाप था और केशिध्वज को इसका प्रायश्चित करना पड़ा। उन्होंने कई ऋषियों से प्रायश्चित का स्वरूप पूछा, लेकिन किसी भी ऋषि को इसका पता नहीं था। सभी ने कहा कि पूछने के लिए उपयुक्त व्यक्ति खांडिक्य थे, जो उस समय वन में रह रहे थे।

केशिध्वज ने मृगचर्म धारण किया और खांडिक्य से मिलने गए। यह सोचकर कि केशिध्वज शायद उन्हें मारने आए हैं, खांडिक्य ने अपना धनुष-बाण उठा लिया। लेकिन केशिध्वज ने उनसे कहा कि वे केवल खांडिक्य से एक प्रश्न पूछने आए थे। खांडिक्य ने उन्हें उचित तप बताया और केशिध्वज ने यज्ञ सफलतापूर्वक पूरा किया।

लेकिन तब उन्हें एहसास हुआ कि उन्होंने खांडिक्य को गुरु को दी जाने वाली दक्षिणा या शुल्क नहीं दिया था। दक्षिणा के रूप में, खांडिक्य ने चाहा कि केशिध्वज उन्हें आध्यात्मिक ज्ञान के मार्ग पर मार्गदर्शन करें।

केशिध्वज ने खांडिक्य को आत्मा के वास्तविक स्वरूप के बारे में बताया, जो केवल भौतिक शरीर से भिन्न है। सच्चा ज्ञान वह है जो यह सिखाता है कि आत्मा परमात्मा का अंश है और इसलिए व्यक्ति को भौतिक संपत्ति से आसक्त नहीं होना चाहिए। यह बोध योगाभ्यास से प्राप्त हुआ।

5. पुराण हम तक कैसे पहुँचे

विष्णु पुराण बताता है कि कैसे शिष्यों की पीढ़ियों के माध्यम से पुराण हमें प्राप्त हुए।पुराण मनुष्यों को मोक्ष प्राप्ति के मार्ग बताते हैं। युगों पहले, स्वयं ब्रह्मा ने ऋषि ऋभु को पुराणों की कथा सुनाई थी। ऋभु से यह ज्ञान प्रियव्रत को और प्रियव्रत से भागुरि को प्राप्त हुआ। भागुरि ने यह ज्ञान स्तवमित्र को दिया और स्तवमित्र ने दधीचि को। दधीचि से यह सारस्वत को, सारस्वत से भृगु को, भृगु से पुरुकुत्स को, पुरुकुत्स से नर्मदा को, नर्मदा से धृतराष्ट्र और पुराण को प्राप्त हुआ। धृतराष्ट्र और पुराण ने यह ज्ञान वासुकि को दिया, वासुकि ने वत्स को और वत्स ने अश्वतर को। अश्वतर ने इसे कम्बल को और कम्बल ने एलापत्र को दिया।

ऋषि वेदशिरा ने पाताल लोक से पुराणों का ज्ञान प्राप्त किया और प्रमति को दिया, प्रमति ने इसे जतुकर्ण को दिया और जतुकर्ण ने इसे अनेक ऋषियों को दिया।

पराशर ने वशिष्ठ से पुराणों की शिक्षा प्राप्त की थी और अब उन्होंने यह ज्ञान मैत्रेय को दिया। मैत्रेय ने अंततः इसे शमीक को सिखाया।

6. पराशर और मैत्रेय के बीच संवाद का समापन

इस प्रकार आदरणीय ऋषि पराशर ने शांत और भक्तिभाव से विराजमान, साधकों में श्रेष्ठ, बुद्धिमान मैत्रेय से कहा।

"हे मैत्रेय!" उन्होंने कहा,"मैंने अब तुम्हें तीसरा और सर्वोच्च विलय प्रकट किया है-शाश्वत आत्मा में विलय, अंतिम मुक्ति (मोक्ष), सभी बंधनों से मुक्त। मैंने सृष्टि और

पुनर्निर्माण, समय और उसके चक्र, राजाओं और ऋषियों, कर्तव्यों और धर्म, पवित्र वंशों और पवित्र युगों,पवित्र कर्मों और मुक्तिदायक ज्ञान के बारे में बताया है।यह पुराण, विष्णु पुराण, शुद्ध और शाश्वत, वेदों के समान पवित्र, पाप का नाश करने वाला, अंधकार में प्रकाश देने वाला,और परम लक्ष्य का सबसे निश्चित मार्ग है।हे शिष्य, अब पूछो, यदि कोई संदेह रह गया हो, तो मैं उसका समाधान करूँगा।"

तब मैत्रेय ने श्रद्धा से भरकर प्रणाम किया और कहा: "हे वेदों के स्वामी, अंधकार को दूर करने वाले! मैं जो कुछ भी खोज रहा था, वह अब मुझे ज्ञात हो गया है।आपकी कृपा से मैं विष्णु को जानता हूँ, जो सबके स्वामी हैं, चार रूपों वाले, तीन शक्तियों के स्वामी, ज्ञाता, ज्ञेय और जानने के साधन। एक बार जब कोई यह जान लेता है कि विष्णु और यह ब्रह्मांड दो नहीं, बल्कि एक हैं, तो जानने के लिए क्या शेष रह जाता है?"

"आपने मुझे मानवजाति के कर्तव्य, कर्म और त्याग का स्वरूप, प्राणियों का जन्म और अंत, और सभी वस्तुओं का गुप्त सार दिखाया है। एक पुत्र के रूप में एक पिता के प्रति, एक शिष्य के रूप में एक गुरु के प्रति, आपके उस प्रयास के लिए, जो केवल करुणा से उत्पन्न हुआ है, मेरी कृतज्ञता आप तक पहुँचे।"

तब पराशर पुनः बोले: "जो इस पुराण को सुनता है, वह सभी पापों से मुक्त हो जाता है। यह अश्वमेध यज्ञ के समान पवित्र है; यह ज्येष्ठ मास की द्वादशी तिथि के यमुना जल के समान पवित्र करता है। जो शुद्ध हृदय से सुनता है, जो श्रद्धापूर्वक हरि नाम का जप करता है,वह कलियुग के चंगुल से मुक्त हो जाता है, जैसे भेड़िये सिंह की दहाड़ से भाग जाते हैं,जैसे अग्नि धातु से मल को जला देती है।"

इस पुराण में प्रकट किया गया है: देवता और दैत्य, नाग और ऋषि,पर्वत और समुद्र, नदियाँ और वन, जाति और उनके कर्तव्य, पवित्र स्थान और पवित्र अनुष्ठान, पूर्वज, ऋषि, गंधर्व और सिद्ध, और सबसे बढ़कर-हरि, सबकी आत्मा, सबका स्रोत, सबका रूप, फिर भी स्वयं निराकार, सभी समझ से परे।दिव्य ऋषियों की श्रृंखला के माध्यम से, नारायण से ब्रह्मा तक, ऋभु से भागुरि तक, भागुरि से दधीच तक, सरस्वती से भृगु तक, राजाओं और नागों, मुनियों और देवताओं के माध्यम से, यह गुप्त ज्ञान प्रकाश की नदी की तरह प्रवाहित हुआ।और अब, हे मैत्रेय, मैंने इसे तुम्हारे हृदय में स्थापित कर दिया है। आने वाले दिनों में, कलियुग के अंत में तुम इसे शमीक को दे दोगे।"

पुराणों की परंपरा

पुराण बताएं मुक्ति का पंथ,
सत्य की ओर ले जाएं संत।
अनादि काल की वाणी महान,
ब्रह्मा ने दिया ऋभु को ज्ञान।
ऋभु से प्रियव्रत ने पाया,
धर्म-पथ पर दीप जलाया।
प्रियव्रत से भागुरि को गाथा,
संजीवनी थी जैसे साधा।
भागुरि से स्तवमित्र ने जाना,
ध्यानमग्न तपस्वी माना।
दधीचि को फिर ज्ञान मिला,
त्याग में जिसने तन भी दिया।
सरस्वत को अगला वरदान,
वेदों जैसा दिव्य विधान।
भृगु को फिर यह ज्ञान गया,
ऋषि-हृदय में ज्योत जला।
भृगु से पुरुकुत्स हुआ ज्ञानी,
राजा भी थे मुनि-वाणी।
नर्मदा तक पहुँची धारा,
पावन, शांत, तप की सारा।
धृतराष्ट्र और पुराण ने जाना,
रहस्य-ज्ञान का रत्न पहचाना।
वसुकि को फिर दिया उपदेश,
सर्पों के भी बना विशेष।
वत्स को फिर ज्ञान मिला,
आश्वतर तक गया चला।
आश्वतर से कम्बल पाए,

एलापत्र को आगे आए।
पाताल में वेदशिर ने साधा,
ज्ञान का अमृत-स्रोत बाँधा।
प्रमति को फिर वह सौंपा,
जतुकर्ण तक प्रवाह संजोया।
जतुकर्ण से ऋषियों ने सीखा,
सत्य का दीप मन में रीखा।
पराशर ने वशिष्ठ से पाया,
तपोमय गुरु-शिष्य का साया।
अब मैत्रेय को दी यह गाथा,
ध्यानमग्न जिसकी है भाषा।
मैत्रेय शमिक को बताएंगे,
पुराणों की राह फिर आगे बढ़ाएंगे।
यही है परंपरा ज्ञान की,
श्रवण की, चिंतन-वाण की।
मंत्रों-से यह गाथा बहती,
सदियों तक जीवन कहती।

जो कोई भी इस पुराण को भक्तिपूर्वक सुनता है, या स्थिर मन से इसका एक अंश भी पढ़ता है, उसे विशाल यज्ञों का फल प्राप्त होता है, और वह न केवल स्वयं को,बल्कि अपने पूर्वजों को भी उच्च लोकों में पहुँचाता है। जो अपना मन विष्णु पर स्थिर करता है, जो सब कुछ हैं जो गतिमान और अगतिशील हैं, जो ज्ञान का लक्ष्य हैं, ज्ञानियों की शरण हैं, वह फिर कभी जन्म नहीं लेता। अच्युत नाम का आदरपूर्वक उच्चारण किया जाए— क्योंकि वे आदि और अंत हैं, अग्नि और आहुति हैं, स्वाहा और स्वधा हैं, अपरिवर्तनशील, अजन्मा और अविनाशी हैं। हम हरि को नमन करें, जो अद्वितीय हैं, जो गुणों से परे होते हुए भी, अनेक रूपों में प्रकट होते हैं। परमात्मा के कल्याण के लिए संसार है। वे वेदों के प्रकाश हैं, सभी प्राणियों में आत्मा हैं, अकारण कारण हैं, यज्ञ के स्वामी हैं, मुक्ति के दाता हैं। उन अविनाशी, अनंत, परम पुरुष को हम अपना हृदय अर्पित करते हैं।

❑❑❑

डायमंड बुक्स द्वारा प्रकाशित
सामवेद
यजुर्वेद
अथर्ववेद
ऋग्वेद

डायमंड बुक्स द्वारा प्रकाशित
18 पुराण
शिव पुराण
विष्णु पुराण
स्कंद पुराण
कल्कि पुराण
भविष्य पुराण
कूर्म पुराण
हरिवंश पुराण
गणेश पुराण
ब्रह्म पुराण
ब्रह्मवैवर्त पुराण
गरुड़ पुराण
देवी भागवत पुराण
www.diamondbooks.in